얄롬 박사 부부의
마지막 일상

———

죽음과 삶

A Matter of Death and Life

어빈 D. 얄롬, 매릴린 얄롬 지음　**이혜성** 옮김

Σ **시그마프레스**

죽음과 삶 : 얄롬 박사 부부의 마지막 일상

발행일 | 2021년 10월 20일 1쇄 발행

저 자 | 어빈 D. 얄롬, 매릴린 얄롬
역 자 | 이혜성
발행인 | 강학경
발행처 | ㈜ 시그마프레스
디자인 | 고유진
편 집 | 윤원진

등록번호 | 제10-2642호
주소 | 서울특별시 영등포구 양평로 22길 21 선유도코오롱디지털타워 A401~402호
전자우편 | sigma@spress.co.kr
홈페이지 | http://www.sigmapress.co.kr
전화 | (02)323-4845, (02)2062-5184~8
팩스 | (02)323-4197

ISBN | 979-11-6226-349-5

A MATTER OF DEATH AND LIFE

* 책값은 뒤표지에 있습니다.

애도(哀悼)는 다른 사람들을 사랑하는 용기를 가졌던 것에 대해서
우리가 지불하는 대가이다.

역자 머리말

*A Matter of Death and Life*는 정신과 의사이며 심리소설가인 어빈 얄롬 박사와 비교문학 교수이며 저술가인 매릴린 얄롬 박사 부부의 '죽음과 삶'에 대한 생각을 정리한 깊고 아름다운 사랑 이야기를 담은 책이다.

이 책의 전반부는 2019년 초 아내 매릴린이 치명적인 다발성 골수암 진단을 받고 1년여에 걸쳐서 고통스러운 투병생활을 하다가 2019년 11월 20일에 조력자살(physician-assisted suicide)로 세상을 떠날 때까지의 일상을 부부 각자가 번갈아 가면서 정직하고 용감하게 쓴 부부합작 연가(戀歌)이고 후반부는 매릴린을 잃고 난 후 어빈이 겪는 절대적인 상실의 아픔과 그리움을 쓴 남편의 간절한 사부곡(思婦曲)이다. 책을 읽기 시작하면서 그들이 책 제목을 "죽음과 삶의 문제(*A Matter of Death and Life*)", 즉 '죽음'을 '삶'보다 앞에 쓴 이유가 무엇일까 궁금했는데 책을 읽어가면서 그들에게 있어서 죽음은 그들의 후회 없는 삶의 절정(絕頂)이었다고 믿기 때문에 그렇게 했을 것이라고 이해했다.

이 책을 읽으면서 그들이 서로에게 포용적이고 절대적이며 함께 성숙해 가는 부부의 사랑을 실천해 왔다는 사실에 감동했다. 그들이 각자의 자리에서 치열하게 연구하면서 서로 격려하고 성취해 가는 쉽지 않은 전문직 부부의 결혼생활을 오랫동안 줄기차게 이어오고 있었다는 사실에 부러운 마음이었다. 인생의 노년기인 80대 후반의 그들에게 피할 수 없이 다가오는 죽음을 준비하면서 그들이 보여주는 죽음과 삶에 대한 인식과 수용하는 태도에 대해서는 경건한 마음이 들었다. 특별히 매릴린이 캘리포니아법에서 허용되는 의사의 도움(또는 의사의 입회)으로 생명을 끝내는 결정을 내릴 때 그 결정을 믿어주고 따라주는 그들 부부의 깊은 사랑과 신뢰가 인상적이었다. 한마디로 그들 부부의 삶은 사랑과 존경과 성장의 여정(旅程)이었고, 그들이 죽음을 준비하고 받아들이는 태도는 연민과 존중과 정직함의 승화(昇華)였다고 생각한다.

이 책은 불치병에 걸린 유명한 불문학 교수이며 저술가인 아내와 그 아내를 간호하는, 역시 세계적인 명성을 가진 정신과 의사이며 심리소설가인 남편의 지고지순한 사랑을 쓴 단순한 책이 아니다. 이 책은 서로 존경하고 신뢰하면서 성장하는 부부의 사랑이 어떤 것인지, 남편과 아내 각자가 독립적인 삶의 의미를 추구하기 위해서 각각 어떻게 치열하고 진지하게 이해하고 협조하면서 살아왔는지, 죽음을 눈앞에 두고도 자신의 전문적인 일을 철저하게 마무리하는 그들의 학자적 열정이 얼마나 진지한지, 자녀와 친구와 이웃과의 친밀한 관계를 유지하기 위해서 어떻게 배려하고 격려하면서 살아가야 하는지를, 그리고 무엇보다도 가장 중요한 것은 어떻게 죽음을 경건하게 준비하고 우아하게 받아들일 수 있는가, 어떻게 자신의 삶을 고귀하고 의미 있는 죽음으로 마칠 수 있을까에 대한 생각과 태도를 일상적인 언어로 섬세하고 정직하게 서술

역자 머리말

한 책이라고 확신한다. 이 책을 통해서 그들은 우리에게 유한한 삶에 대해서 그리고 사랑하는 사람을 잃어버리는 것에 대해서 생각할 수 있는 진귀한 틀(frame)을 제공하고 있다.

* * *

2005년 한국청소년상담원 원장직에서 은퇴를 하면서 한 제자로부터 얄롬의 *The Schopenhauer Cure*를 선물로 받았다. 미국서 공부하던 1970년대 초 어빈 얄롬의 집단치료(group therapy)가 우리 대학원생들 사이에서 주목을 받았던 사실과 '얄롬'이라는 그의 특이한 이름이 인상적이었다는 것을 기억해 내면서 그 책을 감동 깊게 읽었다. 마침 시그마프레스 출판사와 연결이 되어서 그 책을 강원대학교의 최윤미 박사와 공동으로 번역하여 쇼펜하우어, 집단심리치료라는 제목으로 2005년에 출판하였다. 그 이후로 시그마프레스의 제의를 받아 2018년까지 어빈 얄롬 박사가 쓴 책 여덟 권을 번역했고, 이번에 출판되는 죽음과 삶 : 얄롬박사 부부의 마지막 일상은 내가 아홉 번째로 번역한 그의 책이다. 그리고 2017년 12월에 샌프란시스코 아파트로 얄롬 박사를 방문하여 인문상담학에 대한 이야기를 나누고 내가 번역한 그의 책들을 선물로 드리고 왔다. 그때 그가 그토록 사랑하는 아내 매릴린을 만나지 못한 것이 유감스러웠지만, 아파트 구석구석에 배어있는 그녀의 손길을 느끼면서 매릴린은 참으로 매력적이고 지혜로운 여인이라는 생각을 했다. 이번에 그들이 함께 쓴 그들의 마지막 생활을 번역하면서 이 부부의 가슴 저리도록 깊이 있고 아름답고 순수한 사랑을 되새겨 보았다.

이상하게도 얄롬 박사의 글을 번역하는 작업이 즐겁다. 그의 문장이 순하지 않고 꼬아서 쓰는 경우가 많고 폭넓은 그의 인문학 지식에 압도당하기도 하지만 자신의 임상사례를 소설로, 상담자 훈련 교재로 쓰는 그의 치료자로서, 문필가로서의 재능과 실력이 부럽다. 또한 정신과 의사이면서도 자신이 심리치료사라고 불리기를 선호하는 그는 환자의 호소를 의학적으로 진단하거나 처방하는 대신에 한 사람의 인간으로 이해하면서 그의 마음속 미묘하고 복잡한 갈등과 좌절을 말로 풀어서 치료하는 놀라운 능력을 가졌음이 경이롭다. 그리고 그 사례를 소설로, 이야기로 만들어서 많은 독자에게 감동을 주고 있음에 또한 감동을 받는다. 제프리 버먼(Jeffrey Berman)과 루셀렌 조셀슨(Ruthellen Josselson)의 표현대로 그의 치료는 '말로 하는 치료(Talking Cure)'이다. 그렇기 때문에 그의 사례들을 다룬 그의 책들이 상담교수이며 상담자인 나에게 상당한 영향을 주고 있다. 특별히 상담과정에 문학적 표현력이나 통찰력을 활용하는 문학상담과 철학적 사유와 질문을 활용하는 철학상담, 이를 통틀어서 인문상담이라고 정의하고, 이런 상담을 우리나라 상담의 새로운 지평으로 구축해 보려는 시도를 하고 있는 나에게 얄롬 박사의 책들은 큰 도움이 되고 있다. 실제로 그동안 그가 저술한 여러 권의 책을 번역하면서 문학상담을 실행하는 데 필요한 많은 요소들을 배웠다.

　이번에 얄롬 박사 부부가 함께 쓴 책을 번역하는 일이 나에게는 퍽 의미가 있었다. 그동안 자기 아내 이야기를 자주 언급한 얄롬 박사의 글을 많이 번역해서였는지 이번 책을 번역하면서는 마치 얄롬 박사 부부와 내가 마주 앉아서 이야기하는 것 같은 친밀감을 느꼈다. 때때로 이 글은 내가 직접 쓴 글이 아닌가 할 정도로 깊이 공감되는 부분이 많아서 번역작업에 깊이 몰두할 수 있었다. 특히 아내를 보내고 나서 아내의 현존(現存)과 부재(不在)를 깊이 아쉬워하는 얄롬의 마음에 깊이 공감했다.

아내와 사별하고 나서 얄롬 박사는 무감각의 상태로 한동안을 지내고, 무슨 일이 있을 때면 그 일을 우선 아내에게 알려주고 싶어 하는 간절한 마음으로 눈물을 흘리고, 아내가 간 후 6주가 지나도록 아내의 방에 들어가기가 어려웠다는 이야기를 번역하면서 나는 먼저 저세상으로 간 나의 남편이 너무 그리워서, 그리고 얄롬 박사의 감정에 너무 공감하면서 많이 울었다. 특히 매릴린이 조력자살을 택해서 마지막 숨을 거두는 장면에서 얄롬 박사가 매릴린의 마지막 숨을 열네 번까지 세고 나서 이제는 영원히 사라져 간 사랑하는 아내를 붙들고 오열하는 모습을 번역하면서 나의 손끝은 떨렸다. 그리고 특히 매릴린은 자신의 병이 불치의 병이기 때문에 극심한 고통 속에서 살아있는 시간을 저주하면서 살아가는 삶은 의미가 없다고 판단하여 캘리포니아에서는 법적으로 허용되는 조력자살을 의연하게 택하고, 남편은 아내의 그 결정을 존중하고 그대로 따라주는 성숙한 부부의 신뢰가 퍽 인상적이었다.

* * *

이 아름답고 부러운 행복한 삶을 누렸던 부부가 자기들 손으로 직접 써내려 간 그들의 죽음과 삶에 대한 이야기를 번역하면서 나는 지난 여름의 지독했던 무더위를 넘겼다. 이제 83년째의 삶을 살아가는 나의 화두는 'memento mori(자신의 죽음을 기억하라)', 'carpe diem(지금 이 순간을 잡아라)'이다. 건강하게 살다가 간단하게 죽을 수 있기를 소망하면서 나는 매일매일 소중하게 살려고 노력한다.

* * *

이 책을 번역하는 과정에서 내가 진심으로 사랑하고 아끼고 존경하는 나의 후배 김성희 선생이 베풀어 준 열정적이고 진지한 도움을 잊을 수 없다. 대학에서 사회학을, 대학원에서 성격심리를 전공하고 상담자로서 자원봉사를 하는 모범생 김성희 선생은 얄롬의 책을 나보다 더 좋아한다. 김성희 선생은 나의 번역 작업을 꼼꼼하게 점검하고 잘못된 부분과 빠뜨린 부분을 정확하게 발견해서 수정해 주었다. 이 자리를 빌려서 김성희 선생에게 나의 깊은 감사의 마음을 전한다.

또한 얄롬 박사의 책이 출간될 때마다 나에게 번역의 기회를 주시는 시그마프레스의 강학경 사장님과 실무자들에게도 깊은 감사의 뜻을 전한다.

언제나 그랬던 것처럼 나는 학기마다 내가 맡은 교과목 교재로 얄롬 박사의 책을 택한다. 이번 학기에는 '문학상담과 얄롬의 심리소설'이라는 교과목을 개설하고 이 책을 주교재로 강의하려고 한다. 인간의 죽음과 삶에 대한 인식과 수용, 신뢰와 존경으로 성숙하는 부부의 사랑, 자기 삶의 의미를 구축하는 과정에서 겪게 되는 좌절과 희망과 도전과 열정에 대해서 학생들과 나누고 싶은 이야기가 많을 것 같아서 벌써부터 기대가 된다.

내가 이 책을 번역하면서 느꼈던 복합적이고 긍정적인 정서가 독자들에게도 전달되기를 바란다.

2021년 9월
이혜성

저자 머리말

우리 부부는 존스홉킨스대학교에서 박사후 연수(postgraduate train-ing)를 마치면서 함께 학문의 길에 들어섰다. 존스홉킨스대학교에서 나는 정신과 레지던트를 마쳤고 매릴린은 비교문학(불문학과 독문학) 전공으로 박사학위를 받았다. 우리는 항상 서로의 첫 독자였고 편집자였다. 나는 첫 번째 저서인 집단치료 교과서를 출판하고 난 후에 이탈리아에 있는 록펠러 재단의 벨라지오 집필센터로부터 저술연구비를 받고 다음번 책 *Love's Executioner*[1]를 쓰려고 그곳으로 갔다. 도착하고 나서 얼마 후에 매릴린은 프랑스 여성들이 프랑스 혁명을 어떻게 회상하고 있는가에 대해서 점점 흥미가 더해진다고 이야기했다. 나는 매릴린이 그 주제로 책을 쓸 만큼 훌륭하고 충분한 자료를 가지고 있기 때문에 매릴린의 말에 동의했다. 록펠러 재단 연구비를 받은 학자들에게

---

1 『나는 사랑의 처형자가 되기 싫다』, 최윤미 역, 시그마프레스, 2001.

는 아파트와 더불어 집필실이 따로 제공되었으므로 매릴린에게도 집필실을 줄 수 있느냐고 담당자에게 물어보라고 했다. 담당자는 연구자의 배우자가 집필실을 요구하는 것은 매우 이례적인 일이라고 하면서, 메인 빌딩에 있는 집필실은 이미 모두 할당이 되었다고 했다. 그러나 담당자는 잠시 생각을 한 후에 걸어서 5분 거리에 있기는 하지만 메인 빌딩에 인접한 숲속에 아무도 사용하지 않는 나무로 지어진 집필실을 줄 수 있다고 했다. 그 말을 듣고 기쁨에 넘친 매릴린은 거기서 열정적으로 *Compelled to Witness : Women's Memoirs of the French Revolution*을 집필하기 시작했다. 매릴린은 최고로 행복해했다. 그것을 시작으로 우리 부부는 동료 작가가 되었고, 일생 동안 네 명의 자녀를 기르고 학생을 가르치며 행정직까지 수행했음에도 매릴린은 책을 쓰는 일에서는 나의 맞수가 되었다.

2019년에 매릴린은 다발성 골수암 진단을 받았다. 다발성 골수암(Multiple myeloma)은 골수에 있는 백혈구의 한 종류인 형질세포가 비정상적으로 분화하는 혈액암의 일종이다. 매릴린은 키모테라피 약, 레블리미드(Revlimid : 다발성 골수암 및 혈액질환 치료제)를 쓰게 되었다. 그것이 뇌졸중을 일으켜서 응급실에 실려가 4일간 입원해야 했다. 2주 후에 집으로 돌아온 매릴린이 집에서 한 블록 떨어진 공원을 잠시 걸으면서 나에게 선언했다. "나는 마음속으로 당신과 내가 같이 써야 할 책을 생각하고 있어요. 나는 우리에게 앞으로 벌어질 어렵고 힘들 세월들을 기록하고 싶어요. 우리가 겪어내야 할 일들이 누군가의 배우자 중 한 사람이 치명적인 병에 걸렸을 때 어떤 도움이 될 수도 있겠지요."

매릴린은 가끔 우리가 써야 할 책의 주제들, 매릴린이나 내가 겪어내야 할 일에 대해서 말하곤 했다. "좋은 생각이에요. 당신이 집중해야 할 일이지요. 우리가 같이 책을 쓴다는 생각은 유혹적인데, 그러나 여보, 당신도 알다시피, 나는 이미 내 소설을 쓰기 시작했어요."

"오, 아니, 아니에요. 당신은 그 소설을 쓰면 안 돼요. 당신은 이 책을 나와 함께 써야만 해요! 당신은 당신이 맡은 부분을, 나는 내가 맡은 부분을 써야 해요. 서로 교대로 쓸 거예요. 이 책은 우리들의 책이에요. 다른 책과는 달리 하나의 마음이 아니라 두 개의 마음이 같이 써야 해요. 65년간 결혼생활을 해온 우리 부부의 마음이 반영된 책이라야 해요! 결국에는 죽음으로 이르는 길이지만, 두 사람이 함께 그 길을 걸어가는 우리는 아주 행복한 부부예요. 당신은 보행 보조기에 의지해야 하고, 나는 기껏해야 10분이나 20분밖에 걸을 수 없지만 나의 두 다리로 걸어갈 거예요."

1980년에 쓴 *Existential Psychotherapy*[2]에서 어브는 자신이 살아온 삶에서 별로 후회하는 일이 없는 사람이라면 죽음을 대면하기가 쉬울 것이라고 썼다. 우리가 함께 살아온 긴 일생을 돌이켜 보면, 우리는 별로 후회할 일이 없다. 그러나 그렇다고 해서 그것이 우리가 매일 당하고 있는 육체적인 고통을 참아내는 일을 좀 쉬워지게 하지는 못할 뿐만 아니라 서로 이별해야 한다는 생각을 편안하게 하지도 못한다. 어떻게 우리는 불행에 대항해서 싸워야 할까? 어떻게 우리는 생의 마지막까지 의미 있게 살아낼 수 있을까?

* * *

---

2 『실존주의 심리치료』, 임경수 역, 학지사, 2007.

이 책을 쓸 때 우리들의 나이는 우리 동년배들 대부분이 세상을 떠난 나이였다. 우리는 지금 우리가 함께할 수 있는 시간이 제한되어 있다는 사실을 알고 그 시간이 매우 귀중하다는 생각으로 매일매일을 살고 있다. 비록 육체적으로는 쇠약해진 우리가 죽음의 가장 어두운 세계로 쓸려가기는 하지만, 우리들이 존재하고 있음을 분명하게 하기 위해서 이 글을 쓴다. 우선 무엇보다도 이 책이 우리에게 가장 중요한 의미가 되는 것은 삶의 마지막을 향해하는 우리들에게 도움을 준다는 데에 있다.

이 책이 우리의 개인적인 경험에서 비롯된 것이 분명하기는 하지만, 생의 마지막에 대해서 걱정을 하는 모든 사람의 대화이기도 할 것이라고 생각한다. 모든 사람은 최선의 의학적 배려를 받기를 원한다. 가족들과 친구들로부터 정서적인 지지를 받기를 원하고 가능한 한 고통 없이 죽기를 원한다. 우리는 의학적이고 사회적인 특혜를 누리고 있으면서도 다가오는 죽음에 대한 공포와 고통에 면역되어 있지는 않다. 모든 사람과 마찬가지로 우리는 때때로 우리를 고통스럽게 하는 의학적인 치료과정을 참아내면서 우리의 남은 삶의 질을 지키고 싶어 한다. 살아있기위해서 우리는 얼마만큼 기꺼이 이런 고통을 참아낼 수 있을까? 어떻게 우리는 이 세상을 다음 세대에게 남겨주며 우아하게 이 세상을 떠날 수 있을까?

우리는 둘 다, 아주 확실하게, 매릴린이 자기가 가진 병으로 죽을 것이라는 사실을 알고 있다. 우리는 앞으로 다가올 일을 함께 기록할 것이다. 우리가 경험하고 관찰한 것들이 우리를 위해서뿐만 아니라 우리의 독자들에게도 의미가 있고 구원이 되기를 바란다.

어빈 얄롬, 매릴린 얄롬

차
례

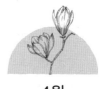

4월

CHAPTER 1

생명의 상자

나, 어브는 내 손가락이 나의 왼쪽 가슴 윗부분을 계속해서 어루만지고 있음을 발견한다. 지난달, 이름도 얼굴도 더 이상 기억나지 않는 젊은 외과 의사가 내 가슴에 새로운 물건, 이 2×2인치짜리의 금속 상자를 심었다. 내 몸의 망가진 균형을 교정하려고 물리치료사와 연락을 했는데 바로 그 자리에서 일이 벌어졌다. 물리치료사는 운동을 시작하기 전에 내 맥박을 재더니 갑자기 놀란 얼굴로 "선생님 지금 당장 저하고 응급실로 가야 합니다! 선생님 맥박 수는 30이에요."라고 했다.

"지난 몇 달 동안 내 맥박은 느렸는데 별다른 증상은 없어요."라고 말하면서 나는 그녀를 진정시키려고 했다.

나의 말은 별 효력이 없었다. 그녀는 운동을 계속하려 하지 않고 나의 내과 의사인 닥터 W와 즉시 연락하게 했다.

석 달 전 정규 건강 검진을 받을 때 닥터 W는 내 맥박이 느리고 때로는 불규칙하다고 하면서 나를 스탠퍼드 부정맥 클리닉에 보냈다. 부정맥 클리닉에서는 심전도 모니터를 내 가슴에 부착했고 2주 동안 심장 박동을 기록했다. 그 결과 내 느린 맥박은 정기적인 심방세동의 짧은 입출력 때문이었음을 알게 되었다. 뇌의 혈전을 막기 위해서 닥터 W는 엘리퀴스(Eliquis : 혈액응고를 억제하는 약)를 시작했다. 엘리퀴스가 뇌졸중을 막아주기는 했으나 나의 균형감각을 떨어뜨리는 바람에 새로운 염려가 생겼다. 몇 년 동안 나는 균형의 문제를 겪고 있었고, 지금은 만약 심하게 넘어지면 치명적일 수도 있다. 혈액응고 방지제를 쓰지 않을 수도 없고 출혈을 멈추게 할 수도 없기 때문이다.

닥터 W는 두 시간 동안 검사한 후 내 맥박 수가 전보다 더 느려졌음을 인정하고 심전도 모니터를 다시 부착하게 한 뒤 2주 동안 심장 박동을 기록하게 했다.

2주 후에, 부정맥 클리닉 테크니션이 심전도 모니터를 떼어낸 후에 나의 심장 박동 기록을 검사실에 보내고 나자 이번에는 매릴린에게 또 다른 경고가 왔다. 나와 매릴린이 이야기하는 중에 갑자기, 매릴린이 말을 할 수 없게 되었다. 단 한 마디의 말도 할 수가 없게 된 상황이 5분이나 계속되었다. 그리고 나서 몇 분 후에 매릴린은 서서히 말을 할 수 있게 되었다. 나는 매릴린에게 뇌졸중이 있었다고 확신했다. 두 달 전에 매릴린은 다발성 골수암 진단을 받았고 레블리미드를 시작했다. 뇌졸중은 매릴린이 이 극심한 키모테라피 약을 2주 동안 복용했기 때문에 생긴 것일 수도 있었다. 나는 서둘러 매릴린의 내과 의사에게 전화를 했고, 다행히 근처에 있었던 그가 급히 집으로 왔다. 신속한 검사를 하고 의사는 앰뷸런스를 불러서 매릴린을 응급실로 보냈다.

응급실 대기실에 있었던 몇 시간 동안이 매릴린과 나에게는 한 번도 경험해 보지 못했던 가장 힘든 시간이었다. 당직 의사들은 매릴린이 정말로 혈전 때문에 스트로크를 받았는지를 알아내려고 몇 가지의 영상촬영을 처방했다. 그들은 혈전을 없애기 위해 TPA(조직 플라스미노겐 활성제)를 투여했다. 극소수의 환자들이 이 약에 알레르기 반응을 보이는데, 매릴린은 그 극소수에 들어서 응급실에서 거의 죽을 뻔했다. 그러나 서서히 뇌졸중의 후유증 없이 회복되어서 4일이 지난 후에는 퇴원을 했다.

그러나 운명은 우리를 순순히 지나가지 않았다. 내가 병원에서 매릴린을 집으로 데려오고 난 몇 시간 후에 나의 내과 담당 의사가 전화를 했다. 그는 나의 심장 박동 검사 결과를 방금 받았는데, 흉곽에 페이스메이커(심박 조율기)를 집어넣는 수술을 받아야 한다고 말했다.

매릴린이 방금 병원에서 퇴원을 했기 때문에 내가 전적으로 매릴린을 돌보아야 하는 형편이라고 하면서 다음 주 초에 병원에 입원할 시간을 조정하겠다고 확실히 말했다.

"아닙니다, 아닙니다, 어브." 내 담당 의사가 말했다. "들어보세요. 이것은 선택의 여지가 없는 일이에요. 선생님은 긴급 수술을 받으러 당장 응급실로 가지 않으면 안 됩니다. 선생님의 2주 동안의 심장 박동기록은 3,291회. 심실블록이 하루에 6시간이나 계속되었습니다."

"그게 도대체 무슨 의미입니까?" 내가 물었다. 내가 마지막 들었던 심장 생리 강의는 60여 년 전의 일이었다. 게다가 나는 의학 발전에 뒤떨어지지 않으려고 노력을 하는 타입도 아니었다.

"그것은 말입니다." 그가 말했다. "지난 2주 동안 3,000회 이상 선생님의 왼쪽 정맥의 페이스메이커가 그 아래에 있는 심실을 통과하지 않았다는 것이지요. 그 결과로 심실이 심장에 불규칙하게 반응을 하게 된 겁니다. 이것은 생명을 위협하는 일입니다. 반드시 즉각 치료를 받으셔야 합니다."

나는 나를 검사한 심장외과 의사가 있는 응급실에 즉시 연락했다. 세 시간 후에 나는 수술실에 들어갔고, 외부 페이스메이커를 집어넣었다. 24시간 후에 나는 병원에서 퇴원했다.

* * *

수술 자리에 감았던 붕대를 풀고 메탈 박스는 내 왼쪽 쇄골 밑 가슴에 붙여졌다. 이 금속 기구는 앞으로 12년 동안 재충전하는 일 없이 1분에 70번씩 계속해서 내 심장이 뛰도록 명령을 할 것이다. 이것은 내가 한 번도 경험해 보지 못한 기계장치였다. 불을 밝힐 수 없는 플래시 라이트나 TV 채널을 바꾸지 못하는 TV 리모콘이나 길을 안내하지 못하는 스마트폰의 네비게이터와는 달리 이 작은 기구는 최고의 상태에서 기능을 발휘하고 있다. 이 기구가 작동을 안 하면 나의 생명은 순식간에, 몇 분 안에 끊어질 것이다. 나는 나의 생명의 허약함에 경악했다.

이것이 나의 현재 상태이다. 나의 사랑하는 아내, 15살 이후의 나의 세계에서 가장 중요한 사람인 매릴린은 지금 심각한 질병으로 고통받고 있으며 나의 삶도 위급하게 노쇠해지고 있는 것 같다.

그러나, 이상하게도, 나는 차분하고, 거의 평온하다. 왜 나는 겁에 질리지 않는가? 계속해서 나는 이 기이한 질문을 깊이 생각한다. 대부분의 나의 삶은 신체적으로 건강했다. 그러면서도 어느 정도로는 죽음의 공포와 투쟁하고 있다. 죽음의 불안에 대한 나의 연구와 저술 그리고 죽음에 직면하고 있는 환자들에게 그 공포에서 벗어나게 하려는 계속되는 나의 시도는 죽음에 대한 나의 개인적인 공포를 없애기 위한 것이다. 그러나, 지금, 그 공포에 무슨 일이 일어나고 있는가? 죽음이 방향을 바꾸어서 그 어느 때보다도 내게로 가까이 다가오고 있는 이때에 그 평온함은 어디로부터 오는 것인가?

시간이 지나가면서 우리의 고뇌는 뒷전으로 사라지고 있는 듯하다. 매릴린과 나는 우리 집 뒷마당에 나란히 앉아서 아침 시간을 보낸다. 주위에 있는 나무들을 바라보면서 우리는 손을 잡고 우리가 함께 보냈던 삶을 회상한다. 함께했던 많은 여행을 회상한다. 2년간의 하와이 생활, 나는 그때 군인이었고 우리는 빛나는 카일루아 비치에서 살았다. 런던에서 보낸 1년 간의 안식년, 옥스퍼드 근처에서 보낸 6개월. 파리에서의 몇 달간의 생활, 오래 머물렀던 세이셸, 발리, 프랑스, 오스트리아, 그리고 이탈리아.

이런 세세한 기억들을 즐겁게 회상하고 난 후에 매릴린은 내 손을 꼭 쥐고 이렇게 말한다. "어브. 이런 기억들 중에서 내가 바꾸고 싶은 것은 하나도 없어요."

나도 동의한다. 진심으로.

우리는 둘 다 우리의 삶을 충실히 살아왔다고 느낀다. 죽음을 두려워하고 있는 환자들을 위로하기 위해서 내가 생각해 냈던 모든 아이디어 중에 그 어느 것보다 강력한 힘을 가진 것은 후회 없는 삶을 살고 있다는 생각이 죽음의 두려움을 위로해 준다는 것이었다. 매릴린과 나, 우리는 다 같이 후회 없는 삶을 살았다고 생각한다 ─ 우리는 충실하게 그리고 당당하게 살아왔다. 탐험할 수 있는 기회를 놓치지 않기 위해 조심했다. 지금까지 살아지지 않은 날을 별로 남기지 않고 살아왔다고 생각한다.

　매릴린은 잠시 잠을 자려고 집 안으로 들어갔다. 키모테라피는 매릴린의 에너지를 빨아먹고 있다. 그래서인지 매릴린은 때때로 낮에 오랫동안 잠을 잔다. 나는 긴 의자에 기대앉아서 죽음의 공포에서 벗어난 나의 많은 환자들을 생각한다 — 그리고 죽음을 직접 대면했던 훌륭한 철학자들을 생각했다. 2,000년 전에, 세네카는 말했다. "삶을 막 시작한 사람은 죽음을 당당하게 준비하지 못한다. 우리는 충분히 살면서 죽음을 우리의 목표로 삼아야 한다. 인생을 배우려면 일생이 걸린다." 훌륭한 문장을 만드는 가장 강력한 문장가인 니체는 말했다. "편안하게 사는 것은 위험하다." 니체의 다른 문장 역시 마음에 떠오른다. "많은 사람들이 너무 늦게 죽고, 어떤 사람들은 너무 빨리 죽는다. 적절한 때에 죽어라!"

　으음, 적절한 때라… 그 말이 정곡을 찔렀다. 나는 거의 88세이고 매릴린은 87세다. 우리 자녀들과 손주들은 잘 자라고 있다. 나는 나 자신을 다 소모해 버린 것 같아 두렵다. 나는 정신과 의사 일을 정리하는 과정에 있으며 내 아내는 지금 심각하게 앓고 있다.

　"적절한 때에 죽어라." 이 말을 의식에서 밀어버리기는 어렵다. 또 다른 니체의 말이 떠오른다. "완전을 이룬 사람들, 즉 모든 성숙한 사람들은 죽기를 원한다. 미성숙한 모든 사람들 — 그들은 살기를 원한다. 고통을 당하는 모든 사람들은 살기를 원한다. 성숙하고 즐겁고 더 멀리 가고 더 높이 오르며, 더 밝게 될 것을 열망한다."

　그렇다, 그 말 역시, 정곡을 찌른다. 성숙 — 적합한 말이다. 성숙은 매릴린과 내가 체험하고 있는 바로 그것이다.

＊ ＊ ＊

죽음에 대한 나의 생각은 아주 어릴 적부터 시작되었다. 젊었을 적에 나는 E. E. 커밍스의 시 「버펄로 빌의 죽음(Buffalo Bill's Defunct)」에 취해서 자전거를 타면서 혼자 많이 읊었다.

버펄로 빌의
죽음
　　그는
　　물처럼 부드러운 은빛
　　　　　숫말(stallion)을 타곤 했답니다
그리고 하나둘셋넷다섯마리의 비둘기모양 과녁을그렇게부숴뜨렸지요
　　　　　　　예수님
그는 미남이었답니다
　　　　　나는 알고 싶어요
당신은 푸른 눈을 가진 소년을 좋아하시는지요
죽음 선생이여

나는 부모님 각각의 임종에 함께, 또는 거의 함께 있었다. 아버지는 내게서 조금 떨어진 곳에 앉아계시다가 갑자기 머리를 뒤로 젖히면서 쓰러지셨고, 나를 향해서 눈이 고정되어 있었다. 그때 나는 한 달 전에 막 의과대학을 졸업한 상태였다. 의사인 매부의 검은 가방에서 주사기를 빼들고 아버지의 심장에 아드레날린을 주사했다. 그러나 너무 늦었다. 아버지는 뇌출혈로 돌아가셨다.

10년 후 누나와 나는 병원에 계시는 어머니를 방문했다. 어머니는 대퇴골이 골절되었다. 우리는 어머니와 같이 앉아서 어머니가 수술실로 들어가시기 전까지 두어 시간 동안 이야기를 나누었다. 우리 둘은 밖에서 잠시 걸었다. 우리가 병실로 돌아왔을 때 어머니의 침대는 완전히 정리되어 있었다. 시트가 벗겨진 매트리스만이 남아있었다. 어머니는 없었다.

* * *

토요일 아침 8시 30분. 지금까지 나의 일과는 다음과 같다. 나는 7시경에 일어났다. 평소와 같이 간단한 아침 식사를 했다. 30여 미터 거리에 있는 나의 사무실로 걸어 내려왔다. 사무실에서 컴퓨터를 열고 이메일을 점검했다. 처음 것은 이런 내용이었다.

나의 이름은 M입니다. 이란의 한 학생입니다. 나는 담당의사가 박사님의 책을 소개하면서 『실존주의 심리치료』를 읽으라고 했을 때까지 공황발작 치료를 받고 있었습니다. 이 책을 읽으면서 내가 어렸을 적부터 가지고 있었던 많은 문제에 대한 해답을 얻은 것 같습니다. 책을 읽으면서 선생님이 옆에 계시는 것처럼 느껴졌습니다. 아무도 나에게 주지 않았던 두려움과 의심에 대한 해답을 선생님이 주셨습니다. 나는 매일 선생님의 책을 읽습니다. 발작을 경험하지 않은 지가 몇 개월이 됩니다. 내가 삶을 계속하는 것에 대해 아무런 희망도 갖지 못했을 때, 선생님의 책을 발견한 것은 나에게는 큰 행운이었습니다. 선생님의 책을 읽는 것이 저에게는 희망입니다. 선생님께 어떻게 감사를 드려야 할지 정말 모르겠습니다.

나의 눈에서 눈물이 흐른다. 이런 종류의 편지를 매일 받는데 — 대개 하루에 30통 내지 40통 — 내가 많은 사람들에게 도움을 줄 수 있다는 것이 축복으로 느껴진다. 그리고 이 이메일이 우리의 적국 중 하나인 이란에서 왔다는 것이 더 강력한 의미를 준다. 나 자신이 인간을 돕기 위해 애쓰는 인간-동맹에 합류한 것 같은 느낌을 갖는다.

나는 이란의 학생에게 답장을 썼다.

나의 책이 학생에게 중요하고 도움을 주었다는 사실을 알고 매우 행복합니다. 앞으로 어느 날 우리 두 나라가 서로에 대한 감정을 회복하고 존중할 수 있기를 바랍니다.

안녕히 계십시오 — 어브 얄롬

언제나 나는 팬레터를 받으면 감동한다. 그러나 때때로 그 엄청난 숫자에 압도당하기도 한다. 나는 각 편지에 답장하려고 노력한다. 각 편지마다 편지를 보낸 사람의 이름을 써서 내가 그의 편지를 읽었다는 표시를 하는 데에 신경을 쓴다. 나는 몇 년 전부터 그 편지들을 "팬들(fans)"이라는 제목을 붙인 파일에 저장하고 있다. 현재는 몇천 통에 이르고 있다. 나는 이 편지에 별표를 한다 — 어느 날 내가 의기소침해져서 기운을 차리게 할 무엇이 필요할 때 다시 읽기 위해서이다.

지금은 오전 10시. 사무실에서 나온다. 문 밖에 나서면 우리 침실 창이 보이고 집을 올려다볼 수 있다. 매릴린이 일어나서 커튼을 여는 것이 보인다. 매릴린은 3일 전에 맞은 키모테라피 주사 때문에 아직 굉장히 기운이 없다. 나는 서둘러 집으로 가서 매릴린을 위한 아침 식사를 준비한다. 그러나 이미 매릴린은 사과 주스를 마시고 아무런 식욕도 없다. 매릴린은 정원의 도토리 나무를 바라보기 위해 거실 의자에 눕는다.

항상 하는 것처럼 나는 매릴린의 기분이 어떤지 묻는다.

항상 하는 것처럼 매릴린은 솔직하게 대답한다. "아주 끔찍해요. 말로 할 수 없을 정도로. 나는 모든 것에서 떨어져 나왔어요… 끔찍한 느낌이 몸 전체에 흐르고 있어요. 당신이 아니면, 나는 이렇게 살아있지 않을 거예요… 나는 더 이상 살고 싶지 않아요… 항상 당신에게 이런 말을 해서 정말 미안해요. 나도 계속해서 이렇게 말하고 있다는 걸 알아요."

나는 오랫동안 계속해서 이런 말을 듣고 있다. 낙담하지만 어쩔 도리가 없다. 나에게 매릴린이 당하는 고통보다 더 큰 고통을 가져다주는 것은 아무것도 없다. 매릴린은 매주 키모테라피 주사를 맞는다. 그 주사는 메스껍고, 심한 두통이 나고 몹시 지치게 한다. 매릴린은 자기 몸이 자기 것처럼 느껴지지 않고 모든 사람과 모든 물건에 대해서 뭐라고 말로 할 수 없는 느낌을 갖는다. 키모테라피를 받는 많은 환자가 이것을 '키모 브레인(chemo brain)'이라고 부른다. 매릴린에게 우편함까지 30미터만이라도 걸으라고 권해보지만, 언제나 성공하지 못한다. 나는 매릴린의 손을 잡고 최선을 다해서 매릴린을 안심시키려고 노력한다.

오늘, 매릴린이 이런 식으로는 더 이상 살고 싶지 않다는 말을 시작했을 때, 나는 보통 때와는 다른 방식으로 대답했다. "매릴린, 우리는 불치의 병으로 엄청난 고통을 받는 환자들이 자신의 생명을 끝낼 수 있도록 의사들이 도울 수 있는 권리라는 캘리포니아 법에 대해서 여러 번 이야기했어요. 우리 친구 알렉산드라가 바로 그렇게 했던 걸 기억하지요? 지난 몇 달 동안 당신은 오로지 나를 위해서만 살아있고, 당신이 죽고 나서 내가 어떻게 살아갈지에 대해서 염려하고 있다는 말을 계속 했어

죽음과 삶 : 얄롬 박사 부부의 마지막 일상

요. 나도 그 말을 많이 생각했어요. 내 말을 잘 들어보세요. 나는 당신이 죽은 후에도 살아있을 거예요. 계속 살아갈 거예요 — 내 가슴에 붙어있는 금속 상자를 생각해 보면 아마 그렇게 오래가진 않겠지요, 내가 살아가면서 당신을 몹시 그리워할 것이란 걸 부인할 수는 없어요… 그러면서도 나는 계속 살아가겠지요. 이제 나는 더 이상 죽음이 두렵지 않아요… 그전 같지 않아요.

내가 뇌졸중으로 쓰러진 후에 영원히 몸의 균형을 잃고 지팡이를 짚거나 보행 보조기를 이용해야만 걸을 수 있게 되었을 때, 무릎 수술을 받았을 때 어떻게 느꼈던가를 기억하세요? 테라피를 받으러 가기까지 내가 얼마나 처참하고 우울했는지를 기억해요? 자, 그런데 그것들은 다 지나갔어요. 나는 지금 더 평온해졌어요 — 더 이상 고통스럽지 않아요 — 나는 잠도 잘 자요.

내가 당신이 알아주었으면 하고 바라는 것은 이거예요. 나는 당신이 죽은 후에도 살아갈 수 있겠지요. 그런데 내가 참을 수 없는 것은 당신이 나 때문에 이렇게 큰 고통 속에서 살아가야 한다는 사실이에요."

매릴린은 내 눈을 깊이 바라보았다. 이번에는 내 말이 매릴린을 움직인 것 같았다. 우리는 서로의 손을 잡고 꽤 오랫동안 앉아있었다. 니체의 명언이 내 마음속에 떠올랐다. "자살하려는 생각은 굉장한 위안이다. 잠 못 이루는 많은 밤을 지나고 나서야 얻은 결론이기 때문이다." 그러나 나는 이 말을 내 마음속에 넣어두었다.

매릴린은 잠시 동안 눈을 감고 있더니 고개를 끄덕였다. "그렇게 말해줘서 고마워요. 전에 당신은 한 번도 그렇게 말하지 않았어요. 마음이 좀 놓이네요… 요 몇 달 동안이 당신에게는 악몽과 같았을 거예요. 당신은 나를 위해 모든 일을 해주었어요 — 쇼핑, 요리, 진료실과 병원에 데려다주고 치료받는 동안 몇 시간씩이나 기다려 주고, 옷을 입혀주고, 내 친구들을 모두 챙겨주고. 나는 당신을 지치게 만들고 있어요. 그러나, 그래도, 바로 지금 나는 당신은 괜찮다는 것을 알겠어요. 당신은 균형을 잘 잡고 있고 굉장히 단단해요. 당신은 몇 번씩이나, 만약 가능하다면, 나 대신 내 병을 맡아주겠다고 했어요. 당신은 그렇게 할 수 있을 거란 걸 나는 알아요. 당신은 언제나 나를 보살펴 주었어요. 언제나, 사랑하는 마음으로, 그런데 요 근래 당신은 달라졌어요."

"어떻게?"

"표현하기가 어려워요. 어떤 때 당신은 편안해 보여요. 거의 평정의 상태로 보여요. 그게 뭐죠? 어떻게 그렇게 되었죠?"

"그게 큰 의문인데, 나도 잘 모르겠어요. 그런데 짐작은 가요. 그러나 내가 평안하다는 것은 당신에 대한 나의 사랑과는 관계가 없어요. 내가 10대 때부터 당신을 사랑했다는 걸 당신은 알지요. 이건 뭔가 사랑과는 다른 감정이에요."

"말해주세요." 매릴린은 이제 똑바로 앉아서 주의 깊게 나를 바라보았다.

"이것 때문인 것 같아요." 나는 가슴에 붙어있는 금속 상자를 어루만지면서 말했다.

"당신 심장 말이에요? 그런데 왜 평온하죠?"

"내가 항상 만지고 쓰다듬는 이 상자가 나는 심장 문제 때문에 아마도 갑작스럽게 빨리 죽을 것이라는 사실을 말해주고 있어요. 나는 존처럼 죽지는 않을 거고 또 우리가 치매병동에서 봤던 사람처럼 죽지는 않을 거예요. 그래서 평온한 것 같아요."

매릴린은 고개를 끄덕이고 내 말을 이해했다. 존은 우리와 가까운 친

죽음과 삶 : 얄롬 박사 부부의 마지막 일상

구였고 최근에 양로원에서 심한 치매를 앓다가 죽었다. 마지막으로 그를 보러 갔을 때 그는 나뿐 아니라 그 누구도 알아보지 못했다. 그는 그저 가만히 서서 몇 시간 동안 소리 지르고 있었다. 그의 모습이 죽음에 대한 나의 악몽이다.

"그러니 내 가슴에서 일어나고 있는 일이 고맙지요." 나는 나의 금속 상자를 만지면서 말했다. "나는 내가 우리 아버지처럼 한 번에 금방 갈 것이라고 믿어요."

5월

CHAPTER 2

무용지물이 되다

나매릴린은 매일 우리 집 거실에 누워서 마루에서 천장까지 이어진 창문을 통해 우리 집 안에 있는 참나무와 사철나무를 바라본다. 지금은 봄이다. 우리 집에 있는 웅대한 도토리나무에서 다시 돋아나고 있는 초록색 새 잎사귀들을 바라본다. 오늘 아침에는 일찍 부엉이 한 마리가 우리 집과 어브의 사무실 사이에 있는 가문비나무에 앉아있는 것을 보았다. 아들 레이드가 채소밭에 심어놓은 토마토, 그린 빈, 오이, 호박들을 본다. 레이드는 여름쯤이면 내가 좀 '좋아질 것'이라고 생각하고 내가 이 채소들이 자라는 것을 생각하기를 바랐을 것이다.

나는 다발성 골수암 진단을 받은 이래로 몇 달 동안 과중한 약물 치료를 받아야 했고 뇌졸중 후에는 병원에 입원을 하면서 대부분의 시간을 처참하게 지냈다. 일주일마다 맞는 키모테라피 주사는 가차 없이 매일 메스꺼움을 비롯한 여러 형태의 신체적 고통을 가져왔다. 그 세세한 내용을 독자들에게 설명하려 한다. 늘 나는 힘이 빠져서 기운이 없다 — 마치 솜뭉치가 나의 뇌 속에 꽉 차있는 듯하고 안개 자욱한 베일이 나와 바깥 세상을 가로막고 있는 듯한 느낌이다.

나에게는 유방암에 걸린 친구들이 몇 명 있다. 지금에 와서야 나는 그 친구들이 병마와 싸우면서 거쳐야 했던 고통을 이해하게 되었다. 키모테라피, 방사선 치료, 수술, 서포트 그룹, 이런 모든 것들이 유방암 환자들이 매일 겪어야 했던 사항들이다. 25년 전에, 내가 *A History of the Breast*를 썼을 때 유방암은 '불치의' 병으로 간주되고 있었다. 그러나 오늘날 의사들은 유방암이 그냥 '만성' 병이므로 치료될 수 있고 잡힐 수 있다고 여긴다. 나는 유방암 환자들이 부럽다. 왜냐하면 그들은 회복기에 들어가면 키모테라피를 받지 않아도 되기 때문이다. 다발성 골수암환자들은 지금 나처럼 일주일에 한 번 맞는 주사의 횟수를 줄이기는 하더라도 대개의 경우 계속 치료를 받는다. 계속해서, 나는 나 스스로에게 묻는다. 이렇게 치료받는 것이 과연 가치가 있는가?

나는 87세이다. 87세라는 나이는 죽기에 적당한 나이이다. 〈샌프란시스코 크로니클〉과 〈뉴욕 타임스〉의 부고(訃告)를 보면 대부분의 경우 고인들의 나이는 80대나 그보다 젊은 나이인 것 같다. 미국인의 평균 수명은 79세이다. 최고의 장수국인 일본에서도 여성들의 평균 수명은 87.32세이다. 어브와 함께 아주 만족스럽고 긴 삶을 살아온 내가 이제 와서 왜 이런 고통스럽고 불편한 삶을 매일 살아야 하는가?

이에 대한 간단한 해답은 쉽게 죽을 수 있는 방법이 없다는 것이다. 만약 내가 이 치료를 거부한다면 일찌감치 다발성 골수암으로 고통스럽게 죽게 될 것이다. 캘리포니아에서는 의사가 환자의 죽음을 도와주는 것이 합법이다. 내가 죽음에 가까이 이르면 의사에게 조력자살(assisted suicide)³을 요구할 수도 있을 것이다.

그러나 내가 살아야 할 보다 복잡한 이유가 있다. 이렇게 몹시 고통스러운 기간을 지나면서 나는 나의 삶은 남편과 아이들과 연결되어 있을 뿐만 아니라 내가 어려울 때 계속적으로 나를 서포트해 준 많은 친구들과도 깊이 연결되었다는 사실을 새삼스럽게 알게 되었다. 이 친구들은 나를 격려하는 여러 메시지를 보냈고, 집으로 음식과 꽃과 화초들을 보내주었다. 대학 때의 오랜 친구는 부드럽고 따뜻한 목욕 가운을, 다른 친구는 털실로 짠 숄을 보내주었다. 나의 가족들 이외에 이런 친구들을 가지고 있는 나 자신은 얼마나 축복을 받은 인물인가 되풀이 인식하게 되었다. 궁극적으로 나는 사람은 자기 자신을 위해 살아있어야 할 뿐만 아니라 다른 사람을 위해서도 살아있어야 한다는 것을 이해하게 되었다. 이런 통찰은 너무나 분명한 것이기는 하지만 지금에 와서야 나는 이 사실을 완전히 알게 되었다.

1976년부터 1987년까지 공식적으로 맡아왔던 여성연구소(Institute for Research on Women)와의 관계 때문에 나는 여성 학자들, 서포터즈들과의 네트워크를 유지하고 있고, 그들은 모두 나의 절친한 친구들이 되었다. 2004년부터 2019년까지 15년 동안 팔로알토에 있는 나의 집과 샌

---

3 physician-assisted suicide라고도 한다. 이 책에서 저자 얄롬은 캘리포니아 주법(州法)으로는 환자가 자신의 병이 불치임을 인정하고 더 이상 고통받으면서 살고 싶지 않다는 의식이 확고할 때, 의사는 치료의 불가능, 환자의 자율성, 충분한 대화와 정서적 지지, 충분한 위로를 거쳐서 죽음에 이르는 약물을 준비하고 환자가 스스로 의식을 가지고 자발적으로 약물을 취할 수 있도록 도울 수 있다고 설명한다. 이 법은 의사가 환자에게 죽음에 이르는 행위를 하는 안락사(安樂死)와 달리 환자 스스로가 자기 의지로 죽음에 이르는 약을 복용하기 때문에 의사협력사(醫師協力死)로 번역할 수 있으나 편리하게 조력자살(助力自殺)로 번역한다. _역자 주

프란시스코 아파트에서, 또 베이 지역에 있는 여성 작가들과 문학살롱을 운영하였는데, 이들이 나의 우정 서클에 중요한 멤버로 추가되었다. 게다가 불문학 교수였던 나는 프랑스에도 있었고 사정이 허락하는 대로 다른 유럽 국가에도 있었다. 그렇다. 나는 남들이 부러워할 만한 지위에서 그런 우정을 키울 만한 기회도 가졌다. 나의 삶과 죽음이 세계 — 프랑스, 케임브리지, 뉴욕, 댈러스, 하와이, 그리스, 스위스, 그리고 캘리포니아 — 에 있는 나의 친구들에게 중요한 문제가 될 것이라는 사실에 나는 위로를 받는다.

　다행히 우리 네 자녀들 — 이브, 레이드, 빅터, 그리고 벤 — 은 모두 캘리포니아에 살고 있고 그중 세 명은 베이 지역에, 넷째는 샌디에이고에서 살고 있다. 지난 몇 달 동안 그들은 우리 삶에 직접 관여했고 낮과 밤을 우리 집에서 함께 보냈고 음식을 요리했고, 우리의 삶을 활기 있게 해주었다. 의사인 딸 이브는 나에게 의학용 마리화나 껌을 가져다주었다. 나는 식사 전에 껌 반쪽을 먹고 메스꺼움을 달랠 수 있었고 약간 식욕도 얻을 수 있었다. 그 약이 다른 약들보다 효과가 있는 듯했고 눈에 띄는 부작용도 없는 것 같았다.

　일본에서 온 우리 손녀 레노어는 실리콘밸리에서 바이오 테크 스타트업 일을 하면서 금년에 우리 집에서 함께 살고 있다. 처음에는 내가 레노어의 미국 생활 적응을 도와주었으나 — 지금은 오히려 그녀가 나를 돌보아 주고 있다. 그녀는 우리를 위해 컴퓨터와 TV 문제를 봐주고 우리 식단에 일본식 요리를 더해주고 있다. 그녀가 몇 달 안에 노스웨스턴 대학교 대학원으로 가게 되면 우리는 그녀를 몹시 그리워할 것이다.

　그러나, 무엇보다도, 나를 지켜주는 것은 어브이다. 그는 가장 훌륭한 돌보미이다 — 참을성 있고, 이해하고, 나의 비참함을 덜어주기 위한 사명감에 싸여있다. 나는 다섯 달 동안 차 운전을 하지 않았다. 우리 아이들이 방문하는 것을 제외하고는 식품 쇼핑과 요리를 어브가 다 맡아서 한다. 그는 병원 진료에 맞추어 나를 태우고 다니고, 몇 시간 동안 주사를 맞을 때 나와 함께 있어준다. 저녁에는 내가 좋아할 만한 TV 프로그램을 찾아서, 비록 그것이 그의 처음 선택과는 달라도 끝까지 나와 같이 앉아있는다. 나는 지금 그에게 아첨하거나 나의 독자들에게 그가 성인처럼 보이게 하려고 이 글을 쓰는 것이 아니다. 이것은 내가 경험하고 있는, 전혀 꾸밈이 없는 진실이다.

때때로 나는 사랑하는 배우자나 친구가 없는 환자들과 치료에 강제적으로 매여있는 환자들의 형편과 나의 형편을 비교해 보곤 한다. 최근에 스탠퍼드 주사 센터에 앉아서 키모 주사를 기다리고 있을 때. 내 옆에 앉아있던 여인이 자기는 일생을 혼자 살면서 기독교 신앙에 의지한다고 말했다. 그녀의 의학적 문제를 그녀 편에서 도와주는 사람이 없는 상황이지만 하나님의 임재를 옆에서 항상 느낀다고 했다. 나 자신이 믿지는 않지만, 그녀가 그렇게 말하는 것을 보고 기뻤다. 그리고 나를 위해 기도하고 있다는 내 친구들로 인해서 나의 마음도 그녀와 비슷하게 감동을 받는다. 바하이교를 믿는 내 친구 비다는 매일 나를 위해 기도하고 있다. 만약 신이 계시다면 그녀의 열렬한 기도를 들어주실 것이라고 믿는다. 다른 친구들 — 가톨릭, 개신교, 유대교, 그리고 이슬람교 — 역시 그들의 기도 속에 내가 있다고 편지를 써서 보낸다. 작가 게일 쉬히는 "나는 당신을 위해 기도하고 있습니다. 나는 당신이 하나님의 손에 깊이 빠져있다고 상상하고 있습니다. 자그마한 당신은 하나님의 손에 꼭 들어갈 겁니다."라는 글을 써서 나를 울게 했다.

어브와 나는 문화적으로는 유대인이다. 우리는 죽은 후에 의식이 있을 것이라고 믿지 않는다. 그러면서도 히브리 성경구절은 나를 지켜주고 있다. "내가 사망의 음침한 골짜기를 다닐지라도 해를 두려워하지 않을 것이다"(시편 23편). 이 구절이 내가 오래전부터 암송하고 있는 다른 종교적이거나 비종교적인 구절들과 함께 내 마음에 맴돌고 있다.

"오, 사망아, 너의 쏘는 것이 어디 있느냐?" (고린도 전서)

"최악의 것은 죽음이다, 죽음의 날이 오게 될 것이다." (셰익스피어, 리처드 II세)

그리고 「바쁘게 지내는 것은」이라는 에밀리 디킨슨의 아름다운 시가 있다.

심장을 쓸어올리고
사랑을 넣어두네
다시는 꺼내지 않으리
영원까지

이런 익숙한 시 구절들이 소파에 누워서 그것들을 다시 음미하고 있는 지금의 나에게는 새로운 의미로 다가온다. 확실히 나는 딜런 토마스의 충고 "빛의 사라짐에 대하여 분노하라, 분노하라."를 따를 수는 없다. 그 구절을 따르기에는 나에게 삶의 기운이 남아있지 않다. 아들 레이드와 내가 공동묘지의 묘비명을 사진으로 찍어서 2008년에 출판한 우리들의 책, *The American Resting Place*에 새겨진 평범한 글들이 더 마음에 와닿는다. 특히 하나의 글이 내 마음에 생생하게 떠오른다. "우리 뒤에 남겨놓는 마음들 속에 사는 것은 죽지 않는 것이다." 우리 뒤에 남겨놓는 것은 — 어브가 자주 말하는, 우리를 개인적으로 알고 있거나 우리의 글을 통해서 알고 있는 사람들의 삶 속으로 '파급(ripple)'되는 것을 말한다. 또는 사도 바울의 조언. "내게 믿음이 있어서 산을 움직일 수 있을지라도 사랑이 없으면 아무것도 아니라."(고린도 전서 13편)를 따르는 것이 '파급'이라고도 할 수 있을 것이다.

바울의 사랑이 제일이라는 글은 다시 읽어도 언제나 가치가 있다. 그 글은 우리에게 다른 사람에게 친절하고 어려움을 당할 때 그들을 위로하라는 의미의 사랑이 다른 모든 덕목들을 뛰어넘는 덕목이라는 것을 생각나게 하기 때문이다. (내 안에 있는 페미니스트는 고린도 전서에서 이어지는 다음 구절을 읽을 때 항상 깜짝 놀라게 된다. 여성은 반드시 "교회에서 침묵하라, 왜냐하면 그들에게는 말하는 것이 금지되었기 때문이다." 그리고 "그들이 무언가를 배우고 싶다면 집에서 남편에게 물어라. 왜냐하면 여자가 교회에서 이야기하는 것은 수치이기 때문이다." 바울이 쓴 이 구절을 읽을 때 나는 스탠퍼드 교회의 제인 쇼 목사와 수많은 훌륭한 설교를 떠올리며 쓴웃음을 짓곤 한다.)

헨리 제임스는 바울의 사랑에 대한 글을 현명하게 표현했다.

인간 생활에는 중요한 것 세 가지가 있다. 첫째는 친절해야 한다. 둘째는 친절해야 한다. 그리고 셋째는 친절해야 한다.

나는 이 격언을 고수할 수 있기를 소망한다. 개인적인 상황에서는 비통함을 느끼지만.

* * *

자신의 죽음 또는 배우자의 죽음을 용감하게 대면했던 많은 여성을 나는 알고 있다. 1954년 2월 아버지의 장례식 때문에 내가 웰즐리대학에서 워싱턴 DC로 돌아왔을 때, 슬픔에 잠긴 어머니가 나에게 제일 처음 한 말은 "너는 용기를 내야 해."였다.

언제나 친절함의 표본이었던 나의 어머니의 딸에 대한 염려는 27년 동안 함께했던 남편을 떠나보내면서 최고조에 이르렀던 것이다. 아버지는 겨우 54세였고 플로리다에서 바다낚시를 하다가 심장마비로 갑작스럽게 세상을 떠났다.

몇 년 후에 어머니는 재혼했다. 그리고 궁극적으로 어머니는 네 번이나 남편을 떠나보냈다! 어머니는 손자들과 심지어 몇 명의 증손자들까지 보고 돌아가셨다. 우리들과 가깝게 지내려고 캘리포니아로 옮긴 후에 어머니는 92년 하고도 반년을 더 사시고 평화롭게 돌아가셨다. 나는 항상 어머니와 같은 나이에 죽고 싶었다. 그러나 지금 나는 90세에도 이르지 못할 것이라는 사실을 알고 있다.

나의 가까운 친구, 수전 벨은 거의 90세에 이르렀다. 수전은 생전에 한 번 이상의 죽을 고비를 넘겼다. 수전은 나치의 1939년 체코슬로바키아 침공 때에 아버지를 남겨두고 어머니와 함께 런던으로 도망을 했다. 아버지는 테레진 수용소에서 죽었다. 수전과 부모님은 모두 루터교 세례를 받았으나 나치들은 수전의 조부모 네 명이 유대인이라는 이유로 그녀를 위협했고 아버지를 죽였다.

수전은 죽기 몇 주 전에 나에게 귀중한 선물을 주었다 — 그녀의 19세기 영국제 찻주전자였다. 그녀와 내가 1990년에 출판한 책, *Revealing Lives*는 자서전과 전기(傳記), 그리고 성(性)에 관한 기사들을 수집하여 편집한 책인데, 이 책을 쓸 때 그 주전자에서 나오는 차는 우리의 정신을 맑게 해주곤 했다. 수전은 여성의 역사를 발전시키는 데 선구자적 역할을 했고 스탠퍼드 클레이먼 연구소의 학자로서 생을 마칠 때까지 계속해서 연구하다가 죽었다. 그녀는 갑자기 2015년 7월에 수영장에서 89.5세의 나이로 세상을 떠났다.

그러나 이런 문제에 관해서 앞으로 다가올 날들에 어떻게 행동해야 할까에 대한 나의 롤 모델은 그 누구보다도, 다이앤 미들브룩이 제일이다. 스탠퍼드대학교의 영문학 교수이며 시인 앤 섹스턴과 실비아 플라스와 테드 휴스의 전기작가로 유명한 다이앤은 2007년에 뜻하지 않게 암으로 세상을 떠날 때까지 25년 이상 나와 절친한 친구로 지냈다. 그녀가 죽기 얼마 전 방문했을 때 그녀는 어브와 나를 우아하게 맞아주었고, 우리를 향한 자신의 사랑에 대해서 이야기했으며 우리들 각자에게 작별 키스를 해주었다. 나는 그녀가 자기 방에 드나드는 간호사들 각자에게 얼마나 점잖게 대하는지를 보았다. 다이앤은 겨우 68세에 우리 곁을 떠났다.

늙어가는 모습과 죽음을 대하는 모습이 나에게 큰 감동을 남긴 또 한 사람이 있다. 유명한 프랑스 학자 르네 지라르이다. 르네 교수는 1950년대 후반과 60년대 초반에 존스홉킨스대학교에서 나의 박사학위 논문 지도교수였다. 그러나 나는 실제로 그가 10년 후에 스탠퍼드대학교로 오기 전까지는 그를 가까운 동료 또는 친구로 알지 못했다. 스탠퍼드에 온 그 당시 그의 아내 마사와 나는 처음 알게 된 사이였으나 2015년 르네 교수가 타계할 때까지 그 우정은 계속되었다.

그들과의 관계는 기이하게도 르네 교수가 말년에 여러 번의 심장마비로 말을 할 수 없게 되었을 그 기간 동안 가장 강력했다. 대화를 하는 대신, 나는 그의 옆에 앉아서 그의 손을 붙잡고 그의 눈을 들여다보았다. 그는 내가 가져다준 집에서 만든 살구 잼을 항상 좋아하는 것 같았다.

르네 교수와 내가 마지막으로 함께 앉아있었을 때 그는 창문을 통해 한 마리의 수컷 토끼가 밖에서 달려가는 것을 보았다. 그리고는 불어로 외쳤다. "Un lapin!(토끼다!)" 언어 능력을 봉쇄해 버린 뇌 손상에도 불구하고 그에게서 이 단어들이 튀어나왔던 것이다. 내가 뇌졸중 때문에 몇 분 동안 말하는 능력을 잃었던 바로 그때 즉각적으로 나는 르네 교수를 생각했다. 머릿속으로 생각은 할 수 있지만 그것이 단지 말이 되도록 할 수 없다는 것은 정말로 이상한 체험이었다.

별다른 후유증 없이 내가 언어 능력을 회복할 수 있었던 것에 대해서 매우 감사하게 생각한다. 나는 말하는 것을 즐기지 않은 순간이 없다. 내가 네댓 살이었을 때 어머니는 나를 웅변 학원에 데리고 갔다. 거기서 베티 선생님과 정중하게 인사를 주고받은 뒤 40명의 다른 아이들과 그들의 의기양양한 어머니들 앞에서 나는 시를 낭송해야 했다. 그 이후로 전 일생을 통해서 나는 대중 앞에서 이야기하는 것을 즐겼을 뿐 아니라 개인적으로 사적인 이야기를 하는 것도 즐겼다.

그러나 지금, 나는 긴 대화를 나누면 지친다. 나를 방문한 친구들과의 대화를 30분으로 제한하고 있다. 조금 길어지는 전화 통화에도 피곤해진다. 나의 컨디션에 대해서 낙담하게 될 때, 나는 감사해야 할 모든 조건들을 생각한다. 나는 아직 말할 수 있고, 읽을 수 있고, 이메일에 답할 수 있다. 나는 사랑하는 사람들에게 둘러싸여 있다. 키모테라피 치료는 용량과 횟수가 줄어들 것이라는 희망이 있고, 그렇게 되면 반쯤 정상적인 삶을 다시 살 수 있을 것이다. 그러나 지금 나는 이런 일이 진짜로 다시 이루어질 것이라고 믿지는 않는다. 나는 무용지물의 삶이나 적어도 과거에 나와 같은 사람을 정중하게 대접하여 회복되어 가는 삶이라고 일컫던 삶을 사양하려고 한다.

5월

CHAPTER 3

덧없음에 대한 인식

나의 절친한 세 명의 친구들, 허브 코츠, 래리 자로프, 그리고 오스카 도덱이 지난 몇 년 동안에 모두 죽었다. 나는 그들을 고등학교와 대학교 때부터 알았고, 의과대학 1학년 때에는 해부학 수업을 함께 들었다. 우리는 일생 동안 친하게 지냈다. 그런데 지금은 세 명 모두 세상을 떠났다. 나만이 우리들이 함께했던 기억을 간직하고 있다. 의과대학 1학년 때의 사건은 60년도 더 전에 일어난 것이지만, 아직 생생하게 손에 잡힐 듯 뚜렷하다. 정말로, 만약 누군가가 그 당시 상황의 문을 열고 안을 들여다본다면, 그곳에는 기적처럼 우리들이, 네 명의 살아있는 우리들이, 모두들 유난히 바쁘게 힘줄과 동맥을 자르면서, 서로 농담을 주고받으면서, 이미 외과 의사가 되기로 결정한 래리는 나의 엉성한 절개 솜씨를 보면서, 내가 정신과 의사가 되기로 한 것은 외과의학계를 위해서는 축복의 순간이라고 선언하는 모습을 보게 될 것 같은 이상한 느낌을 갖게 된다.

우리의 해부학 시간에 있었던 한 가지 사건이 특별히 내 마음에 새겨져 있다. 우리가 뇌를 꺼내서 절개하기 시작하기로 한 어느 날이었다. 시체를 덮고 있는 검은 플라스틱 커버를 들어 올렸을 때 커다란 바퀴벌레 한 마리가 시체의 눈 가장자리에 앉아있는 것을 보았다. 우리는 모두 질겁했다 — 바퀴벌레에 대해 공포심을 갖게 된 상황에서 자란 나는 누구보다도 더했다. 바퀴벌레는 가끔 우리 아버지의 식료품 가게 바닥이나 가게 윗층에 있는 우리 아파트 바닥을 종종걸음을 치면서 지나갔다.

검은 커버를 재빨리 다시 덮고 나서, 나는 친구들에게 그날 해부학 절개 수업을 집어치우고 대신에 브리지 게임을 몇 판 하자고 설득했다. 우리 넷은 가끔 점심시간에 브리지 게임을 했다. 그 후 몇 주 동안 우리 넷은 해부학 교실에 들어가는 대신에 브리지 게임을 했다. 나의 브리지 게임 실력이 늘기는 했지만, 인간의 마음을 연구하기 위해 일생을 보낸 내가 뇌 해부학 시간을 빼먹었다는 사실에 대해서 나는 스스로에게 부끄럽다!

그러나 진정으로 불안한 것은 이렇게 손에 잡힐 듯 생생하고, 갖가지 정감이 서려있는 사건이 오직 나의 마음속에만 존재한다는 것이다. 그래, 그렇다. 물론 분명한 사실이다 — 그것은 누구나 알고 있는 사실이다. 그러나 어쨌든 마음속 깊은 곳에서는 이런 장면들이 있는 공간의 문을 그 누구도 아닌 나만이 열 수 있다는 사실을 이해할 수가 없었다. 아무런 문도 없고, 아무런 실험실도 없으며, 해부학 수업도 없다. 지나간 과거는 오직 나의 윙윙거리는 뇌 신경 속에만 존재할 뿐이다. 내가, 넷 중에서 살아있는 오직 한 사람인 나마저 죽으면, 모든 기억은 증발해 버릴 것이고 영원히 사라지고 말 것이다. 내가 이 사실을 진정으로 인식하고 깨달았을 때 내가 밟고 있는 땅은 더 이상 단단하게 느껴지지 않는다.

그러나, 잠깐! 빈 강의실 뒤에서 우리가 브리지 게임을 하던 기억을 다시 점검해 보면서 갑자기 나는 뭔가 잘못되었음을 알게 되었다. 이 사건은 거의 65년 전에 일어난 것이다! 옛 기억을 기록하려고 할 때 누구나 그 기억이 왔다 갔다 해서 불분명하다는 것을 알게 된다. 나는 우리 네 명의 브리지 친구들 중에, 지극히 충실한 학생이며 외과 의사가 되기로 굳게 맹세한 래리 자로프가 브리지 게임을 하려고 해부학 시간을 빼먹는다는 사실은 있을 수 없는 일이었다는 것을 생각해 냈다. 눈을 꽉 감고 기억을 찬찬히 더듬어 보다가 갑자기 그 브리지 게임은 허브, 오스카, 나, 그리고 래리 — 래리 자로프가 아닌 래리 — 가 했다는 사실을 알게 되었다. 그것은 다른 래리였다. 래리 이아넷이라는 이름을 가진 학생이었던 것이다. 그러고 나서야 나는 우리의 해부학 실험 팀이 여섯 명으로 짜여져 있었다는 것을 기억했다. 무슨 이유에서인지 그해에는 시체의 수가 절대적으로 부족해서 시체 해부에 네 명이 아니라 여섯 명의 학생이 배당되었던 것이다.

내 친구 래리 이아넷을 잘 기억하고 있다. 그는 피아노에 놀라운 재능을 가지고 있어서 중고등학교 때 학교 행사에서 항상 피아노 연주를 했다. 그는 전문 음악가가 될 꿈을 가지고 있었다. 그러나 나의 부모님과 마찬가지로 미국으로 이민 온 그의 부모님은 그에게 의과대학에 가기를 강요했다. 래리는 멋진 남자였다. 그는 음치인 나의 음악적 감각을 키워주려고 항상 나를 추켜세워 주었다. 우리가 의학 공부를 시작하기 얼마 전에, 그는 나를 레코드 가게로 데리고 가서 6개의 위대한 클래식 음반을 골라주었다. 공부하는 동안 이 레코드를 반복해서 들었지만, 아뿔싸, 첫해가 끝날 즈음에도 나는 레코드를 서로 구별하지도 못했다.

래리는 피부과를 택했다. 피부과는 그의 음악적 재능을 추구할 수 있는 최대의 자유를 줄 것이라고 믿었기 때문이다. 후에 그는 디지 길레스피, 스탠 게츠 그리고 캡 캘러웨이 같은 훌륭한 음악가들의 객원 피아니스트로 연주했다. 래리와 함께 이런 추억들을 나눌 수 있다면 얼마나 좋을까! 그와 연락하기로 결심하고 구글을 통해서 그를 찾았을 때, 아뿔싸! 애석하게도 그 역시 10년 전에 세상을 떠나고 말았다. 그는 〈워싱턴 포스트〉에 쓰인 자신의 부고, "재즈 피아노의 거장, 부업은 의사"를 읽으면서 얼굴에 미소를 지었을 것이다!

우리 팀의 여섯 번째 학생의 이름은 엘턴 허먼이었다. 나는 그를 학부 때부터 알았다 — 지성적이고, 따뜻하고, 항상 기분 좋은 학생이었다. 느릿느릿 걷는 젊은이, 그는 학교에 올 때 코듀로이 바지를 즐겨 입었다. 엘턴은 어떻게 지내나? 그는 어디에 있을까? 나는 언제나 그를 좋아했다. 그의 목소리를 다시 듣고 싶었다. 그러나 내가 온라인으로 그를 찾아냈을 때, 그 역시 세상을 떠났다는 것을 알았다. 8년이나 되었다. 나의 다섯 명의 친구가 모두 죽었다! 내 머리가 헤엄치기 시작했다. 나는 두 눈을 감는다. 과거에 집중하면서, 잠시 동안, 나는 서로 어깨를 나란히 하고 있는 우리 모두를 함께 보았다. 우리 여섯은 매우 강건했고, 미래에 대해서 희망적이었고, 성공하기를 열망했다. 여섯 명의 머리 좋고 공부 잘하는 학생들이 함께 의과대학에 들어갔다. 우리 여섯은 모두 열심히 공부했고 성공하겠다는 꿈을 키웠다. 그러나 우리 중 다섯은, 모두 죽어서 땅에 묻혔다. 말라빠진 해골 외에는 아무것도 없다. 여섯 명 중에, 나 혼자만이 아직 이 땅에 있다. 이 생각을 하면서 나는 전율한다. 왜 나만 그들보다 오래 살고 있는가? 사소한 행운. 내가 아직 숨 쉬고

죽음과 삶 : 얄롬 박사 부부의 마지막 일상

생각하고 냄새를 맡고 아내와 함께 손을 잡고 있을 수 있음이 축복이라고 느낀다. 그러나 나는 외롭다. 나는 그들이 보고 싶다. 나의 시간도 다 가오고 있다.

* * *

이 이야기는 죽음 후의 삶에 관한 것이다. 나는 두 번의 경우에 이 이야기를 환자들에게 들려주었는데 특별한 효과가 있었다. 한 번은 약 두 달 동안에 남편과 아버지를 잃은 한 여성의 경우였다. 그녀에게는 남편과 아버지가 가장 가깝고 가장 사랑하는 사람들이었다. 그녀는 이미 두 명의 다른 치료자와 이야기를 했는데 다 거리감이 느껴졌기 때문에 그 누구와도 가까워지지 않았다고 했다. 이 여자는 곧 나에게도 똑같이 느끼게 될 것이라고 생각하기 시작했다. 정말로 나와 이야기하는 동안 그녀는 얼어붙은 듯한 무표정이어서 가까이 다가가기가 어려웠고 우리 둘 사이에서 하품이 나는 듯했는데, 그녀도 분명히 같은 느낌인 듯했다. 세션이 끝나갈 즈음에 그녀가 말했다. "지난 몇 주 동안 모든 일들이 비현실적인 것처럼 느껴져서 굉장히 외로웠어요. 마치 기차를 타고 어디론가 가고 있는데 기차 안 좌석은 모두 비어있는 듯한 느낌이 들었어요. 손님이 하나도 없었어요."

"당신의 느낌이 어땠는지 잘 알겠어요." 나는 그녀에게 나도 근래에 비슷한 경험을 했다고 하면서 다섯 명의 내 의과대학 친구들 이야기를 했다. 그들이 모두 죽었는데 그 사실이 전혀 실감이 나질 않아서 어쩔 줄 몰랐다고 말했다.

그녀는 집중해서 내 이야기를 들으면서 나에게로 몸을 구부렸는데,

눈물이 그녀의 얼굴로 흘러내렸다. 그리고 말했다. "그래, 그래요. 나는 알아요. 완벽하게 이해해요. 그것이 바로 내가 경험하는 것이에요. 내 눈물은 축복이지요. 결국 그 기차에는 누군가가 아직 있네요. 방금 내가 무슨 생각을 하고 있었는지 아세요? 우리는 둘 다 우리의 삶을 감사하고 지금 이 현실을 누려야 한다는 거예요. 지금, 삶이 아직 진짜인 지금에 말입니다."

그 말들이 나를 찔렀고, 우리는 오랫동안 명랑한 기분으로 앉아있었다.

두어 주가 지난 후에 지난 1년 동안 매주 보아오던 환자와의 마지막 세션에서 두 번째로 그 이야기를 다시 했다. 그녀는 수천 킬로미터 떨어진 곳에 살고 있어서 컴퓨터 줌(zoom)을 통해 화상으로 세션을 가졌으나, 마지막 세션에는 나를 직접 만나려고 처음으로 캘리포니아로 날아왔다.

우리는 폭풍처럼 거센 치료과정을 거쳤다. 나는 그녀가 바라고 있는 아버지의 사랑과 이해에 대한 요구를 한 번도 만족시켜 주지 못했다. 내가 그녀를 위해서 아무리 열심히 노력을 해도 내 노력과는 상관없이 그녀는 자주 불만족스러워했고, 나에 대해 비판적이었다. 몇 년 동안 비디오를 통해서 나의 줌 치료는 대면 치료와 동등하게 효과적이었다는 확신을 얻었으나, 이 환자와의 치료는 의문을 가지게 했다. 그녀가 몇 년 동안 대면 치료를 받았던 두 치료자와도 만족하지 못하고 있었다는 사실을 알고는 그와 비슷한 것이라고 생각되었다.

그녀가 도착하기를 기다리면서 그녀의 얼굴을 직접 보면 어떤 느낌일까 궁금했다. 마찬가지일까 아니면 그녀를 실지로 본다는 바로 그 이상스러운 차이점 때문에 내가 동요되는 걸까?

우리는 세션을 시작하면서 악수를 했다. 보통 경우보다는 약간 길게 서로의 손을 잡았다. 마치 서로가 인간이라는 구체성을 확인하려는 것 같았다.

나는 그녀와의 마지막 세션을 내가 의례히 하는 대로 진행했다. 기록을 다시 살펴보았고 첫 번 미팅 때의 기억들을 다시 이야기했다. 그녀가 나와 연락했던 이유들과 우리가 했던 일들에 대해서, 그리고 어떻게 치료해 왔나를 이야기했다.

그녀는 내 말에 별 흥미를 나타내지 않았다. 그녀의 주의는 다른 데에 쏠려있었다. "얄롬 박사님, 내가 생각해 왔는데요… 우리는 1년 동안 매주 만나는 걸로 치료 계약을 맺었다고 기억합니다. 그런데 내 계산으로는 우리가 52번이 아니라 46번을 만났어요. 내가 한 달 동안 휴가를 가졌고 선생님도 어디에 가셨고, 그렇다고 해도, 선생님은 여섯 번의 세션을 나에게 빚지고 계십니다."

나는 이 말을 반박할 방법이 없었다. 우리는 이 문제를 다른 때에도 의논했고 종결 세션에 대해서도 한 번 이상 이야기했던 걸로 기억한다. "나는 당신이 우리의 세션이 중요해서, 세션을 더 연장하고 싶다는 의미로 받아들이겠습니다. 전에 이야기했던 대로, 나는 당신이 열심히 일한 것에 대해서 존경합니다. 그리고 심한 고통 속에 있을 때에도 집중력을 가지고 치료에 몰두한 것에 대해서도 존경합니다. 그래서 나는 당신이 요구하는 여섯 번의 세션을 내가 당신에게 큰 의미가 된다는 표현으로 받아들이겠습니다. 내가 옳은가요?"라고 말했다.

"네, 선생님은 내게 커다란 의미이십니다. 내가 이런 말을 한다는 것이 얼마나 어려운가를 아실 겁니다. 네, 그래요. 선생님이 떠나가시는 것이 제게 매우 힘든 일이지요. 내 마음속에 쌓인 선생님의 이미지에 만족하여야 한다는 것을 저는 알지요. 그리고 그 이미지는 천천히 사라져 버릴 것이라는 것도 너무나 잘 알고 있습니다. 영원한 것은 아무것도 없어요. 모든 것이 공허할 뿐입니다."

우리는 몇 분 동안 침묵했다. 내가 그녀의 말을 되풀이했다. "모든 것이 공허할 뿐입니다." 그리고 계속해서 "당신의 말을 들으니 내가 지금 경험하고 있는 어떤 것이 생각나기에, 그것을 말씀드리겠습니다." 그러고 나서 내 의과대학 친구들의 죽음에 대해서 전부 이야기했고 나 역시 모든 것은 공허할 뿐이라는 생각에 대해서 얼마나 괴로워하고 있는지도 이야기했다.

내가 이야기를 마친 후에, 우리는 오랫동안 조용히 앉아있었다. 그러고 나서 그녀가 말했다. "감사합니다, 어브. 그 이야기를 함께 나누어 주셔서 고맙습니다. 커다란 선물 같아요. 엄청난 선물이에요." 세션을 끝내려고 우리가 일어섰을 때, 그녀가 말했다. "나를 안아주세요 ─ 내가 오랫동안 기억할 수 있는 포옹을 해주세요. 공허하지 않은 포옹을."

6월

C H A P T E R   4

왜 우리는 실버타운으로
가지 않는가?

몇년 전에 어브와 내가 AL(Assisted Living)[4]에 대해서 조사한 적이 있다. 경제적으로 여유가 있는 스탠퍼드 사람들에게 인기가 있었던 실버타운인 브이아이(Vi)는 스탠퍼드대학교에서 몇 블록 떨어진 곳에 위치해 있다. 그 외에 두 개의 실버타운이 더 있었다. 팔로알토 시내에 있는 채닝 하우스, 조금 멀리 떨어진 곳에 있는 아름답고 전원적인 세쿼이아스. 이 세 곳은 모두 식사를 제공했고 집안일부터 호스피스에 이르기까지 등급이 다른 서비스가 제공된다. 우리는 브이아이로 저녁 먹으러 가는 일을 즐겼다. 그리고 세쿼이아스에 살고 있는 친구 집

---

4 Assisted Living은 연로한 은퇴자들이나 독립적으로 생활할 수 없는 성인들을 위한 주거형태이다. 집단거주의 형태가 많으며 식사, 청소 등의 사소한 집안일부터 의료적인 보호까지 제공하는, 우리나라의 실버타운과 같은 개념으로 이해하면 좋을 듯하여 실버타운으로 번역한다. _역자 주

에서 여러 가지 매력을 갖추고 있는 훌륭한 주거환경을 볼 수 있었다. 그러나 그 당시 우리는 심각한 건강 문제가 없었으므로 실버타운으로 옮기는 문제를 뒤로 미루었다.

우리의 동료, 엘리노어 맥코이, 그녀는 스탠퍼드 최초의 심리학 여교수였는데 101세의 나이로 브이아이에서 세상을 떠났다. 10여 년 전부터 그녀는 집에서 매주 현재 이슈가 되고 있는 주제를 토론하는 모임을 가졌고, 생의 마지막 몇 년 동안에는 훌륭한 자서전을 썼다. 우리는 규모 있게 잘 준비된 그녀의 장례식에 참여해서 아직 건강하게 잘 살고 있는 다른 친구들을 만날 수 있어서 기뻤다.

때때로 우리는 우리 스스로에게 묻는다. 실버타운으로 가지 않는 것이 잘못하고 있는 일은 아닌가? 분명히 24시간 내내 도움을 받는 것은 편리할 것이다. 식사를 마련해 주고 서비스해 주는 것은 항상 축복이다. 그러나 40년 이상을 살아 온 우리 집, 파릇파릇한 신록에 싸인 이 집을 떠난다는 것이 실버타운으로 옮기려는 생각을 단념시켰다. 그저 단순히 이 집과 집 주변, 집과 따로 떨어져 있는 어브의 사무실은 거론하지 않더라도, 우리는 이것을 포기하기 싫은 것이다. 어브는 자기 사무실에서 글을 쓰고 아직 때때로 환자를 본다.

다행스럽게도 우리는 경제적으로 여유가 있어서 필요한 장치를 설치할 수가 있다. 내가 2층 침실로 오르내리기가 어렵다는 것이 분명해지자 층계에 전기의자를 설치했다. 지금 나는 개인 전용 마차에 타고 있는 공주처럼 전기의자로 2층을 오르내리고 있다.

우리가 이 집에서 살 수 있는 무엇보다도 중요한 이유는 우리의 도우미 글로리아의 도움을 계속 받을 수 있기 때문일 것이다. 25년 동안 글로리아는 우리와 우리 집을 돌보아 주고 있다. 그녀는 우리가 잃어버린

안경과 핸드폰을 찾아준다. 식사 후에 설거지를 해주고 베드 시트를 갈아주고 화초에 물을 준다. 미국에서 얼마나 많은 사람들이 글로리아 같은 도우미를 가질 수 있는 행운을 누리고 있을까? 우리의 '행운'은 분명히 우리가 경제적으로 감당할 수 있기 때문이지만, 그렇다 하더라도 그 이상의 혜택이 있다. 글로리아는 특별하다. 글로리아는 세 아들과 손녀를 기르면서 우리를 위해서 일했고 그 어려운 중년 위기의 문제들, 이혼 같은 어려운 문제를 잘 의논해 주었다. 우리는 글로리아의 삶이 편안하도록 최선을 다하고 있다. 물론 높은 봉급과 사회보장, 그리고 해마다 떠나는 유급휴가를 포함해서 말이다.

그렇다, 소수의 사람들만이, 단지 극소수의 미국인들만이 가정부를 두고 살 수 있다는 것을 우리는 알고 있다. 위치와 서비스에 따라 다르기는 하지만 도우미를 두고 산다는 것은 매달 수천 달러를 지불해야 한다는 의미이다. 2019년 5월 20일 자 〈뉴요커〉의 애덤 고프닉은 노인의 10% 미만이 요양원이나 실버타운에 간다고 언급했다. 왜냐하면 대부분이 자기 집에서 사는 것을 선호하고, 설사 원한다고 하더라도 많은 사람이 그 비용을 감당하지 못하기 때문이다.

우리가 우리 집에서 살기로 한 것은 실용적인 이유보다는 정서적인 이유 때문이다. 우리는 이 집을 10년에 걸쳐서 지었다. 무계획적으로 새로운 부분을 증축했지만 마침내 살기 좋은, 사랑스러운 공간으로 만들었다. 얼마나 많은 생일 파티, 책 파티, 결혼식, 그리고 결혼 피로연을 우리의 거실과 뒤에 딸려있는 방에서, 또는 앞마당 잔디에서 치렀던가? 2층 침실 창문을 통해서는 솟아오르는 참나무 가지에 새들이 둥지를 틀어놓은 것을 볼 수 있다. 우리 아이들이 10대 때 쓰던 2층의 다른 침실은 지금은 손주들, 그리고 친구들이 우리 집을 방문했을 때 사용하고 있다. 우리는 타지방의 손님들이 베이 지역에 오면 우리 집에서 머물도록 그들을 초대한다.

그리고 집안 구석구석에 흩어져 있는 많은 소유물 — 가구, 책, 예술품, 여행 기념품. 이 많은 것을 어떻게 좁은 공간으로 옮길 수 있단 말인가? 우리 아이들에게 이런 것들을 나누어 주기는 했지만, 이것들을 모두 없애고 산다는 것은 고통스러울 것이다. 왜냐하면 이것들 하나하나는 우리 생애에서 특별했던 시기와 때로는 잊을 수 없는 사건들을 기억나게 하기 때문이다.

현관 복도에 놓여있는 두 마리의 일본제 목각 강아지는 우리가 1968년 런던의 포토벨로 거리에서 산 것이다. 1년 동안의 안식년을 마친 우리는 영국을 떠나려는 참이었고 정확하게 30파운드가 영국 은행계좌에 남아있었다. 나무로 조각된 그 강아지들을 보았을 때 — 수컷은 이빨을 드러내고 암컷은 입을 다물고 있는(!) — 나는 그것이 매우 오래되고 귀중한 것이리라 짐작했다. 가게 주인에게 이 물건에 대해서 알고 있는 것을 물었더니 아시아에서 막 돌아온 사람에게서 샀다고 했다. 우리는 그에게 아직 은행계좌에 있는 30파운드를 주겠다고 했고, 그가 우리의 제안을 받아들였다. 그 강아지들은 다른 물건들과 함께 우리 집으로 배달되어서 지금까지 귀중한 실내 장식이 되고 있다.

이집트의 두상 조각품, 죽은 사람의 내장(위, 내장, 폐 또는 간)을 담아두는 카노픽 항아리는 거실의 책장 제일 위에 놓여있다. 우리는 이것을 약 35년 전에 페르시아 골동품 상인에게서 샀다. 이 조각품에 첨부된 서류에는 이것이 암세트(Amset : 이집트의 국가보호신인 호루스의 네 아들 중 하나)를 상징하는 것이라고 쓰여있다. 나는 이 엄숙한 검은 조각품의 물고기 모양으로 된 눈을 바라보는 것을 좋아한다. 어브와 함께 이집트를 여행한 적은 없지만, 몇 년 전에 딸 이브와 함께 웰즐리 여행 그룹을 따라서 즐겁게 이집트 여행을 했다. 카이로에서 박물관과 모스크를 보고, 보트를 타고 나일강을 여행하고 피라미드와 사원들을 둘러보면서 나는 고대 이집트에 깊은 관심을 가지게 되었다.

집 안 전체에는 발리에서 두 달 동안 보낸 안식기간의 생활을 보여주는 물건들이 있다. ― 탈(마스크), 그림, 직물(織物)은 탐미적인 것이 그들의 생활 방식이라는 것을 보여준다. 우리 벽난로 위에 걸려있는 커다란 조각품 탈바가지에는 튀어나온 눈, 금으로 된 귓바퀴, 두 줄의 위협적인 이빨 사이로 내민 얇고 붉은 혀가 있다. 또 다른 발리의 작품은 층계로 올라가는 문받치에 놓여있는데, 이 작은 목각품은 아주 귀엽다. 날개 달린 용이 꼬리를 입에 물고 있는 목각품이다. 위층에는 발리 사람들이 헝겊에 그린 풍경화가 있다. 맵시 있는 새와 낙엽이 그려져 있다. 발리에 가면 반복해서 똑같은 풍경을 그린 그림을 자주 보게 된다. 왜냐하면 그곳에서는 예술이 반드시 '진품'이어야 한다는 사실이 무의미하기 때문이다. 모든 예술가는 똑같은 자료를 가지고 각각의 시각적인 신화를 구성할 권리가 있다.

누가 이런 물건들을 가지고 싶어 할 것인가? 이 물건들이 우리에게는 귀중하고 우리들의 기억을 간직하고 있는 것이긴 하지만, 그렇다고 해서 우리 아이들이 그것을 가지고 싶어 하지는 않을 것이다. 우리가 죽고 나면, 우리의 물건들 각각에 담겨진 이야기들도 마침내는 사라질 것이다. 우리는 아직도 부모님들에게서 물려받은 물건들을 '할머니의 책상'과 '모턴 아저씨의 웨지우드'라는 이름으로 가지고 있다. 우리 아이들은 이것들과 함께 자랐고 그 물건들을 애초에 소유하고 있었던 사람들을 기억한다. 어브의 어머니인 리브카, 그녀는 워싱턴 DC에 있는 집을

1950년대 스타일로 장식했다. 그리고 어브의 매부인 모틴 아저씨는 멋진 웨지우드 골동품 수집가였다. 신(新)바로크식의 변칙적인 붉은색과 검정색과 황금색으로 된 '할머니'의 카드놀이 책상은 일광욕실에 놓여 있다. 이 책상은 수없이 많은 체스와 카드 게임용으로 사용되었다. 어브는 이 책상에서 자기 아버지와 체스 게임을 했고, 지금은 자기 아들들과 체스 게임을 하고 있다. 우리 세 아들 모두가 그 책상을 갖고 싶어 할 것이다.

최근에 아들 벤의 아내 아니사가 우리가 표구를 해서 각 방마다 걸어 놓은 자수작품들에 대해서 이야기했다. 나는 1987년 우리가 중국에 갔을 때 중국의 노천시장에서 이 작품을 발견했고, 중국에서는 이런 보물들을 싼값에 살 수 있다고 이야기했다. 아니사와 벤은 직물에 대해서 특별한 관심을 가지고 있기 때문에 나는 그들에게 이 중국 자수작품을 가지라고 하면서, "너희 아이들에게 할머니와 할아버지가 오래전에 중국에서 산 물건들이라고 꼭 이야기해 주렴."이라고 덧붙여 말했다.

그러나 가장 큰 문제는 3,000~4,000권에 이르는 우리들의 책을 어떻게 처리하느냐이다. 책들은 대개 분야별로 정리되어 있다 ― 정신과 교과서, 여성학, 프랑스와 독일문학, 소설, 시, 철학, 수필, 예술, 요리 책, 그리고 외국어로 번역된 우리 둘의 출판물. 우리 집에서는 어떤 방엘 들어가도(식당을 제외하고), 몇 개의 벽장을 봐도 책, 책, 책이 있다. 우리는 일생 동안 책과 함께 살아온 사람들이다. 지금 어브는 대부분의 책을 아이패드로 읽기는 하지만, 아직도 우리에게 익숙한 종이로 된 책을 찾고 있다. 몇 달에 한 번씩 책을 상자에 넣어서 지역 도서관이나 비영리 단체로 보내는데도 우리 집 대부분 방의 벽에서 벽으로 쌓인 책장에 빈틈을 만들어 주지는 못하고 있다.

친구들이 쓴 책들로만 꾸며진 특별한 섹션이 있다. 그들 중 몇몇은 우리를 떠났지만, 알렉스 컴포트의 기억이 새롭다. 알렉스 컴포트는 *The Joy of Sex*의 작가로 널리 알려졌으나 그는 영국의 시인이며 소설가이자 논픽션 작가였다. 뇌졸중으로 고통을 받고 있던 그는 휠체어에 의존해야만 했고, 팔과 다리를 움직이는 것을 몹시 힘들어했다. 그래서 자기가 쓴 시집에 직접 자그마하고 꼬불꼬불한 글씨로 우리에게 써준 글에 특별히 감동을 받았다. 우리는 또한 캘리포니아주립대학교에서 나의 동료였던 시어도어 로작의 책을 가지고 있다. 우리는 그를 오리지널 역사가인 동시에 소설가로 기억한다. 그가 1969년에 쓴 *The Making of a Counterculture*는 영어 단어에 counterculture(대항문화)라는 새로운 용어를 첨가시켰다. 그의 'counterculture'에 대한 분석에 의하면 '대항문화'는 반(反)베트남전쟁 시위, 버클리 스탠퍼드 자유 언론 운동, 그리고 1960년대를 살아오면서 우리가 겪었던 모든 정치적 격변의 다리가 되어주었다는 것이다. 그리고 스탠퍼드 교수들인 앨버트 게라르, 조지프 프랭크, 존 펠스티너 등은 몇 년 동안 우리의 삶을 풍족하게 해주었고 문학비평의 주된 작품을 남긴 사람들이다. 앨버트는 영국소설 전문가였고, 조지프는 그 시대의 가장 유명한 도스토옙스키 학자였으며, 존은 파블로 네루다와 파울 첼란의 번역가였다. 우리는 이 소중한 작품들을 어떻게 처리해야 할 것인가?

한 무더기의 책들이 유리문으로 구분되어 보관되어 있다. 우리의 디킨스 컬렉션이다. 어브는 1967년과 1968년 우리가 런던에 있을 때 디킨스의 초판본을 수집하기 시작했다. 디킨스의 책은 대부분 부분적으로 매달 출판되었다가 나중에 한 권의 단행본으로 출판이 되었다. 여러 해에 걸쳐서, 디킨스의 책을 볼 때마다 어브는 여러 개의 카탈로그에 이름을 올렸기 때문에 다양한 영국 딜러들이 우리 집으로 카탈로그를 보냈다. 어브는 카탈로그에서 그가 이미 가지고 있는 책인가를 체크하고, 만약 가지고 있지 않으면 그 책을 주문하곤 했다. 주문 여부는 책 가격에 달려있었다. 우리는 아직 *A Christmas Carol*의 몇 부분을 가지지 못했는데 그 책들에는 비싼 가격표가 붙었기 때문이다. 막내아들 벤이 영국에서 오는 디킨스의 책 꾸러미를 어브와 같이 열곤 했으며 글을 읽을 수 있기도 전에 조판을 보았다. 그는 책이 새로 도착하면 "디킨스의 냄새가 나요."라고 소리치곤 했다. 우리 아이들은 모두 디킨스를 읽었다. 그 중에서 극장 감독인 벤이 어쩌면 디킨스를 가장 많이 읽었을 것이다. 그래서 디킨스 컬렉션은 아마도 벤에게 갈 것으로 짐작된다.

나머지 책들에 대해서는, 이 책들을 남에게 주기가 어렵다. 사진작가인 아들 레이드는 모든 예술책을 원할까? 심리학자인 아들 빅터는 어브의 치료에 관한 책을 원할까? 누가 나의 독일어책 또는 여성학 책들을 원할까? 다행스럽게도 스탠퍼드대학교 불문학과에 있는 좋은 친구 마리피에르 울로아가 내 불문학 책들을 가져가겠다고 했고, 몇몇 책 판매상들이 우리 집으로 와서 책을 골라 다시 판매할 것이라고 했다. 그렇지 않으면 우리의 귀중한 책들은 아무래도 바람에 날려버릴 것이다.

지금 책들은 우리 집과 어브의 사무실에 그대로 있다. 우리와 정이 든 물건들을 인생의 끝자락에 와서 버리지 않고 다른 데로 옮긴다는 것이 위로가 된다. 우리가 아직 우리 집에 머물러 있으면서 우리가 원하면 도우미가 있는 집으로 또는 마지막 거처인 요양원으로 옮길 수 있음에 대하여 감사한 마음이다.

CHAPTER 5

은퇴 : 결정의 정확한 순간

몇년 동안 나는 은퇴를 향해서 조심스럽게 조금씩 다가가고 있다. 심리치료는 내 일생의 작업이었고 그 일을 포기한다고 생각하는 것이 고통스럽다. 몇 년 전부터 새로운 환자들과의 첫 세션에서 내가 딱 1년 동안만 그들을 볼 것이라고 말하기로 결정하는 것으로 나의 은퇴의 첫걸음을 시작했다.

내가 치료자로서 은퇴를 싫어하는 것에는 몇 가지 이유가 있다. 주된 이유는 내가 다른 사람을 도와주는 것을 너무도 즐기기 때문이다 — 그리고 일생의 이즈음에 이르러서 내가 이 일을 잘하게 되었다고 생각하기 때문이다. 다른 이유는, 약간 당황스러운 마음으로 이야기하지만, 아주 많은 이야기를 더 이상 들을 수 없는 것이 안타깝기 때문이다. 나는 이야기에 대한 채워질 수 없는 열망, 특히 가르치거나 글을 쓸 때 이용할 수 있는 이야기들에 대한 목마름이 있다. 나는 어릴 때부터 이야기를 좋아했다. 의과대학 시절을 제외하고, 나는 언제나 예외 없이 잠이 들 때까지 책을 읽었다. 화려한 문장의 대가, 조이스, 나보코프 그리고 방 빌 등에게 매료되어 있지만 내가 정말로 좋아하는 작가들은 완벽한 이 야기꾼들 — 디킨스, 트롤럽, 하디, 체호프, 무라카미, 도스토옙스키, 오 스터, 매큐언 — 이다.

내가 치료자로서 은퇴할 시간이 왔다고 느낀 정확한 순간에 대한 이 야기를 하려고 한다.

몇 주 전, 7월 4일, 오후 4시 조금 전에 나는 집으로 돌아가고 있었다. 집 근처 공원에서 독립기념일 축제가 끝나고, 한 시간가량 이메일을 체 크하기 위해서 내 사무실에 들어섰다. 의자에 앉자마자 문에서 노크 소 리가 들려서 문을 열자 매력적인 중년 여인이 서있었다.

"안녕하세요," 내가 그녀에게 인사를 했다. "어브 얄롬입니다. 저를 찾아오셨나요?"

"저는 에밀리입니다. 스코틀랜드에서 온 심리치료사입니다. 오늘 4시 에 선생님과 약속이 있습니다."

내 심장이 내려앉았다. 아니, 이런 일이. 또다시 내 기억이 나를 실망 시키는구나!

"들어오세요." 차분하려고 노력하면서 "제 스케줄을 체크해 볼게요." 라고 말했다. 스케줄 노트 오후 4시 란에 "에밀리 A."라고 커다랗게 쓰 인 것을 보고 충격을 받았다. 오늘 아침 나는 스케줄 노트를 열어볼 생 각을 전혀 안 했다. 결코 생각하지도 않았다. 만약 제정신이었다면 공 휴일인 독립기념일에 누구와 약속을 할 것인가. 가족들은 근처 공원에 서 아직 독립기념일 축제를 즐기고 있었고 내가 일찍 사무실에 돌아와서 그녀가 나타날 때 그 자리에 있었다는 것은 거의 있을 수 없는 우연한 일이었다.

"대단히 미안합니다, 에밀리. 그러나 국경일이라 내 스케줄을 체크도 하지 않았어요. 여기까지 먼 길을 오셨어요."

"굉장히 먼 길이지만, 남편이 로스앤젤레스에 올 일이 있어서 저도 이 근처에 왔지요."

그 말이 나를 안심시켰다. 적어도 그녀는 특별히 그녀를 기억조차 못하는 어떤 사람과의 상담 세션을 위해 스코틀랜드에서부터 장거리 여행을 하지는 않았던 것이다. 나는 그녀를 편안하게 해주려고 애썼다. 의자를 가리키면서 "앉으세요, 에밀리. 지금 편안하게 당신과 이야기할 수 있어요. 그런데 잠시 실례하겠어요. 가족에게 나를 방해하지 말라고 알려야겠습니다."

나는 약 30미터 떨어진 집으로 서둘러 달려가서 매릴린에게 나의 예기치 않았던 약속에 대해서 쪽지를 남기고는 보청기를 움켜쥐고 사무실로 돌아왔다(나는 보통 때는 보청기를 쓰지 않지만 에밀리의 목소리는 조용했다). 그리고 책상에 앉아서 컴퓨터를 열었다.

"에밀리, 시작할 준비가 거의 다 되었어요. 그렇지만 당신의 이메일 메시지를 다시 읽어보려면 일이 분 정도 시간이 필요합니다." 나는 컴퓨터에서 에밀리의 이메일을 찾으려 했으나 찾을 수가 없었다. 그러는 동안 그녀가 큰 소리로 울기 시작했다. 나는 그녀에게로 얼굴을 돌렸는데 그녀는 자기 가방에서 종이를 찾아 내게로 내밀었다.

"선생님이 찾고 있는 이메일이에요. 지난번, 5년 전에 우리가 만났을 때, 그때도 선생님은 제 이메일을 찾지 못했기 때문에 이번에는 제가 이것을 가지고 왔어요." 그녀는 더 크게 울고 있었다.

나는 이메일의 첫 문장을 읽었다. "우리는 지난 10년간 두 번 만났어요. (통틀어서 네 번의 세션이었어요.) 선생님은 저를 많이 도와주셨어요…" 더 이상 읽을 수가 없었다. 에밀리가 큰 소리로 울부짖고 있었기 때문이었다. 그녀는 계속해서 "나는 투명인간이에요, 투명인간이요. 네 차례나 만났는데도 선생님은 나를 못 알아보시네요."

충격 속에서, 그녀의 편지를 밀어놓고 그녀 쪽으로 향했다. 눈물이 그녀의 얼굴에 흘러내리고 있었다. 그녀는 지갑 속에서 티슈를 찾고 있었으나 없었다. 의자 옆 내 책상에 있는 티슈통에 손을 넣었다. 그러나, 아뿔사. 그 통은 비어있었다. 나는 화장실에 가서 변기에 놓여있는 화장지를 몇 장 들고 왔다. 그녀가 더 이상 화장지를 필요로 하지 않기를 간절히 기도했다.

잠시 조용히 앉아있는 동안에 일이 터지고 말았다! 이 순간에 내가 정말로, 진짜 정말로, 더 이상 치료를 하지 말아야 되겠다는 사실을 인식했다. 내 기억력은 너무나 형편없었다. 그래서 나의 전문적인 태도를 던져버리고 컴퓨터를 닫은 뒤 그녀에게로 향했다. "정말 미안합니다, 에밀리. 이 세션이 지금까지 마치 악몽 같았습니다."

에밀리가 자세를 바로잡을 때까지 우리는 잠시 동안 말없이 앉아있었다. 나는 무엇을 해야 할지를 알아차렸다. "에밀리, 몇 가지 말씀을 드려야겠습니다. 첫째로, 당신은 오늘의 세션에 대해서 희망과 기대를 가지고 여기까지 먼 길을 왔습니다. 다음 시간에는 최선을 다해서 당신을 위해 내가 할 수 있는 일을 하겠습니다. 그러나 이미 당신을 힘들게 했기 때문에 오늘 세션의 치료비를 받을 아무런 이유가 없습니다. 둘째로, 당신이 투명인간인 것같이 느껴진다고 한 말에 대해서 몇 마디 하겠습니다. 부디 제가 해야 할 말을 귀담아 들어주세요. 제가 당신과의 약속을 잊어버린 것은 당신과는 정말 아무 상관도 없습니다. 모든 것은 저 때문이었습니다. 현재 저의 삶이 어떤 상황에 처했는지를 말씀드릴 게요."

에밀리는 울음을 그치고 손수건으로 눈물을 닦고는 내 말을 열심히 들으려고 의자에 기대앉았다.

"첫째, 나와 65년을 함께 살아온 내 아내가 지금 암으로 굉장히 아픕니다. 그리고 그 힘들고 어려운 키모테라피를 받고 있습니다. 그 일로 나는 지금 극도로 정신이 없습니다. 내가 하는 일에 집중하기가 매우 어렵습니다. 아울러 당신에게 말씀드리고 싶은 것은, 최근에는 기억력이 너무 형편없어져서 내가 과연 심리치료자로서 일할 수 있는가에 대해서 심각하게 생각하고 있습니다."

이야기하면서 나는 나 자신에 대해서 상당히 의심스러웠다. 나는, 실제로 나의 실수는 내 아내의 병으로 받는 스트레스 때문이지, 나 때문이 아니라고 변명하고 있는 것이었다. 나는 나 자신에 대해서 부끄러웠다. 내 기억력은 아내가 앓기 전부터 쇠약해지고 있었다는 것을 알고 있다. 몇 달 전에는 동료와 함께 걸으면서 내 기억력에 대해서 대화를 나누었다. 아침 화장실 일을 보는 데 대해 설명하였는데 면도를 하고 나서 나는 이미 양치질을 했는지 안 했는지가 완전히 생각이 안 난다.

나의 칫솔이 젖어있는 것을 보고 나서야 내가 양치질을 했다는 사실을 알게 된다고 이야기했다. 나는 내 동료가 (나의 취향으로는 너무 무뚝뚝하게) "그래서, 어브, 자네는 이미 있었던 일들은 기록하지 않는다는 이야기이군."이라고 말했던 것을 기억한다.

에밀리는 주의 깊게 내 이야기를 듣고 나서 말했다. "얄롬 박사님, 그게 바로 제가 오늘 말씀드리고 싶은 것이에요. 저도 그런 비슷한 일로 몹시 걱정하고 있어요. 저는 지금 특별히 사람 얼굴을 알아볼 수 없는 게 큰 걱정이에요. 알츠하이머병에 걸린 게 아닌가 해서요."

나는 빨리 대답했다. "그렇지 않다는 걸 말씀드리지요, 에밀리. 안면인식장애라고 알려진 당신의 증세는 알츠하이머병의 전조가 아닙니다. 아주 유명한 신경학자이며 작가인 올리버 색스가 쓴 글을 읽어보시면 좋겠네요. 그는 자신의 안면인식장애 문제에 대해서 아주 잘 썼지요."

"제가 한번 확인해 볼게요. 저도 그분 이름이 익숙해요 ─ 그분은 훌륭한 작가예요. 그분이 쓴 *The Man Who Mistook His Wife for A Hat*를 잘 읽었어요. 그는 영국 작가지요."

나는 끄덕였다. "나도 그의 팬입니다. 오래전 그가 몹시 아팠을 때, 그에게 팬레터를 보냈지요. 그랬더니 두어 주일 후에 그의 친구로부터 편지를 받았어요. 올리버 색스가 돌아가시기 바로 며칠 전에 내 편지를 그분에게 읽어드렸다는 내용이었어요. 에밀리, 몇 가지 더 말씀드리지요. 나는 개인적으로 이런 상황과 비슷한 경험이 있어요. TV를 볼 때 이런 경험을 많이 하지요 ─ 나는 언제나 내 아내에게 '저 사람이 누구지?'라고 묻는데, 실제로 내 아내 없이는, 그 많은 영화를 볼 수가 없어요. 나는 이 증상에 대한 전문가가 아니어서 신경과 의사에게 물어보아야 하겠지만, 안심하세요. 그것은 치매 증상이 아닙니다."

그래서 우리의 세션, 아니 우리의 친밀한 대화가 50분간 계속되었다. 확신할 수는 없었으나 내가 한 이야기가 그녀에게 의미가 있었을 것이라고 생각했다. 내 쪽에서는 확실히 우리가 보낸 이 시간을 잊을 수가 없다. 왜냐하면 이 순간이 내가 나의 평생 직업에서 은퇴해야 되겠다고 결심한 순간이기 때문이었다.

다음 날까지도 에밀리 생각을 했다. 내가 그녀와의 세션에 대해서 준

　　　죽음과 삶 : 얄롬 박사 부부의 마지막 일상

비하고 있지 않았던 사실을 한 번 더 사과하는 이메일을 보냈다. 준비하지 않았다고 하더라도 그녀가 우리 세션에서 무언가 얻었기를 바란다고 했다. 그녀는 바로 다음 날 나의 사과를 받고 매우 감동했다면서 우리의 세션에 대해서 감사하다고 했다. 그녀는 이렇게 썼다. "제가 특히 감동을 받은 것은 전에 두 번의 만남 사이에 보여주셨던 친절한 행동 때문이었어요. 선생님은 제가 공항에 갈 수 있도록 택시 요금 30달러를 빌려주셨어요. 제게는 미국 달러가 없었거든요. 우리의 세션을 끝내고 제가 선생님을 다정하게 포용할 수 있게 해주셨어요. 우리의 마지막 치료비를 받지 않으셨어요. 그리고 지금, 감동적인 사과의 편지까지 보내주셨어요. 이런 일들은 인간 대 인간의 일이에요. 치료자-환자의 관계에서 일어나는 일들이 아니에요. 그리고 이런 순간들이 저에게는 굉장한 의미를 줬어요(저의 환자들에게도). 우리가 잘못한 것을 알았을 때에라도 (인간으로서) 그것을 진실성과 친절로 바로잡을 수 있다는 것은 참으로 감동적인 거지요."

나는 이 편지 때문에 항상 에밀리에게 감사할 것이다. 이 편지는 나의 은퇴에 대한 아픔을 완화시켜 주었기 때문이다.

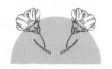

6월

CHAPTER 6

좌절과 새로워진 희망

6월에는 가족들의 기념일이 많다. 6월 13일 어브의 생일, 6월 21일 아버지의 날, 6월 27일 우리의 결혼기념일. 금년 6월은 아주 특별했어야 했다 ─ 우리의 65번째의 결혼기념일이니까! 이와 같은 일은 참으로 기념하여야 할 이벤트이다. 극소수의 미국인들만이 이런 이정표에 다다를 수 있을 테니까. 요즘 사람들은 과거보다 아주 늦게 결혼을 하거나 ─ 전혀 하지 않기도 한다. 우리는 6월 27일에 굉장한 잔치를 열 계획을 했었다. 그러나 우리가 원하는 대로 내 병이 "더 좋아지기를" 기대하면서, 그때까지 잔치를 미루기로 했다.

지난 달에, 나는 베이 지역의 다발성 골수암 환자들 지지모임에 갔다. 그 모임은 스탠퍼드에서 있었는데, 그 병에 대해서 미리 대책을 구하는 자리였다. 젊은 환자들이 줄기 세포나 골수 이식 같은 대담한 치료를 받는 것이 존경스러웠지만 나는 그런 방식으로 가지는 않을 것이다. 또한 2월에 있었던 나의 뇌졸중의 원인일지도 모르는 약의 과다사용이나 '만병통치'의 처방에 대해서는 의문을 가지고 있다.

그러나 지난날 약하게 받은 키모테라피 치료가 효과가 없었던 것 같아서 다시 더 강한 수준으로 되돌아갈 필요가 있는 것 같다. 나는 이 변화가 두렵다. 지난날 그 부작용이 너무 심했기 때문에 나에게 남겨진 짧은 시간을 그런 고통을 받으며 보내고 싶지 않다. 그래서 지금 나는 레벨 2 벨케이드(Velcade : 주로 다발성 골수암 환자들에게 사용되는 약물. 레벨 2는 최고 수준보다 한 단계 낮은 수준)로 돌아가는 것이 충분히 그 병을 잡을 수 있는지 보려고 한다.

요사이 어브는 대단히 힘든 시간을 보내고 있다. 정신과 의사라는 직업이 그의 정체성이었는데 지금 그는 은퇴해야 하는 현실에 부딪쳐 있다. 어브는 정신과 의사로서의 생활을 몹시 그리워할 것이다. 그러나 그는 자기의 전문적인 정체성을 유지할 길을 찾을 것이라고 믿는다. 그는 매일 수십 통의 이메일에 답하고 아직도 단회기의 세션을 치료한다. 줌을 통해서 많은 치료자들에게 강의를 한다. 그는 언제나 무언가를 쓰고 있다.

나는 그의 신체적인 건강에 대해서도 염려한다. 특히 그는 몸의 균형을 잘 잡지 못하기 때문에 집 안에서는 지팡이를, 밖에서는 보행 보조기를 사용해야 한다. 그가 넘어져서 심하게 다칠까 봐 나는 두렵다.

우리는 멋진 한 쌍이다. 나의 다발성 골수암, 그의 심장과 균형의 문제. 두 늙은이가 생의 마지막 춤을 추고 있다.

* * *

아버지의 날에, 아이들과 손주들이 안뜰에서 굉장한 파티를 준비했다. 어브가 좋아하는 가지 요리, 매시트포테이토, 파스닙, 그릴드 치킨, 샐러드, 그리고 초콜릿 케이크. 우리를 돌보아 주고 우리가 의지할 수 있는 사랑하는 아이들이 있어서 우리는 참 행복하다. 대개의 부모들과 마찬가지로, 아이들이 우리가 죽은 후에도 계속해서 '가족'으로 살기를 소망한다. 그러나 물론 그것은 우리의 손에서 벗어난 일이다.

지금 당장은, 아이들과 손주들은 잘 지내고 있다. 제일 큰 손녀, 릴리와 그의 아내 알레이다. 그들은 행복한 결혼생활을 하고 있고, 직업을 갖고 있으며 최근에 오클랜드 근처에 집도 샀다. 나는 그들이 동성결혼을 대체로 승인하는 베이 지역에 살고 있어서 기쁘다. 우리의 둘째 손녀, 알라나는 튜레인 의과대학 졸업반이다. 그리고 자기 엄마처럼 산부인과를 전공하려고 한다. 우리의 셋째 손녀 레노어는 노스웨스턴대학교 대학원에서 생물학을 전공하려고 한다. 우리의 제일 큰 손자 제이슨은 일본에서 대학을 마치고 건축회사에서 해외개발 사업을 하고 있다. 둘째 손자 데즈먼드는 아칸소의 핸드릭스대학을 졸업하고 수학과 컴퓨터 사이언스 학위를 받았다. 할머니로서 그들이 모두 전문적인 일을 시작한 것이 매우 기쁘다.

그러나 어린 세 손주들이 자라나는 모습을 볼 수 없다는 사실을 받아들이기는 어렵다. 6살의 에이드리언, 3살의 마야, 그리고 1살의 팔로마는 모두 벤과 아니사의 아이들이다. 에이드리언이 유아원에 다닌 첫해에 나는 그 아이와 유아원 동요에 빠져있었다. 내가 그에게 동요를 읽어주면 그 애가 그것을 따라 읽고 동작으로 표현한다. 나는 '험프티 덤프티'처럼 한바탕 굴러떨어지거나 '헤이 디들디들'의 가사에서 접시와 숟가락처럼 이리 뛰고 저리 뛰는 그애의 모습을 마음의 눈으로 본다. 지금 나의 남은 수명이 짧기 때문에 에이드리언과 마야와 팔로마의 10대를 볼 수가 없을 것이다. 그것이 나를 슬프게 한다. 그들은 스쳐 지나가는 기억을 빼고는 나를 모를 것이다. 어쩌면, 에이드리언은 유아원 동요를 들을 때면 나를 기억하겠지.

　오늘 나는 벨케이드 주사를 맞으러 간다. 물론 어브가 함께 갈 것이고 주사를 맞는 동안 나와 함께 있을 것이다. 우선 주사실에서 피를 뽑을 것이다 ─ 언제나 효율적이고 고통이 없는 과정이다 ─ 그리고 실험실 결과가 나의 신장과 체중에 맞는 약의 용량을 정확하게 결정할 것이다. 나는 이런 개인적인 배려에 안심하게 되었다. 특별히 거의 죽을 뻔한 뇌졸중을 경험한 후에는.

　벨케이드 주사는 주사실 간호사가 주관한다. 간호사들은 대단히 효율적이고 친절하다. 그들은 내가 따뜻한 담요에 싸여서 수분 유지를 위해 사과 주스를 마시면서 주사를 맞는 동안 나의 모든 질문에 대답을 해준다. 내 배 주위에 있는 살에 주사를 놓는 데는 단지 몇 초가 걸린다. 때때로 내 배 주위에 여분의 살이 있는 것에 감사한다.

　그 후에, 어브와 나는 스탠퍼드 쇼핑센터에 점심을 먹으러 간다. 점심을 먹으면서 내가 어떤 것에 대해서는 정말로 즐기고 있음을 알게 되었다! 나는 이 좋은 느낌이 계속되기를 바란다.

* * *

걱정과는 달리 벨케이드의 후유증은 심하지 않았다. 나는 이 벨케이드 주사가 전혀 공포스럽지 않았는데, 그 이유는 치료 전에 스테로이드 약을 먹었기 때문이다. 그 약이 나를 보통 때보다 덜 불안하게 하고 더 생기 있게 만들어 주었다. 단점은 밤에 잠을 못 잔다는 것이다. 그래서 나는 강력한 수면제에 의존한다.

어느 날 밤, 우리의 이웃 리사와 허먼이 피자를 같이 먹자고 하면서 우리 집에 왔다. 리사는 10년 전에 유방암 진단을 받아 유방 절제, 방사선, 그리고 키모테라피를 포함한 공격적인 치료를 받고 회복기에 있다. 그녀는 키모 브레인을 경험했다는 이야기를 했고, 그녀 역시 키모 투약 중에 스테로이드를 먹고 잠을 잘 수가 없었다고 했다. 리사의 이야기를 듣는 것은 효과가 있었다. 그녀가 경험한 것은 나의 불쾌한 경험이 오히려 '정상적인 것'이며, 길게 보면 일시적인 것임을 느끼도록 해주었다. 지금 65세의 리사는 그녀의 특별한 에너지와 상상력으로 멋진 삶을 영위하고 있으며 남편과 더불어 조직심리학자로서의 능력을 보여주고 있다.

나는 내 컴퓨터 의자에 앉을 수 있고 이메일에 답할 수 있으며, 편지를 보낼 수 있다. 나는 또 우리가 적어도 10년 동안 책과 논문들을 보내고 있는 스탠퍼드 아카이브를 위해서 자료들을 고르고 있다. 어브가 이 일을 나에게 맡겼다. 그는 자기가 쓴 논문이 어떻게 되는지에 별 관심이 없는 듯하다. 누가 자기의 아카이브를 보겠느냐고 물었을 때 나는 두 명의 훌륭한 사람들, 자비네 기지거는 그녀의 영화 *Yalom's Cure* 때문에, 그리고 제프리 버먼은 어브의 일생 작품을 다룬 그의 책 *Writing the Talking Cure* 때문에 이미 아카이브에 대해서 물어 왔다고 대답했다.

나는 아직 논문으로 꽉 차있는 서랍들은 해결하지 못하고 있다. 그런데 이런 일을 하는 나의 가슴에는 계속되는 아픔이 있다. 우리가 살아온 그 많은 삶이 우리와 함께 사라져 버릴 것을 인식하면서 가슴이 아프다. 아카이브의 논문들은 한 사람의 존재에 대한 단서를 줄 수 있을 뿐이다.

까다롭게 유지되어 오는 도서관 장서에 있는 기록들 속의 삶을 실체화하는 것은 연구자나 역사가, 전기작가, 또는 영화제작자들에게 달려있다. 어떤 논문들, 예를 들면, 어브와 내가 썼던 두 개의 논문 "Guilt"와 "Widows" 같은 논문들은 저자인 우리들조차 완전히 잊어버리고 있는 논문이다. 언제 그리고 왜 우리가 이런 논문을 썼지? 그 논문이 인쇄가 되기는 했었나?

우리의 과거 어느 부분이 나를 미소 짓게 했다. 예를 들면, 1998년에 작가 틸리 올슨이 흉내 낼 수 없는 작은 글씨로 쓴 편지이다. 틸리 올슨은 내가 스탠퍼드에서 기획한 대중 인터뷰 프로그램에 참여했다. 그 인터뷰는 나중에 *Women Writers of the West Coast*라는 책으로 마고 데이비스의 훌륭한 사진과 함께 편집되어 출판되었다. 틸리는 이해할 수 없는 사람이면서도 대단히 머리가 좋았다. 어느 날 그녀가 나의 스탠퍼드 강의에 와서 주위를 둘러보고는 "특권이라는 것에는 아무 잘못이 없어요. 모든 사람이 특권을 가져야 해요."라고 말했다.

내가 찾아낸 것들 중 대부분은 그냥 내버려야 할 것들이다. 미국인들 중 누가 100여 개의 공동묘지에 대해서 관심을 가질 것인가? 그러나 이런 자료들을 버린다는 것이 고통스럽다. 내가 아들 레이드와 같이 우리의 책 *The American Resting Place*를 준비하느라고 미국 땅을 여행하면서 찾아본 각각의 묘지는 특별했다. 수백만 명의 사람이 남은 가족들을 위해 묘비를 세웠다. 세워진 묘비에서 위로를 받는다. 짐작건대 묘비는 사랑하는 사람과 함께 영원을 향하려는 뜻일 것이다. 나는 그 책이 출판되어 남아있는 것이 기쁘다.

어떤 사람의 논문을 분류하는 일은 상당히 감정적인 경험이 될 수 있다. 글을 쓰는 영역에서 그토록 충실히 살아온 나의 경우에는 그 일이 가끔은 마음의 핵심을 흔들어 놓는다. 나는 "나에게 중요한 것"이란 제목으로 내가 쓴 글을 발견하고는 충격을 받았다. 약 10년 전에 스탠퍼드 강의를 위해 썼던 글인데, 그 내용이 지금 현재의 나의 생각들과 비슷해서이다.

나는 어제 아침에 내 머릿속으로 네 잎 클로버를 상상하면서 잠에서 깨어났다. 즉시로 나는 오늘 내가 해야 할 이야기와 연관이 있음을 알았다. 꿈이나 상상은 가끔 나 자신을 더 깊이 바라볼 수 있게 해준다… 이 꿈은 부분적으로 혼란스러웠다. 왜냐하면 나는 이미 세 개 ─ 네잎클로버 중 세 개의 잎으로 상징되는 ─ 의 이야기는 준비했기 때문이다. 그러나 나는 네 번째의 잎이 무엇을 의미하게 될지를 몰랐다…

1. 나에게 중요한 것은 나의 가족, 나의 친한 친구들이다. 이 점에서 나는 이 세상 모든 다른 사람들과 같다.
2. 나에게 중요한 것은 나의 일이다. 더 이상 교수가 아니지만 작가로서 나는 학문적인 테두리의 안과 밖에 있는 독자들과 만난다.
3. 나에게 중요한 것은 자연이다. 아름다움과 진리의 또 다른 표상인 자연. 내 일생을 통해서 자연 세계는 나에게 즐거움과 위로, 그리고 영감의 근원이 되어왔다.
4. 그리고 지금 나는 그 네 번째의 잎사귀가 무엇을 상징하는지를 기억한다. 그것은 도덕적 충동을 의미한다. 삶의 의미 탐색, 인간관계, 그리고 자연과의 관계와 함께 우리 인간들이

'영성(靈性)'이라는 단어 아래 한 덩어리가 되는 것이다…

　모든 사람에게 통하는 인생의 유일한 방향은 없다. 각자가 자기에게 중요한 것을 찾아야 한다. 그러나 거기에는 단서와 이정표가 있다. 나는 나 자신에게 최선의 것을 여러 자료에서 찾아 왔다. 글로 쓰인 것이든 아니든 간에 미국과 영국의 시(詩)에서, 성경에서, 프루스트에서, 맥신 홍 킹스턴에게서, 그리고 메추라기 무리와 장미 봉우리가 벌어지는 것에서 그것을 발견한다. 나는 나의 마음속에 부모님과 선생님들과 동료들의 기억을 품고 산다. 그들은 너그럽고 친절했고 다정했다. 그리고 나는 시편 23편의 말씀을 가슴속에 품고 산다. "내 평생에 선하심과 인자하심이 반드시 나를 따르리니." 나는 그 구절에 합당하게 살고 그것을 다음 세대에게 물려주고 싶다. 지금 이 세상에서의 나의 삶의 끝이 다가오고 있는 이때에 나의 남은 날들을 이런 원칙 안에서 살려고 노력할 것이다.

* * *

좌절에도 불구하고 내가 아직 살아있다는 사실이 좋을 때가 있다. 최근에 스탠퍼드와 마린 카운티의 친한 친구들이 식사를 하러 방문했다. 나는 그들과 세 시간을 함께할 수 있었다. 스탠퍼드 정신과의 데이비드 스피겔과 KQED 라디오 〈Forum〉 쇼의 진행자로 알려진 마이클 크래스니의 능숙한 유대인식 농담이 도움이 되었다.

　이제 내 병의 기분 나쁜 후유증이 되돌아올 때면 나는 충성되고 재치 있는 이 친구들과 내가 매우 즐겁게 웃었던 시간을 기억하려고 노력할 것이다. 최근에는 내 오른쪽 눈에 두드러진 다래끼를 발견했다. 안과 의사는 나에게 뜨거운 찜질과 항생제로 치료해야 한다고 했다. 안과 의사는 다래끼는 내 병과는 상관이 없다고 생각했다. 그런데 지금 다래끼가 두 개나 더 생기자 걱정되기 시작한다. 어브가 인터넷에서 "다래끼와 다발성 골수암"을 검색했다. 확실히 다래끼는 벨케이드의 부작용 중 하나로 기록되었다.

나의 내과 의사와 혈액암 의사는 나에게 뜨거운 찜질을 계속해야 한다고 말하면서도 두 사람 다 벨케이드를 중지하라고는 말하지 않았다. 그래서 지금 나는 생명을 유지하는 약물의 이점과 그 약의 불쾌한 부작용 사이에서 싸움을 하고 있다. 캐서린 에반의 2019년 책 *Bottle of Lies*에서 말했듯이 "모든 약은 독이 있다. 약은 가장 잘 조절된 조건 아래에서만 좋은 역할을 한다." 레블리미드를 복용하고 생긴 병을 앓고 난 후에, 나의 뇌졸중의 원인이 되었던 키모 약물들에 대한 경험을 통해서 너무나 잘 인식하게 된 것은 '키모테라피가 당신을 죽이지 않는다면 생명을 연장시킬 수는 있다'라는 것이다.

나는 내가 회복기에 들어갈 수 있을지 의심스럽다. 이 여름이 나의 마지막이 될까?

나는 전도서의 구절로 돌아간다. "모든 계절에는 때가 있다… 태어날 때가 있고 죽을 때가 있다."

CHAPTER 7

태양을 똑바로 보아라,
다시 한번

매릴린과 나는 매릴린의 치료에 대해 의논하려고 혈액암 의사 M과 중요한 약속을 했다. 닥터 M은 키모테라피의 부작용이 매릴린에게는 너무나 혹독했으므로 그 정도를 좀 줄였더니 실험 결과 그 치료는 효과가 없었다는 것을 시인했다. 그러면서 다른 방법으로 면역글로불린 항체를 써보자고 제안했다. 즉 암세포를 직접 공격하는 주사를 매주 맞는다는 뜻이었다. 닥터 M은 중요한 데이터를 보여주었다. 40%의 환자가 의미있는 주사 부작용을 보였는데 — 호흡 곤란과 두드러기 — 대부분이 강한 항히스타민제 때문이다. 환자의 3분의 2는 부작용을 견뎌낸 후에 많이 좋아졌다. 만약 매릴린이 이 치료에 적합하지 않은 제3군의 환자라면, 아무런 희망도 없다는 닥터 M의 메시지에 나는 불안했다.

매릴린은 면역글로불린 항체 치료에 동의했다. 아무도 자기의 말을 가로채지 못하게 하려는 태도로 그녀는 대담하게 질문했다. "만약 이 치료가 참을 수 없거나 효과가 없을 때는 선생님이 말기환자 병동에서 조력자살에 대한 논의를 해주시겠습니까?"

닥터 M은 놀라서 몇 분 동안 머뭇거렸다. 그리고는 매릴린의 요구에 동의하면서 말기환자 병동의 책임자인 닥터 S를 소개해 주었다. 며칠 후에 우리는 닥터 S를 만났다. 닥터 S는 확신에 차있고 대단히 예민하고 점잖은 여성이었다. 매릴린이 쓰고 있는 약의 부작용을 완화하기 위해서 그녀의 병동에서 할 수 있는 여러 가지 방법을 이야기했다. 매릴린은 잘 듣고 있다가 드디어 질문을 했다. "만약 내가 너무 아파서 내 삶을 끝내고 싶을 때 말기환자 병동에서는 어떤 역할을 할 수 있나요?"

닥터 S는 잠시 머뭇거리다가 이렇게 대답했다. 만약 두 명의 의사가 문서로 동의하면, 병동에서는 환자가 생명을 끝낼 수 있도록 도와준다는 것이다. 매릴린은 그 말을 듣고 상당히 침착해졌다. 그리고 한 달 동안의 새로운 면역글로불린 항체 치료를 시작하겠다고 동의했다.

나는 너무 놀라서 부들부들 떨면서 동시에 매릴린의 저돌적이고 용맹스러움에 존경하는 마음을 가지고 앉아있었다. 매릴린의 선택은 생명을 절감하는 것이었고, 우리는 지금 공개적으로, 거의 아무렇지도 않게 매릴린의 삶의 종결에 대해서 이야기하고 있는 것이었다. 나는 그 세션을 경악하고 혼란스러운 마음으로 끝냈다.

매릴린과 나는 그날 하루 종일 가까이 있으면서 보냈다. 나의 첫 번째 목적은 그녀를 내 시야에서 벗어나지 않게 하는 것이었다. 그녀 가까이에서, 그녀의 손을 잡고, 그녀가 멀리 가지 않게 하는 것이었다. 나는 73년 전에 그녀와 사랑에 빠졌다. 그리고 우리는 얼마 전에 65번째의 결혼기념일을 축하했다. 다른 사람을 이토록 오래 사모할 수 있는 것은 흔한 일이 아니라는 것을 알고 있다. 그러나 지금도, 그녀가 방 안으로 들어올 때마다, 나에게는 불이 번쩍 일어난다. 나는 그녀의 모든 것을 흠모 한다 ― 그녀의 우아함, 그녀의 아름다움, 그녀의 친절함, 그리고 그녀의 지혜를. 우리의 지적인 배경은 달라도 문학과 연극에 대한 사랑은 같았다. 과학의 세계를 제외하고 그녀는 상당한 지식을 가지고 있다. 내가 인문학에 대해서 어떤 질문을 하더라도 그녀는 나의 의식을 고양시키는 데 실패한 적이 없다. 우리의 관계가 언제나 평화로운 것은 아니었다. 우리에게도 다른 점이 있었다. 우리의 말다툼, 우리의 무분별한 행동들, 그러나 우리는 언제나 서로에게 직선적이었고 정직했으며, 그리고 언제나, 언제나 우리의 관계를 최우선으로 생각했다.

우리는 우리 삶의 거의 전부를 함께 보냈다. 그러나 다발성 골수암 진단을 받은 지금, 나는 그녀가 없는 삶에 대해서 생각하지 않을 수 없다. 처음으로 그녀의 죽음이 현실로 다가올 뿐만 아니라 아주 가까이 다가오고 있음을 느낀다. 매릴린이 없는 세상을 상상하는 것은 공포스러운 일이다. 그래서 내 마음속으로 그녀와 함께 죽는 방법이 스치고 지나갔다. 지난 몇 주 동안, 매릴린과 같이 죽는 문제에 대해 나의 가장 가까운 의사 친구와 이야기했다. 친구는 나의 생각에 동의하면서 그 역시 만약 자기 배우자가 죽으면 자기도 자살할 것을 생각했다고 했다. 다른 친구들도 역시 만약 자기가 심한 치매에 걸린다면 자살을 생각해 볼 수 있다고 했다. 우리는 심지어 자살하는 방법, 예를 들면, 다량의 모르핀을 복용한다든지, 특정한 항우울제, 헬륨, 헴록 소사이어티(존엄사 옹호 단체_역자 주)로부터 다른 자살 방법들을 제안받을 수 있을 것이라는 말도 했다.

나의 소설, *The Spinoza Problem*[5]에서 나는 뉘른베르크에서의 헤르만 괴링의 마지막 날들에 대해서 썼다. 그가 교수형 집행자를 속여 자기 몸 속에 감추고 있던 청산가리 알약을 어떻게 먹었는가에 대해서 묘사했다. 청산가리 알약은 나치 상급자들에게만 지급되었던 약이었다. 많은 상급자들(히틀러, 괴벨스, 힘러, 보르만)이 이와 같은 방법으로 죽었다. 그것이 75년 전의 일이었다! 지금은 어떤가? 지금 우리는 여기서 청산가리 알약을 얻을 수 있단 말인가?

그러나 나는 이런 생각에 오래 잠겨 있지 않았다. 분명한 어두운 결과가 머릿속에 튀어올랐기 때문이다. 나의 자살이 나의 아이들과 나의 좋은 친구들과의 관계에 미칠 영향을 생각했다. 나의 환자들에게 끼칠 영향에 대해서도 생각했다. 나는 오랫동안 배우자를 떠나보낸 사람들을 위해 개인 및 집단 치료를 해오고 있다. 배우자를 잃고 극심한 고통을 겪어야 하는 처음 1~2년 동안, 그들이 삶을 이어가도록 하는 데에 헌신해 오고 있다. 그들이 점점 나아지는 모습을 여러 차례 보면서, 또 삶을 다시 시작하는 것을 보면서 기쁨에 넘치곤 했다. 나 자신의 삶을 자살로 끝낸다는 것은 그들의 노력과 우리들의 노력에 대한 배신이 될 것이다. 나는 그들이 아픔과 고통을 이겨내고 살아남아야 한다고 도와주면서 내가 그들과 같은 처지에 있게 되자 삶을 포기해 버리는 꼴이 되는 것이다. 아니다, 나는 그렇게 할 수 없다. 나의 환자들을 돕는 것이 바로 나의 삶의 핵심이다. 이것은 내가 거역할 수도 없고 거역하지도 않을 것이다.

---

5 『스피노자 프로블럼』, 이혜성 역, 시그마프레스, 2013.

* * *

스코틀랜드에서 온 환자와의 만남 후 몇 주가 흘렀다. 그 만남을 통해서 나는 치료자로서의 나의 일에서 즉시 은퇴할 결심을 했다. 나는 매주 4회 또는 5회의 단회기 세션은 계속한다. 치료를 오래 지속해야 하는 환자는 더 이상 받지 않는다. 이것은 나로서는 큰 손실이다. 아주 오랜 세월 동안 치료자로서 일해온 나에게는 나의 일에서 쫓겨나서 표류하는 기분이었으므로 의미있는 생활의 방법을 다시 찾고 있다. 나는 아직 글을 쓸 수 있고 매릴린과의 협동작업인 이 책을 쓰는 일이 내 생의 묘약이다. 그녀를 위해서뿐만 아니라 나를 위해서도 말이다. 글 쓰는 데 영감을 얻으려고 나는 "글을 쓰기 위한 기록들"이라는 제목을 붙인 오래된 나의 파일 박스를 열었다. 내가 몇십 년 동안 적어놓은 아이디어들이 들어있는 파일 박스다.

파일은 내가 환자들과 치료하는 중에 내 머리에 떠올랐던 이야기들로 가득 차있다. 많이 읽으면 읽을수록 젊은 치료자들을 가르칠 수 있는 좋은 재료들이 많이 있음에 열광하게 되었다. 나에게는 환자들과의 비밀은 반드시 지켜야 한다는 강렬한 신념이 있다. 이 파일은 오로지 나만이 읽을 것이지만, 그럼에도 나는 내 환자의 실명을 절대로 쓰지 않는다. 그래서 이야기를 많이 추적하면 추적할수록 점점 더 그 환자가 궁금해진다. 내가 오래전에 치료했던 이 환자들은 누구지? 그러나 그들의 정체를 알아내는 것이 어려워지고 그들의 얼굴을 기억해 내는 것이 불가능해졌다. 게다가 나의 기억력은 쉽게 파괴될 수 없다고 믿는 나는 일을 점점 더 어렵게 만들고 있었다. 전에 썼던 책에 이미 이용했던 이야기들을 파일에서 제외하지 않고 있었던 것이다. 내게 만약 망각이 심한 80대

후반의 노인이 되어서 이 파일을 다시 읽을 것이라는 선견지명이 있었더라면, 나는 "19xx년 또는 20xx년에 이러이러한 책에 사용한 자료"라는 쪽지를 붙여놓았을 것이다. 그런 쪽지가 없는 상태였기 때문에 성가신 문제가 생겼다. 어떤 환자의 어떤 이야기를 언제 내가 썼던가? 어떤 책에? 나는 나 자신을 표절하는 위험에 빠져있다.

물어볼 것도 없이 나는 내가 쓴 책을 다시 읽지는 않는다. 아주 오랫동안 나의 책을 읽지 않았다. 그런데 내가 쓴 책만으로 가득한 책장을 보았을 때, 거기서 빛나는 노랑 표지의 *Staring at the Sun*[6]이 눈에 들어왔다. 이것은 비교적 최근의 책이다. 약 15년 전 내가 70대 초반일 때 쓴 책이다. 이 책의 주된 주제는 죽음에 대한 불안이 알려진 것보다 더 환자들의 생활에 중요한 역할을 한다는 것이었다. 지금, 나와 치명적인 병에 직면해 있는 내 아내가 삶의 끝에 와있으면서 자살을 생각하고 있는 지금, 나는 이 책이 나에게 어떤 느낌을 줄까 의아했다. 여러 해 동안, 나는 죽음의 불안으로 싸우고 있는 환자들을 위로하느라고 애써왔다. 이제 내 차례가 왔다. *Staring at the Sun*이 나를 도와줄 수 있을 것인가? 나는 내가 쓴 글에서 위로를 받을 수 있을까?

책의 시작 부분에 있는 오묘한 문장이 눈에 들어왔다 — 내가 좋아하는 작가 중의 한 사람인 밀로스 쿤데라가 한 말이다. "죽음이 나를 가장 공포스럽게 하는 것은 그것이 미래를 상실하는 것이 아니라 과거를 상실한다는 점 때문이다. 실제에 있어서 잊어버린다는 것은 현재의 삶 속에 항상 존재하는 죽음의 한 형태이다."

그 생각은 즉각적인 의미로 다가왔다. 중요한 나의 과거가 덩어리째

---

6 『보다 냉정하게 보다 용기있게』, 이혜성 역, 시그마프레스, 2008.

로 나의 기억에서 사라진다는 것을 알게 되면서 이 말은 전보다 더 명료하게 들렸다. 지금까지는 매릴린의 놀라운 기억력으로 나의 이런 점들이 보호되고 있으나, 그녀가 그렇게 해줄 수 없을 때 나의 구멍 난 기억력은 충격을 받게 될 것이다. 그녀가 죽으면, 거대한 분량의 나의 과거도 그녀와 함께 사라질 것임을 나는 알고 있다. 며칠 전에, 스탠퍼드대학교 아카이브의 자료들을 둘러보면서 매릴린은 1973년에 그녀와 내가 함께 가르친 "삶과 문학 속의 죽음"이라는 과목의 강의 계획서를 발견하고 그 과목에 대한 추억을 이야기하고 싶어 했다. 그러나 나는 정말로 그것에 대해서 그녀와 이야기를 같이 나눌 수가 없었다. 그때의 기억은 내 마음속에서 완전히 사라졌다. 나는 우리가 했던 강의를 하나도 기억하지 못하고, 그 어느 학생의 얼굴도 기억하지 못한다.

그래서, 쿤데라는 못 박아서 말했다. "잊어버린다는 것은 현재의 삶 속에 항상 존재하는 죽음의 한 형태이다."

나의 사라져 버린 과거를 생각할 때 나는 슬픔으로 충격을 느낀다. 나는 수많은 죽은 사람들의 기억을 간직하고 있는 단 한 사람이다. 나의 아버지와 어머니, 나의 누나, 많은 친구들, 그리고 옛 환자들, 그들은 지금은 내 신경조직의 깜빡거리는 맥박 속에만 존재한다. 나만이 홀로 그들을 살아있는 모습 그대로 마음속에 간직하고 있다.

내 마음속의 눈으로, 나는 아버지의 모습을 생생하게 본다. 일요일 아침이었다. 언제나처럼 우리는 붉은 가죽 책상에서 체스를 두고 있었다. 아버지는 미남이었고, 길고 검은 머리카락을 가르지 않고 통째로 뒤로 넘겨 빗었다. 나는 중학교에 들어갈 때까지 아버지의 머리스타일을 흉내 냈다. 어머니와 누나가 퇴짜를 놓을 때까지. 우리의 체스 게임에서는 대개 내가 이겼다. 그러나 지금까지도 아버지가 일부러 져주신 것인지 아닌지 모르겠다. 나는 잠시 동안 아버지의 친절한 얼굴을 회상한다. 그리고 나자 아버지의 모습은 사라지고 의식하지 못하는 상태로 돌아간다. 내가 죽었을 때, 나의 아버지도 영원히 사라지고 만다는 것을 생각하는 것은 얼마나 슬픈 일인가. 아버지의 얼굴을 기억하는 사람은 아무도 없게 될 것이다. 이런 생각 – 경험의 전체 세계의 덧없음 – 이 나를 전율하게 한다.

나는 한때 나의 치료자에게, 나중에는 나의 친구가 된 롤로 메이에게 내가 아버지와 두었던 체스 게임에 대해서 이야기한 적이 있다. 롤로는 내가 아버지를 살아생전의 모습 그대로 간직하기를 바란다고 했다. 그는 불안의 많은 부분이 저 밑바닥에 있는 망각에 대한 두려움에서 비롯된다는 것과 "아무것도 아닌 것에 대한 불안은 무엇인가에 대한 불안이 되기를 시도한다"라는 것을 언급했다. 즉 무(無)에 대한 불안은 손에 잡히는 구체적인 대상에 대한 불안으로 다가간다는 것이다.

나에게 이메일을 보내고 내 책이 그들에게 얼마나 감동을 주고 영향을 미쳤는가를 이야기해 주는 독자들에게 감사한다. 그러나 내 마음속에 숨어있는 생각은 모든 것 – 모든 기억, 모든 영향력 – 들은 일시적인 것이라는 깨달음이다. 한 세대에서, 어쩌면 최대로 두 세대에까지, 아무도 나의 책을 읽거나 나에 대해서 생각하지 않을 것이다. 분명히 아무도 나를 물질적인 존재로 기억하지 못할 것이다. 이런 것을 알지 못하는 것, 존재의 허무함을 받아들이지 못하는 것은 자기기만 속에서 살고 있는 것이다.

* * *

*Staring at the Sun*의 첫 부분에서는 "자기인식의 경험", 즉 자신의 유한성에 대한 인식의 경험에 대해서 다룬다. 나는 디킨스의 *A Christmas Carol*에 나오는 스크루지에 대해서 길게 썼다. 스크루지는 '크리스마스가 오기 전'에 한 유령의 방문을 받는다. 유령은 스크루지의 죽음과 그 죽음에 따르는 그의 지인들의 반응을 미리 보여준다. 지금까지 그의 삶의 방식인 이기심과 유아적인 태도를 알아차리게 된 스크루지는 중요하고 긍정적인 성격의 변화를 이루게 된다. 또 다른 자기인식의 경험은 톨스토이의 이반 일리치에게서도 일어난다. 일리치는 그의 임종 자리에서, 자신이 잘못 살았기 때문에 힘들게 죽어간다는 것을 알게 된다. 그런 지식을 얻게 되자, 비록 인생의 마지막 순간에 이르러서야 그 인식을 얻게 되었지만, 그는 중요한 변신을 하게 된다.

이런 인생 경험의 내용을 나의 환자들을 통해서 보아왔다. 그러나 내가 개인적으로도 이런 단 한 번의 드라마틱한 인식의 경험을 했는지에 대해서는 불확실하다. 만약 그렇다면, 그것은 나의 기억에서 증발해 버린 것일 테다. 나의 의학 수련과정에서 나의 치료를 받은 '죽은 환자'에 대한 기억은 없다. 나 또는 나의 절친한 친구들 중 아무도 죽음에 이른 사람은 없었다. 그렇기는 해도, 나는 빈번하게 죽음, 나의 죽음에 대해서 굉장히 많이 생각해 왔다. 나의 죽음에 대한 생각은 우주적인 것이었다고 짐작한다.

심리치료가 나의 평생직업이 될 것이라고 결정하고 1957년에 존스홉킨스대학교 정신과 레지던트를 시작했을 때, 심리분석적 사고에 대해서, 특히 인간의 유한성에 대해서 깊은 주의를 기울이지 않고 있는 심리분석에 대해서 처음으로 알게 되었을 때 나는 정말 실망했고 당황했다. 첫 수련의 해에, 롤로 메이의 새로운 책 *Existence*에 끌렸다. 나는 그 책을 첫 장부터 마지막 장까지 맹렬하게 읽었다. 여러 실존철학자들의 사상을 이해하게 되었고 그것이 나의 전공 분야와 매우 관계가 깊다고 생각했다. 나는 반드시 철학 교육을 받을 필요가 있다는 결론을 내리고 레지던트 2년 차에 1년간 부지런히 서양철학 강의를 들었다. 일주일에 세 번씩 저녁마다 병원과 우리 숙소의 반대편에 있는 존스홉킨스 학부 건물에 출석했다. 이 과정에서 나는 철학에 대한 관심을 갖게 되었고, 그 분야에 대한 책을 광범위하게 읽었다. 몇 년 후 스탠퍼드로 왔을 때에도 철학 코스를 많이 들었다. 그리고 그때 만난 두 명의 선생님, 다그핀 푈레스달과 밴 하비와는 일생 동안 친구로 지내게 되었다.

치료자로서의 첫해에, 나는 내 환자들의 '자각의 경험'에 대해서 정리했다. *Staring at the Sun*에서 나의 장기 환자들 중에서 치료기간 동안에 남편을 잃은 한 환자에 대해서 썼다. 남편과 사별하고 얼마 되지 않아 그녀는 자기 아이들을 길렀던 큰 집에서 방 두 개짜리 작은 아파트로 이사하기로 결정했다. 그녀는 남편과 아이들의 많은 기억이 서려있는 물건들을 포기해야 하는 것에 대해서 계속 분하게 생각했다. 낯선 사람들이 그 내용을 알지 못하면서 각 물건을 사용할 것이라는 생각 때문이었다. 나는 그녀와 매우 가까웠음을 기억하면서 그녀의 입장을 상상했다. 나는 그녀의 돌아가신 남편, 스탠퍼드대학교 교수였던 분도 알고 있다. 그녀가 남편과 같이 살았던 기간 동안의 그 많은 추억들과 이별해야 한다는 사실이 얼마나 큰 고통일까를 느낄 수 있었다.

스탠퍼드 교수가 되고 나서 나는 심리치료에서도 죽음과 대면하는 방법을 다룰 수 있도록 길을 모색하기 시작했다. 나는 치명적인 병에 걸린 많은 환자를 치료했고 이런 개인들을 모아서 집단치료를 하려고 했다. 어느 잊을 수 없는 날, 전이성 암환자인 훌륭한 여성 케이트 W가 내 사무실에 들어왔고 American Cancer Association과 그녀의 콘택트를 통해서 그녀와 내가 전이성 암환자들을 위한 집단을 만들게 되었다. 그렇게 해서 나와 몇몇 학생과 동료들이 몇 년 동안 이런 집단을 치료했다. 현재는 이런 집단이 흔하지만, 1970년대에는, 내가 기억하기로는, 어디서도 제공되지 않는 이러한 유형의 첫 집단치료였다. 나는 이 집단에서 잊을 수 없는 죽음, 하나하나씩 암으로 죽어가는 환자들의 죽음을 보기 시작했다.

이런 경험 속에서, 나 자신의 죽음에 대한 불안감이 나를 강타했다. 그래서 다시 한번 나 자신이 치료를 받아야겠다고 생각했다. 묘한 인연으로 그때 롤로 메이는 뉴욕에서 캘리포니아로 와서 티뷰론에 있는 그의 집에서 개업하기 시작했다. 티뷰론은 스탠퍼드에서 운전해서 약 60분의 거리였다. 나는 그와 연락을 하고 2년 동안 매주 만나기로 했다. 그는 나에게 도움이 되었다. 그러면서도 나의 죽음에 대한 토론이 여러 번 그에게 부담이 되었던 것 같았다(그는 나보다 22년 연상이었다). 우리의 치료가 끝난 후 그와 나, 그의 아내 조지아와 매릴린은 모두 가까운 친구가 되었다. 몇 년 후, 조지아는 메이의 임종이 다가왔으니 나와 매릴린에게 자기네 집으로 와달라고 전화했다. 우리는 급히 달려가서 조지아와 함께 메이의 임종을 밤새워 지켰다. 롤로는 우리가 도착하고 두어 시간 후에 운명했다. 내가 이토록 선명하게 그날 저녁의 일을 기억하는 것은 이상한 일이다. 죽음은 우리의 주의를 집중시키고 우리 기억 속에 그것을 영원히 새겨넣는다.

* * *

계속해서 *Staring at the Sun*을 읽어가다가 학교와 대학 동창 모임에 관한 부분까지 왔다. 동창 모임은 나이가 들어감을 항상 인식하게 하고, 피할 수 없이, 죽음에 대해서 생각하게 하는 모임이라고 쓴 부분이다. 이 부분이 나에게 단지 두 달 전에 있었던 어떤 동창 모임에 대한 기억을 불러일으켰다.

나는 스탠퍼드 정신과의 전(前) 과장이었던 데이비드 햄버그를 추념하는 오찬에 참석했다. 나는 데이비드를 깊이 좋아했다. 그는 나에게는 최초이며 유일한 교수 자리를 제공했고, 나의 중요한 멘토와 모델이 되었다. 나는 이 기념오찬이 동창들의 모임이 될 것이라고 기대하고 스탠퍼드 정신과에서의 모든 옛 동료들과 친구들을 만날 수 있을 것이라고 생각했다. 그러나 그 모임에 많은 사람이 참석했지만, 옛날 정신과에서는 단지 두 명만이 참석했을 뿐이었다. 그들은 굉장히 노인들이었고 — 그러나 그분들은 나보다 늦게 스탠퍼드 정신과에 왔다. 얼마나 실망스러웠던지. 나는 적어도 57년 전에, 팔로알토에 처음으로 의과대학을 세웠을 때, 나와 함께 스탠퍼드에 온 12명의 젊은 투사들을 만날 기대를 하고 있었다. (그때까지 스탠퍼드 의과대학은 샌프란시스코에 있었다.)

기념오찬에서의 웅성거림과 이야기, 옛 동료들에 대한 질문을 하면서 나를 제외한 그 젊은 투사들이 모두 세상을 떠났다는 사실을 알았다. 나만이 아직까지 살아있는 것이다! 나는 그들의 기억을 되살리려고 노력했다 — 피트, 프랭크, 알베르타, 베티, 기그, 어니, 두 명의 데이비드, 두 명의 조지. 그들의 얼굴을 눈앞에 그려볼 수 있었다. 그러나 어떤 이름들은 사라져 버렸다. 우리들은 모두 참으로 젊었고, 명석했고, 눈이 반짝거리는 정신과 의사들이었다. 모두 희망과 포부에 차있었고, 막 전문직을 시작한 상태였다.

나는 망각의 힘에 놀라지 않을 수 없었다. 나는 내가 얼마나 늙었는지를 잊고 있었다. 그리고 어렸을 적 또래들과 친구들이 모두 죽었다는 사실과 내가 그다음 차례라는 것을 잊어버리고 있었다. 삭막한 현실감각이 나를 현실로 데려올 때까지 나는 계속해서 나 자신을 그 소년다운 젊은이로 생각하고 있었다.

계속해서 *Staring at the Sun*을 읽었다. 49페이지의 글이 나의 주의를 끌었다. 친한 친구를 잃고 죽음의 공포로 슬픔에 잠긴 여자 환자와의 인터뷰에 대해서 쓴 글이었다.

"죽음에 대해서 무엇이 가장 두렵습니까?" 내가 물었다.

그녀가 대답했다. "내가 해놓지 못한 모든 일들이 두렵지요."

그 말이 특별히 중요하게 느껴졌다. 그 점이 내 치료의 핵심이었다. 여러 해 동안 나는 죽음에 대한 불안과 살아지지 않은 삶 사이에는 긍정적인 상관관계가 있다고 확신하고 있다. 다른 말로 하면, 살아내지 못한 삶이 많을수록 죽음에 대한 불안도 커진다는 것이다.

* * *

중요한 타인들의 죽음보다 우리를 죽음에 더 강하게 직면하도록 하는 것은 거의 없다. *Staring at the Sun*의 앞부분에서 나는 남편과 사별한 며칠 후에 끔찍스러운 악몽에 시달리는 환자에 대해서 썼다. "나는 스크린이 쳐있는 허름한 여름 별장 현관에 앉아있었어요. 위협적인 커다란 짐승 때문에 겁에 질려있었어요. 빨간 줄무늬 옷을 입고 있는 인형을 던지면서 그 짐승을 달래려고 했어요. 그 짐승은 인형을 집어삼키고 나서는 눈을 나에게로 집중하고 있었어요." 그 꿈의 의미는 명료했다. 그녀의 남편은 빨간 줄무늬가 있는 파자마를 입고 있었다. 그 꿈은 남편의 죽음은 되돌릴 수 없는 사실임을 말해주었다. 남편의 죽음으로는 충분하지 않았다. 그녀 역시 짐승의 먹이였던 것이다.

　내 아내는 지금 앓고 있는 병 때문에, 모든 가능성으로 보아, 나보다 먼저 죽을 것이다. 곧이어서 내가 죽을 차례가 올 것이다. 이상하게도 나는 나의 죽음에 대해서 아무런 공포도 느끼지 않는다. 대신에 나의 공포는 매릴린이 없는 나의 삶이 어떻게 될까에 대한 생각에서 비롯된다. 그렇다. 나는 연구 결과를 통해서, 그중에는 나의 연구도 있는데, 슬픔은 유한하다는 것을 안다. 일단 1년 동안에 일어나는 행사들을 치르고 나면 — 사계절, 생일과 기일, 명절, 1년 12개월 — 우리의 고통은 줄어든다. 이런 연중행사를 두 번쯤 치르고 나면, 대부분의 사람은 다시 본래 자기의 삶으로 돌아간다는 것이 내가 연구한 내용이다. 그러나 이것이 나에게도 적용될 것인지는 의심스럽다. 나는 15살 되던 해부터 매릴린을 사랑해 오고 있다. 매릴린 없이 내가 나의 삶으로 완전히 돌아갈 수 있을까 상상하기 어렵다. 나의 삶은 충만하게 살아낸 삶이다. 나의 모든 포부는 충족되었다. 네 명의 아이들과 맏손녀는 이미 충분히 자기의 전문직에 들어섰다. 나는 더 이상 그들에게 없어서는 안 될 존재가 아니다.

　어느 날 밤, 나는 이상하게 매릴린의 죽음에 대한 꿈을 꾸면서 잠을 설쳤다. 꿈 중의 한 가지 사실을 자세하게 기억한다. 나는 매릴린 옆에 묻히는 것에 대한 불만을 맹렬하게 토해냈다(오래전에 우리는 나란히 붙어있는 두 개의 묘지를 매입했다). 그 대신에 더 가까이, 그녀와 한 관에 묻히고 싶었다! 아침에 일어나 이 꿈을 매릴린에게 이야기했더니 그녀는 그 일이 불가능한 일이라고 대답했다. 몇 년 전에 매릴린과 사진작가인 아들 레이드가 함께 책을 쓰기 위해서 미국 내의 많은 묘지들을 둘러본 적이 있었다. 그녀의 연구 결과, 두 사람을 위한 관은 보지 못했다고 했다.

8월

CHAPTER 8

도대체 누구의
죽음이란 말인가?

나는 방금 어브가 *Staring at the Sun*을 다시 읽으면서 쓴 앞 챕터의 글을 읽고 감동을 받아 흔들리고 있다. 그는 이미 나의 죽음을 슬퍼하고 있다. 내가 아마도 그보다 먼저 죽을 것이라는 사실이 얼마나 이상한 일인가. 통계적으로는 남편이 아내보다 먼저 죽는 것으로 되어있다. 영어에서조차도 성(性)에 대한 차별이 나타난다. 남편을 가리키는 'widower'라는 단어는 아내를 가리키는 'widow'라는 단어에 그 뿌리가 있다. 전형적으로 'hero/heroine' 또는 'poet/poetess'처럼 같은 단어에 두 가지 성의 형태가 있는 경우에는 그 뿌리가 남성에게 있다. 그러나 widow/widower에서는 여성이 뿌리이고, 통계적으로 여성이 그 배우자들보다 오래 산다는 것을 말하고 있다.

나는 어브의 홀아비 생활을 미리 생각할 수가 없다. 그가 혼자 있을 것을 상상하는 것 자체가 나를 슬프게 한다. 그러면서도 지금 나의 초점은 지난 8개월 동안의 내 개인적인 신체 조건에 집중된다. 나를 거의 죽게 만든 키모테라피와 그에 따르는 두 번째의 투약, 벨케이드가 주는 끔찍한 후유증은 제값을 톡톡히 하고 있다. 지금, 나의 새로운 면역글로불린 항체 치료는 그래도 나를 덜 힘들게 한다. 그래서 때때로, 어브와 아이들, 손주들과 나를 찾아오는 친구들과 잠시 동안이라도 즐길 수 있는 시간을 허락해 준다. 그러나 이 치료가 효과적일 것이라는 걸 누가 알 것인가?

우리는 이미 말기환자 병동 책임자인 닥터 S를 만났다. 닥터 S는 생의 마지막에 이른 환자들의 생명을 돌보는 막중한 책임을 지고 있는 사랑스러운 여인이다. 만약 면역글로불린 항체가 효과가 없다는 것을 닥터 M으로부터 듣게 되면, 나는 말기환자 병동으로 가서 결국에는 조력자살을 선택할 것이므로 이제 더 이상 드라마틱한 치료를 받고 싶지 않다. 그러나 이런 결정이 나 혼자만의 것일까?

* * *

우리의 친한 친구 헬렌과 데이비드가 저녁 식사를 가지고 왔을 때, 나는 그들에게 말기환자 병동에 대해서, 그리고 현재 내가 받고 있는 치료가 효과가 없을 때는 조력자살로 구원이 될 것이라는 이야기를 했다.

데이비드가 재빨리 쏘아붙였다. "당신 몸은 당신만의 것이 아닙니다."

이 말이 나를 찔렀다. 금년에 여러 차례 느꼈던 것처럼, 나의 죽음은 나만의 것이 아니라는 사실을 다시 일깨워 주는 말이었다. 나의 생명은 나를 사랑하고 있는 사람들과, 무엇보다도 어브와, 다른 가족들과, 가까운 친구들과 함께 공유해야 하는 것이다. 나의 주변 친구들이 언제나 나에게는 중요했지만, 내 병에 대해서 듣고 난 후에 보여주는 그들의 깊은 염려에 대해서 놀랐다. 내가 이토록 나를 배려해 주는 친구들에 둘러싸여 있다는 것은 얼마나 큰 행운인가!

전화로, 이메일로 전해오는 소식이 너무나 많아서 나는 개인적으로 대답할 수조차 없다. 그래서 대담하게 50명의 친구들에게 집단적으로 편지를 보내기로 했다.

사랑하는 친구들에게,

개별적으로 편지를 보내지 못하고 이렇게 집단적으로 편지를 보내는 나를 이해해 주기 바랍니다. 나는 지난 6개월 동안 여러분 개개인이 나에게 보내준 격려에 감사를 표합니다. 여러분의 방문과 카드와 꽃과 음식과 그 이외의 사랑의 표시들을 받아보았습니다. 가족들과 친구들의 지지 없이는 내가 여기까지 올 수가 없었을 것입니다.

여러 가지 이유로, 우리는 지금 키모테라피를 그만두고 면역글로불린 치료라고 알려진 새로운 치료를 받기로 했습니다. 이 치료는 키모의 끔찍한 후유증은 없으나 효과도 적을 것이라고 하는데, 한두 달 후에는 결과를 알게 되겠지요.

만약 상황이 좋아진다면, 개별적으로 여러분과 연락하고 만날 날을 전화로 알려드리겠습니다. 그러는 동안에 여러분들의 나에 대한 생각이, 때로는 기도가 나의 마음을 기쁘게 하고 스탠퍼드 의료팀과 더불어 나의 삶을 연장하도록 나를 이끌어 주고 있음을 알아주시기 바랍니다.

모두에게 사랑을 보내며,

매릴린

나는 이런 집단적인 편지를 보내는 것이 약간 이상하다고 느낀다. 그러면서도 내가 받은 많은 답장을 보니 보내길 잘했다는 생각이 든다. 그들은 내가 살아있어야 할 또 다른 이유를 전해왔기 때문이다.

나의 프랑스 외교관 친구, 소모성질환(debilitating disease)을 앓는 그는 언젠가 나에게 자기는 죽음(la mort)을 두려워하지 않지만 죽어가는 것(mourir)에 대해서는 정말로 두렵다고 했다. 나 역시 죽음 그 자체는 두렵지 않으나 매일 죽어가는 과정은 두렵다. 때에 따라서는 참을 수가 없다. 근 몇 달 동안 나는 다가오는 나의 죽음에 익숙해지고 있다. 어브와 나는 죽음을 주제로 10여 년간 깊이 생각해 왔고 합동으로 가르치는 과정과 그의 저술을 통해서 나는 어느 정도 침착한 상태로 죽음과 대면할 수 있는 것 같다. 그것이 친구들을 놀라게 한다. 때때로 나는 그 침착함이 겉치장일 뿐, 속으로는 나 역시 겁에 질려있는 것이 아닌가 의문이 든다.

최근의 꿈속에서는 나의 숨겨진 우물이 생생하게 넘쳐흘렀다. 꿈속에서 나는 친구와 전화로 이야기했는데 그 친구의 장성한 아들이 바로 전날 죽었다고 했다. 나는 소리 지르기 시작했고 눈물로 경련을 일으키며 잠에서 깨어났다.

그런데 실제로 그 친구에게는 아들이 없었다.

그렇다면, 나는 누구의 죽음을 슬퍼하며 울었는가? 틀림없이 그것은 나의 죽음이었을 것이다.

8월

CHAPTER 9

마지막과 마주하다

매릴린과 나는 아침 8시에 면역글로불린 치료를 받기 위해 병원에 왔다. 나는 매릴린 옆에서 9시간을 같이 있었다. 천천히 떨어지는 정맥주사를 맞기 때문이었다. 매릴린이 이 약에 강한 반응을 일으킬까 봐 두려운 마음으로 그녀를 조심스럽게 쳐다보았다. 그러나 매릴린은 편안해하고, 아무런 부정적인 반응이 없었으며 치료받는 대부분의 시간에 잠자는 것을 보고 기분이 좋았다.

집에 와서 그날 저녁은 천국과 같았다. 우리는 찰스 디킨스 소설을 원작으로 한 TV 드라마 〈Martin Chuzzlewit〉 1화를 함께 보았다. 우리는 둘 다 디킨스를 좋아한다(특히 나는 디킨스를, 그녀는 언제나 프루스트를 제일로 친다). 몇 년 동안 미국이나 해외에 강의를 하러 갈 때마다 나는 자유 시간에 고서점을 찾는다. 그런 곳에서 디킨스의 초판본을 서서히 많이 수집하게 되었다.

우리가 TV 작품을 보고 있을 때, 나는 그 놀라운 배역을 보고 최면에 걸린 듯했다. 그러나 아뿔싸, 얼굴을 잘 알아보지 못하는 문제를 가진 나는 그 많은 배역이 한꺼번에 소개되는 바람에 당황하게 되었다. 매릴린의 도움 없이는 누가 누구인지를 몰라서 그 프로그램을 볼 수가 없었다. TV를 끄고 매릴린은 거실로 가서 *Martin Chuzzlewit*(디킨스의 20부로 출판된 중요한 소설. 매달 한 부씩 출판되었는데 이 전집 연재물의 신간을 사고 싶어 하는 열렬한 수집가들에게 노란색 카트에 실려서 신속하게 배달되었음)의 첫 편을 가져왔다.

매릴린은 그 첫 부분을 펼치고 아주 생기 있는 목소리로 크게 읽기 시작했다. 나는 의자에 기대앉아서 그녀의 한 손을 잡고 그 단어 하나하나를 들으며 무아지경에 취해있었다. 이것은 순수한 천국이었다. 디킨스의 소설을 기쁨에 차서 큰 소리로 읽는 아내가 있다는 것은 얼마나 커다란 축복인가. 나에게는 마법 같은 순간, 우리가 청소년이었을 때부터 그녀가 나에게 보여준 그러한 엄청난 순간들 중의 하나였다.

* * *

그러나 이 시간은 죽음을 대면하고 있는 어두운 일들 중에 있었던 짧은 유예였을 뿐이었다. 다음 날 *Staring at the Sun* 속에서 어떤 도움을 찾고 있었는데 에피쿠로스의 논쟁을 읽게 되었다. 에피쿠로스(341~270 BC)는 나와 마찬가지로 죽음에 대한 불안을 완화하기 위해 비종교적으로 명쾌하고도 강력하게 주장하고 있다. 첫 번째 주장은 영혼은 죽기 때문에 육체와 함께 사라진다는 것이다. 우리는 아무런 의식도 없으므로 죽

죽음과 삶 : 얄롬 박사 부부의 마지막 일상

은 후에는 아무것도 염려할 것이 없다는 것이다. 두 번째의 주장은 영혼은 죽기 때문에 죽음과 더불어 흩어져 버리는 것이므로 우리는 두려워할 것이 없다는 것이다. 그래서 "죽음이 있는 곳에 나는 없다. 우리가 절대로 인식할 수 없는 것에 대해서 왜 두려워하는가?"라는 것이다.

이 두 가지는 분명한 것 같고 어떤 위로를 제공한다. 그러나 에피쿠로스의 세 번째 주장은 언제나 가장 강렬하게 나에게 다가온다. 죽음 후에 있는 아무것도 아님은 태어나기 전의 아무것도 아님과 동일하다는 것이다.

몇 페이지 뒤에는 내가 "파급효과"라고 부르는 일에 대한 설명이 나온다. ― 한 사람의 행위와 아이디어는 다른 사람에게 전해진다. 마치 연못에 조약돌을 던지면 그 물결이 퍼지는 것과 같은 이치이다. 그 생각 역시 나에게는 엄청나게 중요한 생각이다. 내가 무언가를 내 환자에게 주면, 어떤 방식으로든지 그것은 다른 사람에게로 전해지고 계속해서 이어진다는 것을 나는 알고 있다. 이 주제는 내가 심리치료를 실행한 이후로 60여 년 동안 나의 작업에서 이어지고 있다.

현재 나는 죽음의 불안, 나 자신의 죽음에 대한 불안 때문에 심하게 고통받지는 않는다. 나의 진정한 고통은 영원히 매릴린을 잃는다는 데에서 비롯된다. 때때로, 순간적으로, 나는 매릴린이 먼저 죽는다는 특권을 가졌다는 사실에 대해서 일말의 분노 같은 것을 느낀다. 먼저 죽는 것이 훨씬 쉬울 것 같기 때문이다.

나는 계속해서 매릴린 곁에 있다. 우리가 잠들 때까지 그녀의 손을 잡고 있다. 나는 어떤 경우에서든지 그녀를 보살펴 주고 있다. 지난 몇 달간 그녀를 보기 위해 30여 미터 떨어진 사무실에서 집으로 걸어가는 시간 외에는 거의 한 시간도 그녀를 떠나지 않았다. 나 자신의 죽음을 생각하지 않았으나 이 책을 위해서는 마음대로 나의 죽음에 대해서 상상하도록 내버려 둔다. 내가 나의 죽음과 마주했을 때는, 늘 내 주위를 맴돌면서 언제나 내 곁에 있던 매릴린은 거기에 없을 것이다. 내 손을 잡아줄 사람이 아무도 없을 것이다. 그렇다, 네 명의 자녀들과 여덟 명의 손주들과 많은 친구들이 나와 같이 있을 것이다. 그러나 아아, 그들에게는 나의 고독을 깊이 꿰뚫는 힘은 없을 것이다.

내가 매릴린을 잃는다는 사실을 내가 잃을 모든 것과 내게 남아있을 모든 것을 생각하는 것으로 다루어 보려고 한다. 매릴린이 죽으면 나의 과거 삶도 그녀와 같이 없어질 것이란 것에는 의심이 없다. 그리고 그 생각이 나를 우울하게 만든다. 물론 나는 매릴린 없이 여러 곳을 방문한 적이 있다 — 강의, 워크숍, 스노클링, 또는 스쿠버 탐험, 군대에서 간 동양여행, 인도로의 비파사나 피정 — 그러나 이런 경험 속의 많은 기억들은 이미 사라졌다. 우리는 최근에 영화 〈Tokyo Story〉를 보았다. 그 영화에서 많은 빌딩과 공원들을 보면서 매릴린은 우리의 도쿄 여행을 회상했으나 나는 아무것도 기억하지 못했다.

"기억해 보세요." 그녀는 나를 상기시키면서, "구로사와 병원에서 사나흘 정도 협의를 하고 그 후에 교토에 갔지요?"

그래, 그렇지. 그때서야 모든 것이 내 마음속에 나타났다. 나의 강의, 치료집단의 시연(試演) — 그 시연에서 치료자들이 환자의 역할을 했다 — 과 우리를 위해 베풀어 준 훌륭한 파티들. 그러나 매릴린이 없으면 나는 그 어느 것도 회상하지 못할 것이다. 내가 아직 살아있으면서 내 삶의 많은 부분을 잃어버린다는 것, 그것은 진실로 경악할 일이다. 그녀 없이는, 섬들과 해변과 전 세계의 도시에 흩어져 있는 친구들, 우리가 함께했던 훌륭한 여행들의 빛바랜 기억들이 사라질 것이다.

계속해서 *Staring at the Sun*을 훑어보면서 내가 완전히 잊고 있던 부분까지 왔다. 그것은 나의 중요한 두 분 멘토와의 마지막 만남에 관한 것이었다. 존 화이트혼과 제롬 프랭크, 존스홉킨스대학교 정신과 의사였던 두 분. 내가 스탠퍼드의 젊은 교수였을 때 존 화이트혼 교수의 딸로부터 전화를 받고 놀랐다. 아버지가 심한 뇌출혈로 쓰러졌는데, 죽기 전에 나를 보고 싶다고 했다는 것이다. 나는 존 화이트혼 교수를 — 그는 나의 스승이었다 — 굉장히 존경하고 있었고 그와 전문적인 연락을 하고 있었다. 그러나 절대로, 단 한 번도 개인적인 접촉은 없었다. 그는 언제나 의례적이었고 엄격했다. 우리는 서로에게 언제나 '닥터 화이트혼'이고 '닥터 얄롬'이었다. 나는 한 번도, 그 누구도 다른 교수들이나 심지어 다른 과의 과장들이 그를 그의 이름으로 부르는 것을 듣지 못했다.

왜 나를? 왜 그는 나를 보자고 했을까, 단 한 번의 가까운 순간을 가져보지 못했던 학생이었던 나를? 그러나 나는 그가 나를 기억해 주었다는 사실과 나를 보고 싶어 한다는 사실에 너무나 감동했기 때문에 몇 시간 후에 볼티모어행 비행기를 탔고 그로부터 몇 시간 후에는 곧장 병원으로 가는 택시를 탔다. 방에 들어섰을 때 닥터 화이트혼은 나를 알아보기는 했으나 불안했고 혼란스러운 상태였다. 계속해서 그는 부드럽게 속삭였다. "나는 미치도록 무서워." 나는 무력감을 느꼈고 그분에게 무언가 도움을 드리고 싶은 마음이 간절했다. 나는 그를 포옹하면 좋을 것 같다는 생각을 했지만 아무도 존 화이트혼을 포옹하지 않았다. 내가 도착하고 나서 약 20분 후에 그는 의식을 잃었다. 슬픔에 가득 찬 채로 나는 병원을 떠났다. 그러나 어떤 면에서든지 내가 그분에게는 의미가 있었을 것이라고 짐작했다. 나는 2차 세계대전 때 전사한 그분의 아들을 대신했는지도 모른다. 그의 아들이 벌지 전투에서 전사했다는 이야기를 할 때의 그의 애처로웠던 표정을 나는 기억한다. 그때 그는 "빌어먹을 전쟁 같으니라고."라고 말했다.

제롬 프랭크 교수와 나의 마지막 만남, 그는 존스홉킨스대학교에서 나의 주 멘토였다. 그는 아주 독특한 분이었다. 그는 생의 마지막 몇 달을 심한 치매로 고생했다. 나는 볼티모어의 요양 시설로 방문해서 의자에 앉아 창밖을 바라보고 있는 그의 모습을 보았다. 나는 의자를 가지고 와서 그의 옆에 앉았다. 그는 아주 사랑스럽고, 친절한 분이었다. 그와 함께 있으면 항상 즐거웠다. 내가 그분에게 현재 삶이 어떠냐고 묻자 "매일이 새로운 날이야."라고 그는 대답했다. "나는 아침에 눈을 뜨지. 그리고 후유," 그는 손으로 이마를 훑으면서, "어제의 일은 모두 가버렸어. 그러나 나는 이 의자에 앉아서 인생이 흘러가는 것을 보고 있지. 그건 그렇게 나쁘지는 않아, 어브. 그렇게 나쁘지는 않아."라고 말했다.

그 말이 정곡을 찔렀다. 나는 오랫동안 죽음보다 치매를 더 두려워했다. 그러나 지금, 제리 프랭크가 "그건 그렇게 나쁘지는 않아, 어브."라고 하는 말이 놀라워서 감동했다. 나의 오랜 멘토는 말하고 있었다. "어브, 당신은, 당신 그대로의 단 한 번의 삶을 살고 있어. 소위 '의식'이라는 놀라운 현상을 철저히 즐기게나. 그리고 자기가 전에 했던 것을 후회하면서 자신을 낮추지 말게나!"라고 말하고 있었다. 그의 말에는 힘이 있었고 나의 치매에 대한 공포를 진정시켜 주었다.

*Staring at the Sun*의 다른 구절이 역시 구원을 제공했다. 'Love Bliss'라는 섹션에서 나는 눈이 번쩍이는 것 같은 열정이 어떻게 다른 근심과 걱정을 쓸어버리는가에 대해서 토론했다. 엄마의 무릎으로 기어오르는 불안한 어린아이가 어떻게 금방 편안해지고 골칫덩어리 걱정들이 증발해 버리게 되는가를 주의 깊게 보자. 나는 이것을 "외로운 '나'가 '우리'로

녹아드는 과정"으로 묘사했다. 고립되어 있던 나의 고통이 우리 속으로 증발해 버린다는 것이다. 일생의 거의 대부분을 매릴린과 사랑하면서 살아온 나의 삶은 의심할 것도 없이 고립의 깊은 외로움의 경험에서 매릴린의 보호를 받아 왔다. 그리고 지금 느끼는 고통의 상당 부분은 매릴린을 잃는다는 예견된 외로움에서 비롯된 것이다.

매릴린의 죽음 후 밤마다 넓은 빈 방에서 홀로 지낼 나의 삶을 상상해 본다. 나에게는 많은 친구와 손주들, 한 명의 증손주까지 있으며, 또한 사려 깊고 친절한 이웃들이 있다. 그러나 그들에게는 매릴린의 마법이 결여되었다. 이런 근본적인 고독을 참아내야 하는 과제가 내게는 위압적으로 느껴진다. 그러나 나는 제롬 프랭크의 말, "나는 이 의자에 앉아서 인생이 흘러가는 것을 보고 있지. 그건 그렇게 나쁘지는 않아, 어브."에서 다시 위로를 받는다.

CHAPTER 10

조력자살을 생각하다

세 번째 면역글로불린 치료를 받으러 스탠퍼드 병원에 가는 날이다. 어브는 11시에 나를 데리고 병원에 와서 5시까지 함께 있었고 점심 식사와 휴식으로 두 시간쯤 자리를 비웠을 뿐이다. 그 시간에는 나의 친한 친구 비다가 와서 나를 보살펴 주었다. 비다는 내가 앓는 동안 나를 극진히 돌보아 주고 있다. 자주 찾아오고, 내 위장에 맞는 맛있는 음식을 가져다주었다. 오늘은 치킨, 밥, 그리고 당근요리를 가져왔다.

이상하게도, 병원에서 보내는 나의 하루는 일주일 중에서 가장 편안한 날이다. 나쁜 부작용도 없다. 직원들은 언제나 예의 바르고, 아는 것이 많고, 효율적이다. 나는 편안한 침대에 누워서 주사를 맞는다. 주사약은 천천히 내 몸속으로 흘러 들어간다. 나는 잘 쉬고, 기분 좋게 병원에서 나간다. 정맥주사를 맞기 전에 먹은 스테로이드 때문일 것이다.

병원을 떠나면서 우리의 '아기' 벤이 꼭 50년 전에 이 병원의 다른 병동에서 태어났던 생각이 나서 감동했다. 내일, 벤과 그의 아내 아니사와 세 아이들이 그의 50번째 생일을 우리와 함께 축하하려고 우리 집에 올 것이다. 우리는 이미 어브의 사무실과 내 사무실에 보조침대들을 마련해 놓았다. 나는 손주들에게 내가 죽어가는 늙은이로 보이지 않기 위해 최선을 다할 것이다.

벤의 가족은 우리와 함께 그 주말을 보냈다. 토요일에는 근처 공원에서 벤의 생일 축하 파티를 열었다. 일주일 전에 초대장을 보냈음에도 불구하고 벤의 친구들이 대부분 참석했다. 몇 명은 벤의 초등학교 친구들이고 나머지는 고등학교와 대학교 친구들이었으며, 시에라의 타윙가 여름 캠프에서의 친구들도 있었다. 이 '소년들' — 지금은 중년이 되어서 아내와 아장아장 걷는 아기들부터 10대에 이르는 자녀들을 거느린 — 을 보는 것은 즐거웠다. 벤은 언제나 광범위하게 친구들을 사귀는 능력이 있었다. 나는 벤과 친구들이 서로 충실한 우정을 계속 유지하는 것이 기쁘다.

물론, 가장 큰 즐거움은 벤과 아니사의 아이들과 함께 지내는 것이다. 에이드리언은 6살, 마야는 3살, 그리고 팔로마는 1살이다. 두 손녀는 더할 수 없이 사랑스럽고, 에이드리언은 성질을 부리지 않을 때에는 정말로 귀엽다. 그는 장점 — 어쩌면 단점일 수도 — 이 있다. 그는 지극히 아름답다. 자기 엄마에게서 물려받은 커다랗게 열려있는 푸른 눈, 부드러운 머리카락, 천사 같은 얼굴을 지녔다. 무엇보다도 더 중요한 것은 굉장히 머리가 좋고 말을 잘한다. 그러나 한번 성질이 나면, 소문난 악마로 변한다. 나는 그 부모의 참을성에 감탄한다. 그들은 애쓰면서 아이의 무례한 행동이 마침내는 변할 것이라는 정신과적인 충고를 믿고 있다.

떠나기 전에 에이드리언은 나에게 작별 키스를 하면서 "추수감사절에 뵐게요."라고 말했다. 마음속으로 내가 추수감사절 때는 어떤 모습일까를 생각했다. 나는 이 자리에 없을지도 모른다.

그들이 떠난 날 나는 다시 아프기 시작했다. 지긋지긋한 메스꺼움과 설사. 벤의 파티에서 먹었던 음식 때문일 것이다. 이럴 때 나는 너무나 비참해져서 더 이상 고통받지 않고 평화롭게 이 세상을 떠나고 싶을 뿐이다. 다른 사람들에 대한 염려는 없어진다. 내가 사랑하는 사람들을 다시 볼 수 없을 것이라는 슬픔 속에서도 말이다.

서서히 메스꺼움을 멈추게 하는 약 덕분으로 내 몸은 괜찮아졌다. 그러나 나의 두려움은 사라지지 않고 낮잠을 자는 동안에 무시무시한 꿈으로 나타난다. 꿈에서 나의 동료, 실제로는 여러 차례 유방암을 앓고 있는 동료와 전화를 하고 있었고, 그녀는 나와 공동연구를 하고 있었고 연구를 위한 자료들을 내 컴퓨터에서 찾아보려고 하였다. 다른 제목들을 열심히 두드려 보았으나 우리 연구와 비슷한 제목을 찾을 수가 없었다. 어쩌다가 한 아이콘을 눌렀더니, 파일 대신에 음향 반응이 나왔다. 너무 소리가 커서 다른 쪽에 있는 동료의 목소리를 들을 수가 없었다. 그 소리가 점점 더 커지는데 그것을 멈추게 할 방법이 없었다. 나는 공포에 질려서 컴퓨터 코드를 빼려고 했으나 그마저도 안 되었다. 그 소리는 모든 곳에서 나오는 듯했다. 나는 집 안을 뛰어다니면서 소리를 질렀다. "도와주세요, 도와주세요, 코드를 뽑게 도와주세요."

정신과 의사인 내 남편이 이 꿈을 분석하는 데는 오랜 시간이 걸리지 않았다. 이 꿈속에는 이 괴로운 삶을 끝내고 싶은 나의 열망이 있었던 것이다.

* * *

매주 맞는 면역글로불린 주사를 위해 어브가 나를 병원에 다시 데리고 갔다. 모든 일이 순조롭게 진행되었다. 투약 전에 받은 베나드릴 덕분에 오랜 시간 잠도 잘 잤다. 내가 깨었을 때 내 옆에 앉아있던 어브는 기분이 어떠냐고 물었다. 보통 나는 그의 비참함을 덜어주기 위해서 그냥 "오케이." 또는 "그냥 그래."라고 말한다. 그러나 오늘은 내일 닥터 M을 만날 것을 생각해서 다른 날보다 좀 솔직하게 대답하기로 했다.

"글쎄, 당신이 진짜로 내 기분에 대해서 듣고 싶다면, 나는 살아있으려고 너무나 큰 고생을 하고 있는 것 같다고 오래전부터 생각하고 있어요. 지난 아홉 달 동안 키모테라피를 받았고 지금은 면역글로불린 치료를 받고 있어요. 그 치료로 내 몸이 변했어요. 아침마다 잠에서 깨어나기가, 또 낮잠을 자고 나서 일어나기가 너무 힘들어요. 내가 죽을 수 있기 전에 얼마나 이 고생을 더 하면서 살아야 되지요?"

"그러나 어떤 때는 당신 스스로 즐거워하잖아요. 우리가 밖에서 손잡고 앉아있을 때나 밤에 TV를 볼 때처럼요."

"즐거워한다… c'est beaucoup dire(그건 너무한 말이네요). 만약 내가 정말로 위장 때문에 고통을 받지 않는다면, 내 몸이 아픈 것은 참을 수가 있고 기꺼이 당신과 함께 있을 수 있어요. 내가 살고 있는 이유는 오로지 당신 때문이에요. 처음 다발성 골수암 진단을 받았을 때, 의사가 웃으면서 사람들은 이 병으로 몇 년을 살 수 있다고 했어요. 키모테라피와 다른 형태의 치료가 잘 맞으면 말이죠. 그들은 내 몸에서 그 대가를 영원히 빼앗아 간다고는 하지 않았어요.

서서히 나는 내 몸이 다시 전처럼 절대로 돌아갈 수 없다는 것을 이해하게 되었어요. 시간이 지나면서 그 대가는 말로 할 수 없는 비참함으로 변했고, 내 몸은 점점 쇠약해졌어요. 만약 내가 당신을 내 몸속에 단 몇 분간이라도 넣을 수 있다면, 당신도 그 고통을 이해할 수 있을 거예요."

어브는 오랫동안 침묵했다. 그리고 나서 그는 "당신이 지금까지 살아 있는 것만으로도 충분하지 않아요? 당신이 가고 나면, 그 후엔 아무것도 없잖아요? 그런데 나는 아직 당신을 보낼 준비가 안 되었어요."

"어브, 지난 아홉 달 동안, 나는 죽음에 대해서 생각했어요. 뭐니 뭐니 해도 나는 지금 87살이고 아주 훌륭한 삶을 살았어요. 만약 내가 40살이나 50살이나 60살이라면 죽는다는 것이 비극이겠지요. 그러나 지금, 내게 있어서 죽음은 피할 수 없는 현실이에요. 내가 석 달 안에, 또는 석 달 이상 지난 후에 죽는다 해도 그 사실을 받아들일 수 있어요. 네, 물론 내가 사랑하는 사람들을, 특별히 당신을 떠난다는 것은 슬픈 일이겠지만 말이죠."

* * *

어브의 저서에 있는 두 가지 사건이 죽음에 대한 나의 생각에 영향을 끼쳤다. 첫 번째는 그가 쓴 '살아지지 않은 삶'에 대한 것이다. 나는 후회 없이 죽을 수 있는 몇 안 되는 운이 좋은 사람 중의 하나일 것이다. 그러므로 죽음을 맞이하는 시간이 좀 수월할 것이다. 어브와 아이들, 나의 친구들, 스탠퍼드 의사들, 그리고 내가 생의 마지막을 안락한 장소에서 보낼 수 있도록 허락한 물질적 환경에 오로지 감사할 뿐이다.

두 번째는 어브의 저서에 있는 니체의 "적절한 때에 죽어라."라는 명언이다. 그 말이 내 머릿속에 계속해서 맴돌고 있으며 지금 내가 붙들고 있는 말이다. 나에게 있어서 죽을 수 있는 적절한 때는 언제인가? 육체적인 큰 고통 속에서 계속 살려고 내 삶을 연장시키는 것에는 무슨 의미가 있을까? 만약 닥터 M이 면역글로불린 치료가 효과가 없다고 하면 어떻게 할 것인가? 만약 닥터 M이 또 다른 치료를 제안한다면? 그런 경우에 나의 대답은 이렇다. 내 병을 말기환자 병동의 의사에게 맡기고 그들이 내가 고통 없이 죽도록 돕게 할 것이다. 그리고 나는 조력자살을 요구할 것이다.

죽고 사는 결정은 원래 나에게 속하는 것이라고 생각한다. 그리고 "죽기에 적절한 때"는 가설적인 미래의 어떤 시점을 말하는 것이 아니라 늦는 것보다 더 빠른 것이 낫다는 것임을 느끼기 시작한다. 나는 나의 소유물과 사람들로부터 나를 격리시키기 시작했다. 지난번에 손녀 릴리가 방문했을 때 내가 사랑하던 물건들 — 프랑스 유학 시절에 어떤 선창가에서 샀던 중세 문서 — 을 그 애에게 주었다. 알라나에게는 대단히 특별한 재킷을 주었다. 그 재킷은 오래전에 그녀가 좋아하던 것이다. 아니사에게는 작은 다이아몬드 하트가 달린 은 목걸이를 주었다. 그것은 아니사에게 퍽 잘 어울렸다.

그보다 더 힘든 것은 내가 가장 사랑하는 사람들로부터 나를 떼어내기 위해 노력하는 일이다. 최근에 벤의 아이들을 볼 수 있었고, 그 아이들이 잘 자랄 것임을 알고 기뻤다. 그렇지만 이제 나는 그들을 위해, 또는 가족들 누구를 위해서도 너무 많이 염려하지 않을 것이다. 어브만이 내가 걱정해야 할 사람이다. 물론, 이런 많은 생각들이 닥터 M이 어떻게 말하느냐에 달려있지만 어떤 대가를 치르더라도 살아있는 것은 가치 있는 일이라는 어브의 생각에 내가 동의할 수 있도록 나를 너무 지나치게 압박하지 말아 달라고 어브에게 말해야만 함을 나는 알고 있다.

9월

CHAPTER 11

목요일까지의
초조한 기다림

매주 수요일마다 나는 매릴린의 병원 침대 옆에 앉아서 매릴린이 정맥주사를 잘 참아내기를 희망한다. 내가 바라는 것 이상으로 그녀는 약물에 대한 즉각적인 부정적 반응이 없어서 안심이 되고 수요일이 꽤 평화로워 왔다. 매주 센터에 도착하면, 매릴린은 피를 뽑고, 검사실에서 그날 맞아야 할 주사약의 적당량이 결정되기를 기다린다. 그후에 작은 방에서 매릴린의 투약이 시작되고 그녀는 잠이 든다. 나는 옆에서 네 시간 내지 여섯 시간을 기다리면서 신문을 읽거나 노트북으로 이메일을 하거나 아이패드로 소설을 읽는다(토머스 하디의 *Tess of the d'Urbervilles*는 흐르는 시간을 잊게 할 정도로 흡입력이 있다).

이번 수요일에는 매릴린이 자는 동안에 레인 의과대학 도서관에 가보기로 했다. 정신과의 새로운 이슈들을 읽고 싶었다. 인정하기 부끄럽지만, 너무 오랫동안 새로운 이슈에 대한 연구를 읽지 못하고 있다. 40여 년 간 스탠퍼드 정신의학과 멤버였을 때 레인 도서관에서 많은 시간을 보냈던 것을 기억한다. 넓은 정기 간행물실에는 셀 수 없이 많은 의학 간행물들이 진열되어 있어서 많은 의과대학생, 스태프와 교수들이 읽고 있었던 것을 기억한다.

도서관은 병원에서 걸어서 10분 거리에 있다고 들었다. 스탠퍼드 의과대학 레인 도서관은 스탠퍼드 병원과 연결되어 있다. 매릴린의 담당 간호사가 직접 도서관으로 가는 방향을 가르쳐 주었고 나는 한가로이 걸었다. 그런데 병원은 옛날과 같지 않았다. 나는 금방 길을 잃었고 몇 차례 길을 물어야 했다. 마침내 공식적인 배지를 달고 있는 직원이 늙은이가 지팡이에 의지하면서 불안정하게 병원 골목을 방황하는 것을 애처롭게 바라보고는 직접 도서관으로 안내해 주었다. 우리는 건물에 들어가기 전에 체크포인트가 나올 때마다 멈추어야 했고 나의 교수 카드를 직원에게 보여주어야만 했다.

도서관에서 신분증을 제출한 후에, 나는 나에게 익숙한 옛 독서실에 돌아왔다고 즐겁게 기대하면서 들어섰다. 그러나 그런 기대는 산산이 부서졌다. 독서실은 없었다.

그 대신에 내 눈에 보이는 것은 오직 컴퓨터를 응시하는 사람들로 꽉 찬 책상들이었다. 나는 도서관 직원을 찾았다. 전에는 많은 사서들이 사람들을 도와주고 있었으나 지금은 단 한 사람도 없었다. 마침내 나는 저 면 구석에서 사무적으로 보이는 시무룩한 여성이 컴퓨터 앞에 구부리고 있는 것을 보았다. 그녀에게 걸어가서 질문을 던졌다, "독서실로 저를 좀 안내해 주실 수 있을까요? 내가 마지막으로 여기 왔을 때 ― 상당히 오래전이기는 합니다만 ― 1층에 독서실이 있었고 여러 종류의 최신 학술지가 진열되어 있었는데요. 나는 최신 정신과 학술지를 찾고 있습니다.”

그녀는 어리둥절하여 내가 마치 다른 세상에서 온 사람(물론, 그렇다)인 양 나를 쳐다보았다. “여기엔 종이로 된 학술지는 없습니다. 모두 온라인입니다.”

“이 전체 의과대학 도서관에 그래, 종이로 된 최신 정신과 학술지가 단 한 권도 없다는 겁니까?”

그녀는 아직 혼란스러운 듯한 표정의 얼굴로 대답했다. “어쩌면 아래층에서 하나 본 것도 같습니다.” 그러고 나서는 거칠게 자기 컴퓨터로 주의를 돌렸다.

아래층에서 두리번거리면서 나는 또다시 컴퓨터 스크린 앞에 구부리고 있는 사람들 이외에는 아무것도 볼 수가 없었다. 그러나 방의 뒤쪽으로 가자 옛날 학술지들로 채워진 거대한 책장들이 있었다. 나는 *Journal of the American Psychiatric Association* 섹션을 찾았다. 그러나 책장들 사이가 너무 좁았다. 몇 분 지나지 않아 나는 위대한 발견을 했다. 책장들은 움직이는 것이었다. 책장이 움직일 수 있도록 강하게 밀었더니 공간이 생겼다. 나는 그 좁은 사이로 들어가서 정신과 학술지를 찾고 있었다. 바로 그때, 책장들이 움직이는 불길한 소리를 들었다. 책장 사이로 들어서면서 “여러분의 안전을 위해 바퀴를 잠그십시오”라고 쓰인 주의사항을 본 것을 기억했다. (그러나 나는 그것을 무시했다.)

갑자기 그 주의사항의 의미가 나를 일깨워 주었다. 그리고 나는 책장에 깔릴지도 모른다는 생각으로 미친 듯이 그곳을 빠져나왔다. 나는 책장 사이를 종종걸음으로 물러 나와서 — 또 다른 예의 바른 병원 직원의 도움으로 — 매릴린에게로 돌아왔다. 나는 다시는 그녀의 침대 옆에서 멀리 떠나는 모험을 하지 않을 것이다.

＊ ＊ ＊

투약 이외에도 매릴린은 수요일마다 스테로이드를 썼다. 그것이 주마다 맞는 주사를 견딜 수 있게 도와주었고 그 후 48시간 동안 그녀를 편안하게 해주었다. 그러나 금요일이 되면 어김없이 불쾌한 증상들이 나타났다. 메스꺼움, 설사, 오한 그리고 지독한 피로감. 지난 4주간의 치료는 느리게 지나갔다. 매릴린과 혈액암 의사를 만나는 일 이외에는 다른 일에 집중할 수가 없었다. 나는 긴장했고 우울했다. 매릴린이 이런 어려움을 잘 견뎌내는 것에 계속 놀라고 있다. 그녀의 컨디션은 매일매일 달랐다. 어느 날 방금 식료품 쇼핑을 하고 돌아왔을 때 매릴린이 늘 하는 것처럼 거실 소파에 앉아있으면서 나를 향해 소리 지르는 것을 들었다. 매릴린은 눈에 보일 정도로 떨고 있으면서 따뜻한 담요를 찾고 있었다. 나는 민첩하게 담요를 가져다주었고 두 시간 후에는 괜찮아져서 평소와 같이 치킨 수프와 사과 주스로 적은 양의 저녁 식사를 했다.

우리의 목요일 미팅이 다가오자, 닥터 M이 정말로 무슨 말을 할까 하는 불안에 싸이기 시작했다. 내가 기억하는 것은 적어도 환자들 중 1/3은 새로운 치료법을 견디지 못한다는 것이다. 좋은 뉴스는, 매릴린은 이 관문은 통과했다는 것이다. 닥터 M이 남은 환자 중에 2/3의 환자들이 긍정적인 결과를 보였다고 한 것은 잘 기억나지만, 반응이 없는 1/3의 환자는 어떻게 되는가? 이 점에 대해서는 뭐라고 했는가? 그것은 그들에게는 다른 치료의 선택이 없다는 것을 암시하고 있는 것인가? 매릴린이 있는 곳에서 내가 이 질문을 되풀이했던 것을 기억한다.

화요일 저녁, 우리의 미팅 이틀 전에 내 근심은 더해갔다. 나는 딸 이브와 친구 닥터 데이비드 스피겔에게 전화를 했다. 그 두 사람 모두 닥터 M과의 마지막 미팅에 참석했기 때문에 그 미팅에 대해서 그들이 무엇을 기억하는가를 물었다. 그들은 닥터 M이 만약 이 치료가 실패하면 다른 선택은 없다고 말한 것은 기억하지 못했으나 매릴린이 닥터 M의 말을 가로채서 자기는 그 어떤 치료도 받지 않고 말기환자 병동으로 가겠다고 말했던 것은 기억한다고 했다.

이런 모든 고통을 겪으면서 매릴린은 겉으로는 나보다 훨씬 더 평온해 보였는데, 때때로 그녀는 자기의 병을 염려하는 나를 진정시키려고 노력하였다. 그러면서도 매릴린은 조력자살에 대해서 계속 이야기했다. 다른 효과적인 치료방법이 있을 때는 조력자살에 대해서 이야기할 수 없다고 나는 생각했다. 그러나 현실적으로 나는 그녀를 압박하고 싶지 않았다. 이 문제는 그녀 스스로 해결할 것이므로 계속해서 그녀가 경험하고 있는 귀중한 순간들을 상기시키는 일을 했다. 지난 어느 날 밤에 손녀 레노어와 좋은 일본 영화를 골랐을 때 매릴린과 나는 서로 손을 잡았고, 그 순간은 우리의 귀중한 순간이 되었다. "이런 순간들을 생각해 보아요." 나는 그녀에게 "우리가 귀중한 순간을 경험하는 것이 얼마나 축복받은 일인가를 생각해 봐요. 나는 매 순간을 사랑해요. 우리는 절대로 이런 순간을 다시 갖지 못할 거예요. 어떻게 이런 소중한 순간을 던져버리겠어요?"라고 말했다.

"당신은 내 말을 듣지 않는군요. 나도 인식의 귀중함을 알아요. 그러나 나는 그 시간에 얼마나 비참하게 느끼는지를 당신에게 알려줄 수가 없어요. 당신은 절대로 이런 경험을 한 적이 없지요. 당신이 아니라면, 벌써 오래전에 나는 내 인생을 끝낼 방법을 찾았을 거예요."라고 그녀는 말했다.

나는 그녀의 말을 듣고 있다. 매릴린이 옳은가?

나 자신이 정말로 비참하게 느꼈던 때를 돌이켜 생각했다. 최악의 경우는 10여 년 전 우리가 바하마 여행에서 돌아왔을 때였다. 바하마에서 나는 열대성 병균에 감염되어 몇 달을 앓았다. 나는 최고의 의료 전문가들의 치료를 받았으나 실패했다. 나는 어지럼과 메스꺼움을 느꼈고, 침대에 누워서 몇 주 동안을 앓았다. 그러다가 마침내는 체련장에 등록을 하고 트레이너를 만났다. 6개월 동안 앓고 난 후에 나 자신의 회복을 위해 체련에 몰두했다. 그러나 나는 그 와중에도 한 번도 자살을 생각하지는 않았다고 매릴린에게 말했다. 나는 내 병이 지나갈 것이고 삶이 너무나 귀중하다고 믿었다. 그 이후로도 어지럼증 비슷한 걸로 고통을 받았다 ─ 그것은 끔찍한 경험이었다. 어떻든 간에 나는 이겨냈고 그 후 몇 년간 어지럼증은 없었다. 그러나 나의 병과 매릴린의 병을 비교하는 것은 어리석다. 매릴린이 옳을지도 모른다. 어쩌면 내가 그녀의 고통을 낮게 평가하는지도 모른다. 나는 매릴린의 관점에서 인생을 경험하도록 계속 노력할 것이다.

* * *

마침내 목요일이 되었다 ─ 닥터 M을 만나는 날이었고, 매릴린의 면역 글로불린 치료가 효과가 있다는 이야기를 들었던 날이었다. 나는 소리를 정확하게 듣는 데 자신이 없었기에 가까운 친구 데이비드 스피겔과 그의 아내 헬렌 블라우에게 병원에 같이 가달라고 부탁했다. 미팅은 실망스러웠다 ─ 필요한 실험실 결과는 나오지 않은 상태였다. 매릴린의 치료에 대한 반응을 보여주는 두 개의 실험실 마크가 있었는데 한 마크는 약간 긍정적이었고, 다른 마크는 아직 오더를 주지 않은 상태였다.

나는 닥터 M에게 두 개의 질문을 던졌다. 이 치료가 매릴린에게 효과가 있는지 없는지를 알기 위해 세션을 기다리느라고 몹시 긴장하고 있다고 말했고, 내가 오늘 그 정보를 기대하는 것이 옳은가에 대해서 질문했다.

닥터 M은 나의 말이 정말 옳다고 말하고 자기가 실험실에 오더를 내리지 않은 실수를 범했노라고 하면서 곧 오더 하겠다고 했다. 인터뷰가 끝나고 혈액 검사를 위해서 채혈실로 갔다. 닥터 M은 내일 그 결과를 매릴린에게 전화로 알려주겠다고 약속했다.

"오늘의 마지막 질문." 내가 말했다. "만약 이 치료가 도움이 되지 않는다면, 다른 치료가 가능할까요?"

"몇 가지의 가능성이 있습니다." 닥터 M이 대답했다.

나는 매릴린을 바라보고 그녀가 아주 미약하게 머리를 흔드는 것을 보았고 그 메시지를 읽었다. '그만두세요. 나는 이걸로 끝났어요. 나는 더 이상의 치료는 받지 않겠어요'라는 것이 그녀의 메시지였다.

우리 세션이 끝나기 몇 분 전에, 매릴린은 어떻게 그녀가 죽음을 두려워하지 않는지에 대해서 나의 책 *Staring at the Sun*에 나오는 몇 구절을 인용하면서 말했다. 니체의 "적절한 때에 죽어라."도 포함되었다. 매릴린은 어떻게 그녀가 후회 없는 삶을 살아왔는지에 대해서 이야기했다. 이야기를 들으면서 나는 그녀의 명료성과 품성에 대해 몹시 자랑스러웠다. 나는 특히 운이 좋았으며 매릴린이 나의 생의 동반자임이 축복이라고 느꼈다. 닥터 M도 매릴린의 이야기에 감동을 받았다. 세션이 끝나고 닥터 M은 매릴린을 안아주면서 그녀가 얼마나 사랑스러운지를 이야기했다.

* * *

지난 몇 주 동안 나는 굉장히 많은 꿈을 꾸고 있으면서도, 이상스럽게도 그 꿈을 한 가지도 기억할 수가 없었다. 그러나 우리 미팅이 있던 다음 날 밤에 잠을 잘 못 잤는데, 길고 무시무시한 꿈의 한 단편은 생생하게 기억한다. 나는 커다란 여행용 가방을 들고 사람이 다니지 않는 길에서 히치하이킹을 하려 하고 있었다. 뭔가 불쾌한 것이 앞에 있었던 것 같기는 한데, 기억할 수는 없다. 차가 한 대 오더니 한 사람이 나를 보고는 태워주겠다며 대화를 하자고 했다. 그의 얼굴에는 뭔가 무시무시한, 거의 악마 같은 것이 있었다. 그를 믿을 수가 없어서 나는 핸드폰으로 그의 차 번호를 몰래 찍어서 내 친구에게 보냈다. 나는 그의 차에 타기를 거부했고 우리는 침묵 속에 오랜 시간 서있었다. 마침내 그는 가버렸다. 내가 마지막으로 기억하는 것은 어두운 길가에 홀로 서있는 나의 모습이었다. 한 대의 차도 지나가지 않았다. 나는 어떻게 할지, 어디로 가야 할지 모르고 있었다.

그 꿈에 대해서 열심히 생각하려고 하면 할수록 꿈은 더 빨리 사라졌다. 그러나 꿈의 중요한 요지는 분명한 듯했다. 나는 홀로였다. 집이 없었고, 겁에 질려 있었고, 생의 길을 잃었으며 죽음을 기다리고 있었다. 이 꿈은 나의 현재의 마음 상태를 표현해 준 것이었다. 나는 내 꿈의 제조자에게 마음속으로 경의를 표했다.

우리는 다음 날에도 실험실 결과에 대해서 듣지 못했다. 금요일이었으므로 월요일까지 기다려야 한다는 의미였다. 나의 초조함이 매릴린을 불안하게 만들었기 때문에 매릴린은 닥터 M이 검사결과를 들으면 우리에게 전화를 하겠다고 말했다는 것을 기억한다고 했다. 나는 매릴린과 같은 기억력을 가지고 있는 내 친구 데이비드 스피겔과도 체크했다. 나는 나의 청력과 기억력에 대한 자신감을 잃었다.

나는 너무나 참을 수가 없어서 내 스탠퍼드 교수 카드를 사용해서 내 컴퓨터로 매릴린 모르게 실험실 결과를 검색해 보았다. 리포트의 복잡한 내용이 나를 주눅 들게 하였다. 그러나 나에게는 그 결과가 아무런 의미 있는 변화를 보여주지 않는 것으로 보였다. 실망 속에서도 나는 매릴린에게 그 사실을 알리지 않았다. 그날 밤 나는 잠을 잘 못 잤다. 그다음 날 매릴린은 닥터 M으로부터 이메일을 받았다. 실험실 결과는 조심스럽지만 낙관적이라는 것이었다. 닥터 M은 지난 몇 주 동안에 약간의 음성적이었던 지표가 실제적으로 감소되었음을 보여주는 시트까지 첨부해서 보냈다.

내가 실험실 결과를 잘못 이해한 것이 다시 한번 나의 의학 박사학위가 쓸모없어졌다는 사실을 일깨워 주었다. 나는 이름뿐인 의사로, 현대의 의료행위나 실험실 결과를 이해하는 데에는 전혀 준비가 되어있지 않았다. 나는 결코 나 자신을 다른 식으로 납득시키지 않을 것이다.

CHAPTER 12

완벽한 놀라움

나는 코펜하겐에서 방금 돌아온 친구 아이보리의 방문을 기다리고 있었다. 아이보리는 덴마크에서만 만드는 특별한 초콜릿을 나에게 주고 싶다고 했다. 아이보리는 내가 몇 년 동안 운영해 오던 여성 작가 살롱을 통해서 알게 되었다. 그녀는 학기 중이나 여름에 열리는 파트너 동반 살롱에도 규칙적으로 참여하는 멤버 중 하나였다.

어브와 나를 위해 아이보리가 가져온 헤이즐넛 초콜릿을 먹는 것은 호사스러운 일이었다. 나는 이 여인을 다시 보게 된 것이 너무나 좋았다. 지금은 9살이 된 그녀의 첫아이를 임신했을 당시도 기억하고 있다. 아이보리는 조그마한 출판사를 경영하면서 주문을 받아서 종이책과 전자책을 만들었다. (그녀는 절판된 나의 프랑스 혁명에 대한 여성들의 기억을 다룬 책을 *Compelled to Witness*라는 제목으로 다시 출판해 주었다.

지금 그 책은 고등학교 역사 시간에 새로 사용되고 있고, 약간의 인세도 나온다!)

아이보리는 출판 의욕을 불러일으키는 새 프로젝트에 대해서 내게 이야기하고 있었다. 그때 초인종 소리가 들리자 문을 열려고 나가기도 전에 낯익은 얼굴들이 나타나더니, 또 한 사람, 또 한 사람. 약 20명가량의 과거 살롱 멤버들이 거실에 가득 찼다! 나는 아연실색해서(bouche bée) 완전히 놀라고 감탄했다! 어떻게 아이보리는 나에게 조금의 힌트도 주지 않고 이런 놀라운 모임을 마련했단 말인가?

알고 보니 그녀는 내가 건강 때문에 살롱을 포기하고 난 후부터 이 모임을 몇 달에 걸쳐 준비했다고 한다. 이 집단 방문은 여름 끝자락에 팔로알토 집에서 살롱을 위해 베풀곤 했던 파티를 상징적으로 대체한 것이었다. 그러나 여기서 끝나지 않았다.

아이보리는 아름답게 디자인된 *Letters to Marilyn*이라는 제목의 책을 나에게 주었다. 이 책을 만들고 이 멤버들을 모으기 위해 쏟아부은 아이보리의 노력은 훌륭했다. 책 안에는 살롱 멤버들이 쓴 30개의 편지가 들어있었다. 그들 중 몇 명은 오늘 이 자리에 참석하지 못했다. 어느 페이지를 열든 이 여성들이 그들의 삶에 끼친 나의 영향을 나에게 돌린다는 내용이었다. 나는 충격을 받았다. 한 편지는 이렇게 시작했다. "선생님을 만난 이후 선생님이 내게 얼마나 중요한 사람이 되고 있는지 선생님은 아마 모르실겁니다!" 다른 것은, "선생님이 나에게 열어준 세상은 얼마나 굉장한지요!" 또 다른 것은, "내가 선생님을 알게 된 것은 특권이고 행운입니다!"

어느 누가 감히 이런 증언에 정직하고 우아하게 반응할 수 있을까? 나는 압도당했다. 그러나 감사함과 더불어, 마음속 깊은 곳에서는 내가 이런 분에 넘치는 찬사를 받을 만하지 못하다는 것을 느꼈다. 지난 몇 달간, 너무나 많은 사람이 내게 칭찬과 염려를 보내왔다. 편지와 꽃과 음식으로. 그런데 이 집단은 특별했다 — 작가들과 교수들과 독립적인 학자들, 사진 작가들, 그리고 영화제작자들 집단인 이들은 반세기 동안 나의 삶과 같이 했다. 1966년부터 알고 지내오는 스티나 카차도우리안은 이렇게 편지를 시작했다. "친구, 신뢰자, 멘토, 현명한 여인, 손에 연필을 든 여인, 언제나 그 자리에 있는 여인, 반석, 친척 같은 분, 자매." 이 편지를 포함한 다른 많은 편지들이 나를 울게 만들었다. 나는 이 편지들을 계속해서 다시 읽기 위해 아껴둘 것이다.

*Letters to Marilyn*은 '1쇄 한정판'으로서 아이보리 매디슨 편집, 애슐리 잉그램 디자인, 책 표지는 책상 앞에 앉아있는 약 35년 전의 나의 사진으로 완성되었다. 나의 편견인지는 몰라도 나는 이렇게 아름답게 한정판으로 출판된 책을 일찍이 본 적이 없다. 삶의 끝에 와있는 여성에게 이토록 의미 있는 일이 일어난 것을 본 적도 없다.

한 시간이 빠르게 지나갔다. 나는 한 사람 한 사람에게 개별적으로 이야기했다. 스탠퍼드대학교의 법학 교수 바버라 배브콕과 함께 앉아있었던 것이 특별히 의미가 있었다. 그녀도 유방암으로 키모테라피를 받고 있었다. 그녀는 나의 용감한 첫 모델 중 하나였다. 내가 다발성 골수암 진단을 받기 훨씬 전에 식당에서 정기적으로 만나곤 했으며, 그녀가 아플 때는 그녀의 집에서 만났다. 그러나 내가 치료를 시작한 이후로는 서로 만나지 못했었다. 오늘 우리는 비참한 우리 상태와 남편들의 애정 어린 서포트에 대해서 이야기했다.

나는 또한 마이라 스트로버를 볼 수 있어서 굉장히 기뻤다. 그녀는 1976년 옛날 CROW(여성연구센터)의 연구원 겸 행정원으로 나를 채용한 이래로 항상 나의 좋은 친구이다. 마이라가 없었다면 나의 후반부 인생은 완전히 달라졌을 것이다. 나는 그녀가 몇 주 전에 고관절 수술을 했고 또 남편의 파킨슨병에도 불구하고 오늘 이렇게 와준 것에 대해서 깊이 감사한다.

이들 두 명의 여성, 바버라와 마이라는 1972년에 스탠퍼드 법과대학 (바버라)과 스탠퍼드 경영대학(마이라)에서 채용한 첫 번째 여성이라는 점이 특징이다. 그들은 오랜 경력을 통해 많은 여성들의 멘토가 되어왔으며 각각 그들의 개인적이고 전문적인 경험을 자서전으로 썼다.

낯익은 얼굴 중에는 메그 클레이턴이 있었다. 나는 그녀가 새로 쓴 역사 소설 *The Last Train to London*에 대해서 이야기해 달라고 부탁했다. 이 책은 영어로 곧 출판될 예정이며 19개의 언어로 번역되는 계약도 맺었다. 나는 메그가 지난 몇 년 동안에 진짜로 훌륭한 작가로 변신하는 과정을 지켜볼 수 있는 특권을 누렸다. 나에게 쓴 편지에 메그는 제인 케니언의 「저녁이여 오라(Let Evening Come)」를 인용했다. 이 시는 우리가 지금 앉아있는 바로 이 거실에서 존 펠스티너가 큰 소리로 낭독했던 시이다. 그 시의 일부분이 지금 나의 상황에 너무 적절하게 들어맞았다.

모두가 떠난 다음, 나는 오늘 나에게 넘치게 쏟아졌던 사랑에 대해서 생각하느라고 오랫동안 앉아있었다.

나는 친구들이 말한 것처럼 정말로 친절하고 너그러웠나? 내가 만약 그렇다면, 그것은 나의 어머니에게서 물려받은 성격일 것이다. 나의 어머니는 내가 아는 사람들 중에서 가장 사랑스럽고, 가장 친절한 사람이었다. 나의 어머니는 누구에게나 친절했다. 그녀가 80대에 이르렀을 때에도 그녀는 살고 있던 아파트에서 가깝게 지내는 이웃들에게 상점에서 필요한 것을 좀 가져다주어도 좋겠냐고 묻곤 했다. 후에 우리가 사는 팔로알토 근처의 양로원에 옮겨드렸을 때에도 그녀를 찾아오는 손주들에게 항상 사탕을 주었다. 어머니는 천성적으로 친절하고 "받는 사람보다 주는 사람이 되어라."라고 우리들에게 가르치면서 길러주셨다. 우리 어머니는 내가 하는 말과 행동이 다른 사람에게 어떻게 느껴질 것인가를 미리 생각하라고 가르쳐 주셨다. 물론 나는 어머니의 가르침 대로 따르지는 않았다. 생각 없이, 심지어 의도적으로, 다른 사람을 희생시키는 이기적인 때가 있었음을 기억한다. 다행스럽게도 오늘 나의 친구들은 나의 좋은 면만을 보았다.

그러나 나 자신에 대한 이러한 낙관적인 그림과 충돌하는 뭔가 어두운 일련의 생각들이 있다. 확실히 이런 칭찬들은 대부분 내 병과 또 내가 오래 살지 못할 것이라는 생각에서 영감을 받은 것이리라. 어쩌면 이것이 내가 이 친구들을 보는 마지막 시간일 것이다. "마지막 경의를 표하기 위해서 그들은 우리 집에 왔을까?" 글쎄, 그것이 진실이라 하더라도 나는 받아들일 것이다. 오늘은 사랑스러운 날이었다. 내가 살아있는 동안 귀중하게 여길 그런 날이다. 나의 여생이 길거나 짧거나 간에 말이다.

10월

CHAPTER 13

그래서 이제 너는 알았지

매릴린의 치료에 어떤 가능성이 보인다는 이야기를 해준 닥터 M을 만나고 난 후에 드디어 생활에 중요한 변화가 일어났다. 매릴린이 나에게로 돌아온 것이다. 그녀는 가까운 장래에는 죽지 않을 것이다. 오늘 나는 매릴린이 나보다 더 오래 살 것이라는 생각까지 했다. 나의 옛 매릴린을 다시 찾은 것이다. 우리는 멋진 날들을 보냈다.

언제나처럼, 주사를 맞는 수요일에는 매릴린과 함께 병원에 가서 몇 시간을 같이 보낸다. 하루 이틀, 그녀는 더 생기 있고 더 그녀다웠다. 그녀는 보통 목요일에 기분이 좋은데, 이번 주는 달랐다. 그녀는 예외적으로 특별히 기분이 좋았다. 오랫동안 보지 못했던 병들기 전 매릴린의 모습이었다.

키모테라피 주사를 맞고 나서 이틀이 지난 금요일, 매릴린은 식사를 하러 식당에 갈 만큼 아직 기분이 좋다. 아마 몇 달 전 병을 얻은 이후로 세 번째 외식인 것 같다. 우리는 항상 우리가 좋아하던 식당, 우리 집에서 조금 떨어져 있는 후키 식당으로 갔다. 그 식당에는 매릴린이 쉽게 소화할 수 있는 메뉴가 있다. 지난 50여 년 동안 우리는 이 식당에서 500번 이상 식사를 했을 것이다. 이 식당에서는 어느 해엔가 가장 충실한 단골손님에게만 선물로 주는 스테이크 나이프 세트를 우리에게 선물했다.

다음 날인 토요일에 매릴린은 얼굴에 환한 미소를 띠고 일어났다. "나는 생생한 꿈을 꾸었어요 — 몇 달 만에, 아니면 몇 년 만에 가장 우스운 꿈이에요.

워싱턴 DC에 살던 어린 시절이었어요. 나는 얼굴을 잘 모르는 어떤 남자와 2층에 있는 내 침실로 살며시 다가갔어요. 그는 나와 같이 침대에 누워서 사랑을 나누기 시작했어요. 그런데 그가 침대에 오줌을 누었어요. 나는 일어나서 침대 시트를 갈아야 했지요. 그러고는 아래층으로 내려가서 차를 만들어 가지고 다시 두 계단을 올라올 때 건너편에 있는 엄마의 침실에서 인기척을 느꼈어요. 나는 노크하고 문을 조금 열었어요. 거기서 누굴 봤겠어요? 벤이었어요. 옷을 벗고 우리 어머니와 침대에 누워서 크게 히죽히죽 웃고 있었어요.

우리 어머니는 나를 보더니, '그래서 이제 너는 알았지!'라고 말했어요.

나는 '내 방에도 누군가가 있어요. 이제 엄마도 알지요.'라고 대답했어요."

우리는 둘 다 그 이상한 꿈에 대해서 웃으면서 별 뜻 없이 그 꿈을 해석하려고 했다. 매릴린은 그녀가 자라나던 집의 꿈을 꾸고 있었다. 그런데 그녀는 오줌도 제대로 가누지 못하고 알지 못하는 늙은이처럼 행동하는 남자와 사랑을 나누고 있었다. 그리고 어머니와의 기상천외한 만남, 대단히 따뜻하고 사랑스러운 여인이, 성인이 된 우리 아들 벤과 함께 침대에 있었다.

근친상간, 시간 여행, 이상한 유머, 생의 단계, 나이 듦에 대한 반항 — 그 모든 것이 꿈속에 들어있었다!

후에 매릴린은 내가 벤과 침대에 같이 앉아서 이야기하는 것을 본 것이 아마도 꿈에 그렇게 나타난 것같이 생각된다고 말했다. 꿈에서 본 벤의 미소가 바로 그 미소였다는 것이다. 자연스럽게 우리는 프로이트의 어머니와 아들 간 근친상간의 오이디푸스 해석을 이야기했다. 매릴린은 그것을 그녀의 어머니로 위장했을 것이고, 그 늙은 애인은, 나는 아직 침대에 오줌을 지리지는 않지만, 아마도 나였을 것이다.

매릴린은 하루 종일 상쾌한 상태여서 내 마음이 재조정되는 기분이었다. 나는 나의 매릴린을 되찾았던 것이다! 그러나 어쩌나, 그 시간은 그리 오래가지 않았다. 다음 날 오후가 되자, 매릴린은 다시 메스꺼움을 느끼고 너무 녹초가 되어서 의자에서 일어설 수조차 없었다.

기분이 좋았던 바로 다음 날 갑자기 이렇게 도로 나빠진 것은 이해할 수가 없었고 나는 또다시 무력해질 수밖에 없었다. 나는 진정으로 내가 그녀의 병에 대신 걸려서 메스꺼움과 피곤함을 그녀 대신 겪고 싶다고 말했다.

이런 굉장한 불안정한 상태가 계속되었다. 다음 날은 다시 한번 기분이 좋았다. 전체적으로, 좋아지는 것 같았다. 매릴린의 병이 모든 것을 그늘지게 만들었으나 나는 내 삶의 과정을 생각할 시간을 가지게 되었다. 나에게는 아주 적은 수의 친구들이 있을 뿐이다 — 나와 친했던 옛 친구들과 지인들은 모두 세상을 떠났다. 매릴린을 제외하고는 오직 두어 명의 아주 옛날 친구들만이 아직 살아서 숨 쉬고 있을 뿐이다. 날 때부터 알고 지낸 나의 사촌 제이는 나보다 세 살 아래인데, 그는 워싱턴 DC에서 살고 있다. 우리는 일주일에 적어도 네댓 번 전화로 이야기한다. 그러나 우리 둘 다 여행을 할 수가 없기 때문에 살아서 다시 그를 만나보기는 어려울 것이다. 나는 존스홉킨스에서 나와 같이 레지던트를 했던 사울 스피로와 매주 통화한다. 그는 워싱턴주에 살고 있으나 너무 아파서 여행할 수가 없다. 바로 어제 나는 〈스탠퍼드 리포트〉에 실린 스탠리 슈라이어의 별세 소식을 읽었다. 오래전에 이웃에 살던 친구 스탠리는 스탠퍼드의 혈액암 교수였고 우리에게 닥터 M을 소개해 주었다. 그의 부고를 통해서 그가 나보다 두 살 위, 90세인 것을 알았다. 2년 더 사는 것 ─ 그것이 적당한 때인 것 같다. 나도 아마 2년은 더 살 것 같다. 그러나 만약 매릴린이 없다면, 나는 그렇게 오래 살고 싶지 않다.

나는 지금 은퇴한 사람이고 내가 사랑하던 일을 포기한 상태이다. 나는 진정으로 나의 일이 그립다. 내 일에서 은퇴한 지 이제 겨우 몇 달이 지났고 아직 일주일에 세 명 또는 네 명의 일회기 환자를 보고 있기는 하나 치료자로서의 나의 일생은 끝났다. 나는 그것에 대해서 슬퍼하고 치료과정의 그 깊은 친밀감을 그리워한다. 매릴린을 제외하고는 그 누구도 자신의 가장 깊고 가장 어두운 곳으로 나를 초대하지 않는다.

내가 나의 깊은 상실을 어떻게 잘 묘사할까를 심사숙고하는 가운데 어떤 환자의 얼굴이 생각났다. 이 특별한 사람이 나의 마음에 나타난 것은 참으로 이상했다. 나는 아주아주 오래전에 그녀를 딱 한 번 보았을 뿐인데 한 두어 주일 전에, 출판되지 않은 나의 글들을 훑다가, 그녀의 이야기를 쓰기 시작했던 페이지들을 보게 되었다.

나의 65번째 생일날, 침울한, 그러나 매력적인, 나이 든 여자 필리스가 내 사무실에 들어섰다. 분명히 아주 불편해 보이는 그녀는 의자 가장자리에 새처럼 꼿꼿하게 앉았다. 마치 어느 순간에든지 날아갈 준비가 되어있는 것 같았다.

"어서 오세요, 필리스. 어브 얄롬입니다. 이메일로 당신이 잠을 잘 못 잔다는 사실과 가끔 불안하다는 것만 알고 있어요. 지금 당장 시작할까요? 자신에 대해 좀 더 이야기해 주세요."

그러나 필리스는 금방 이야기를 시작하기에는 너무나 아픈 것 같았다. "몇 분 더 시간이 필요해요 — 저는 저의 숨겨진 부분에 대해서 잘 이야기하지 않아요." 그녀는 내 사무실을 훑어보더니 벽에 걸려있는 뉴욕 양키스의 위대한 야구선수 조 디마지오의 사인이 들어있는 사진을 주목했다.

"그는 내 소년 시절의 영웅이었죠." 내가 말했다.

필리스는 크게 미소 지었다. "저도 알지요, 조 디마지오 — 그에 대해서 안다는 말이죠. 나는 샌프란시스코의 노스비치에서 자랐어요. 조 디마지오가 살던 곳에서 멀지 않아요. 그가 매릴린 먼로와 결혼했던 교회에서 몇 블록 떨어진 곳이지요."

"네, 나도 노스비치에서 많은 시간을 보냈지요. 가끔 디마지오 식당에서 식사도 했고요. 그 식당 주인은 그의 형 도미닉이었을 겁니다. 지금은 식당 이름이 '오리지날 조'로 바뀌었어요. 조가 경기하는 것을 보았나요?"

"TV로만요. 그가 도루하는 걸 보기 좋아했어요. 아주 멋있었어요. 그가 마리나 지역 근처를 산보하는 것을 두어 번 봤어요. 지금 그는 거기에 살아요."

그녀가 천천히 의자에 앉아서 편안해지는 것을 보고 나서 나는 일을 시작할 때가 되었다고 생각했다. "자, 당신에 대해서 이야기해 보세요, 필리스. 오늘 왜 나를 보러 왔는지 말씀해 주시죠."

"네, 저는 83세인데 마취 간호사로 거의 일생 동안 일했어요. 몇 년 전에 은퇴를 하고 혼자 살고 있고요. 제가 상당히 고립되어 있다고 선생님은 생각하시리라 확신합니다. 가족도 없이 의붓남동생이 하나 있어요. 저는 불면증과 불안으로 고생하고 있어요." 그녀가 나를 향해 미소 지을 때 그녀의 입술이 떨렸다. 그녀는 자기가 나를 힘들게 한다는 것에 대해서 거의 사과하는 듯했다.

"당신에 대해서 이야기하는 것이 쉽지 않을 것 같네요, 필리스. 치료자와 이야기하는 것이 이번이 처음이지요?"

그녀가 고개를 끄덕였다.

"말해주세요. 왜 지금이죠? 어떤 일 때문에 지금 나를 방문하기로 결정하신 건가요?"

"급작스러운 일이 아니에요. 일이 계속해서 나빠지고 있어요. 특별히 불면증과 고독이요."

"그런데 왜 굳이 나를 찾은 거죠?"

"저는 선생님의 책을 많이 읽었어요. 그냥 선생님을 믿을 수 있다고 느꼈어요. 가장 최근에는 *Lying on the Couch*[7]를 읽고 선생님은 여유 있고, 친절하고, 단순히 치료자 역할만 하는 것 같지 않았어요. 가장 중요한 것은, 저는 선생님을 판단하는 분이라고 생각하지 않았어요."

---

7 『카우치에 누워서』, 이혜성 역, 시그마프레스, 2007.

그녀가 죄의식에 많이 시달리고 있음이 분명했다. 나는 목소리를 계속 부드럽게 하며 말했다. "맞아요. 나는 판단하지 않아요. 나는 당신 편에 있어요. 나는 당신을 도우려고 여기에 있어요."

필리스는 그녀의 트라우마 가득한 젊은 시절 이야기를 쏟아내기 시작했다. 그녀가 세 살이었을 때 아버지는 사라졌다. 다시는 아버지의 소식을 듣지 못했고 그녀의 어머니 역시 한 번도 그녀의 아버지 이야기를 꺼내지 않았다. 그녀의 어머니는, 악의에 차 있고 냉정하며, 자기도취적인 여성이었다. 어머니가 집으로 데려오는 많은 남성이 그녀를 성폭행하려고 했다. 필리스는 15세에 집에서 도망쳐 나왔고, 매춘을 했고, 여러 남자들과 살았고, 그러고 나서 기적적으로 고등학교와 대학과 간호학교로 갈 수 있도록 자신을 관리했다. 그녀는 마취 간호사로서 일생을 보냈다.

그녀는 의자에 깊숙이 물러앉아 깊은 호흡을 하고 나서 말을 이었다. "간단히 말해서, 그것이 저의 일생입니다. 이제부터가 어려운 부분입니다. 몇 년 전에 언니가 제게 연락을 해서 우리 엄마가 폐암 말기여서 호스피스 병동에 있는데 산소 호흡기에 의지하다가 지금은 혼수상태라고 했어요. '그 여자는 거의 죽게 되었어.'라고 했던 언니의 말을 기억합니다. '나는 지난 3일간 그 여자 옆에 있었는데 이젠 나도 죽을 지경이야, 필리스. 여기 와서 오늘 저녁 엄마 옆에 있을 수 있겠니? 엄마는 의식이 없어서 너는 엄마하고 이야기할 필요도 없어.'라고 말했어요. 저는 그러겠다고 했어요. 언니와는 몇 년 전에 다시 연락이 되어서 한두 달에 한 번씩 점심 식사도 했어요. 저는 언니의 부탁에 동의는 했지만, 언니를 위해서 한 것이지 엄마를 위해 한 것은 아니었어요. 저는 엄마를 몇십 년 동안 보지 못했고, 선생님께 말씀드렸던 대로 엄마에게 조금의 관심도 없어요. 저는 단지 그날 하룻밤만 언니가 좀 쉴 수 있도록 엄마 옆에 있기로 했을 뿐이었어요. 새벽 세 시쯤에 ─ 저는 그 시간을 마치 어제 일처럼 생생히 기억해요 ─ 엄마의 호흡이 불규칙하고 식식거리더니 폐부종의 거품이 엄마의 입술 언저리에 퍼졌어요. 저는 많은 환자들을 통해서 이런 경우를 보아왔기 때문에 엄마의 마지막 호흡이 다가오고 있음을 알았어요."

필리스가 고개를 떨구었다. 몇 초간 멈추었다가 나를 올려다보고 속삭였다. "저는 누구에겐가 이 말을 하지 않으면 안 되겠어요 ─ 선생님을 믿어도 되지요?"

나는 고개를 끄덕였다.

"저는 그 산소통을 꺼버렸어요… 엄마의 마지막 호흡 바로 직전에 껐어요."

우리는 잠시 동안 말없이 조용히 앉아있었다. 그러고 나서 그녀는 "그것은 연민일까요 복수일까요? 저는 계속해서 저에게 묻고 있어요."라고 말했다.

"어쩌면 둘 다일지도요." 내가 말했다. "어쩌면 그 질문을 멀리 던져버릴 시간이 되었는지도 모르지요. 그 오랜 세월 동안 그 사실을 혼자 알고 있으려니 얼마나 괴로웠겠어요. 마침내 그 비밀을 말해놓고 나니 어때요?"

"그것을 말로 하기조차 두려워요."

"마음속에 간직하도록 하세요. 당신이 이 무시무시한 비밀을 나를 믿고 이야기해 준 것에 대해서 감사해요. 도움이 됐어요?

나에게 질문할 것이 있으면 물어보세요. 내가 뭐라고 말해주는 것이 당신을 편안하게 해줄 수도 있고, 어떤 식으로라도 당신을 도울 수 있지 않을까요?"

"제가 살인자가 아니란 것을 선생님께 말씀드릴 필요가 있어요. 나는 많은 환자들의 마지막 순간을 같이 했어요. 수많은 환자들과요. 엄마에게는 단지 한 번의 호흡만이 남아있었어요. 많아도 두 번의 호흡이요."

"내 생각을 말해볼게요…"

필리스의 눈이 나를 쏘아보았다 — 마치 나의 다음 말 한마디에 그녀의 생명이 달려있다는 듯이.

"나는 그 작은 소녀, 어찌 해볼 도리가 없는, 버려진, 힘이 없는 소녀, 운명에 맡겨진 소녀, 다른 사람으로부터 그녀가 받는 요구와 변덕스러운 기분 등을 생각하고 있어요. 당신이 어머니의 마지막 순간을 목격하게 되었다는 것은 굉장한 비극입니다. 그리고 당신이 힘을 행사하지 않을 수 없게 되었던 것은 충분히 이해할 수 있는 일이지요."

우리의 세션은 20분이나 남아있었지만 필리스는 소지품들을 챙기고 일어서서 테이블에 수표를 놓고 "감사합니다." 말하고는 떠났다. 나는 다시는 그녀를 보지 못했고, 그 어떤 소식도 듣지 못했다.

* * *

아주 오래전에 있었던 이 만남이 내가 남은 여생 동안 무엇을 그리워하게 될지를 알려준다. 나는 심리치료에서의 진정한 약속의 의미, 환자의 신뢰를 받는다는 것, 치료자가 다른 사람의 삶 속의 깊고 어두운 면을 공유한다는 것, 무엇보다도 치료자로서 다른 사람에게 도움을 제공할 기회를 그리워하게 될 것이다. 다른 사람에게 도움을 제공하는 것이 오랫동안의 나의 삶의 길이었다. 나는 그 일을 소중히 여겼고 그 일을 그리워할 것이다. 이제 도우미의 도움을 받아야 하는 수동적인 생활 — 그리 멀지 않은 장래의 두려운 생활 — 과 얼마나 대조되는 삶인가.

매릴린은 내게 왜 하필 그 많고 많은 자료들 중에서 이 이야기를 선택했느냐고 물었다. 내 대답은 같았다 — 이 이야기는 친밀한 만남, 내가 더 이상 환자들과 가질 수 없는 만남에 대한 이야기이기 때문에 선택했다. 매릴린은 이것이 생의 마지막 이슈, 마침내 자기 삶의 플러그를 뽑는 순간과 관계가 있을 것이라고 말했다. 어쩌면 그녀가 옳은지도 모른다.

10월

CHAPTER 14

사형 선고

터 M이 어제 전화를 해서 나에게 면역글로불린 치료를 계속하지 말라고 했다. 가장 최근의 치료 결과는 효과가 없는 것으로 나왔다는 것이다. 그 말을 듣고 교묘하게도 나는 참으로 안심이 되었다. 이제는 금년 초부터 써오던 약의 그 독한 후유증을 더 이상 경험하지 않아도 되는 것이다. 이번 주는 다른 때보다도 상태가 더 나빴기 때문에 계속 "이런 대가를 치르면서도 생명을 연장하는 것이 가치 있는 일인가?"라고 자문했다.

물론, 나는 이 병을 그대로 놔두면 어떤 고통이 따라올지를 알지 못한다. 말기환자 약을 담당하는 사람들은 고통을 완화하기 위해서 가능한 어떤 일이든지 하겠다고 나를 설득시키고 있지만, 그러나 그것이 어떨지를 상상하는 것조차 싫다. 지금은 죽음에 대해서 심사숙고하는 것만

119

으로도 충분하다.

87세에 죽는다는 것은 큰 비극이 아니다. 특별히 젊은 나이에 죽은 사람들을 생각하면 그렇다. 이번 주에 코키 로버츠 기자가 75세의 나이로 죽었다. 나는 그녀와 함께 웰즐리 특별 동창생 상을 받았기 때문에 대단한 친근감을 느낀다. 나의 사진이 그녀의 사진과 함께 대학의 위풍당당한 복도에 다른 더 유명한 동창들, 예를 들면, 힐러리 클린턴, 매들린 올브라이트의 사진들과 함께 걸려있다. 지난 두 세대 동안 여성의 권리를 증진시킨 여성 운동에 나 역시 한 부분이었다는 사실이 나에게 자부심을 가지게 한다. 그 시간은 나의 시간이었다. 나의 죽음 이후에 일어날 일들은 나의 손 안에 있지 않다.

죽음에 대해서 아주 오랫동안 생각해 오고 있었기 때문에 나에게는 죽음이 놀라움으로 다가오지 않는 것 같다. 지금은, 나의 아이들 모두가 내 죽음에 대해 알고 있고 나는 그들의 사랑으로 버티고 있다. 아들 레이드와 그의 아내 로레다나는 주말에 우리들을 보살펴 주고 나를 위해 다량의 치킨 수프와 설탕에 조린 사과를 만들어 주었다. 이브는 버클리에서 급하게 와서 우리가 나쁜 뉴스를 받아들일 수 있도록 위로해 주었다. 빅터는 내일 밤 우리와 함께 지낼 것이고 벤은 금주 말에 도착할 것이다.

내가 이런 좋은 상태로 계속 있으면, 나는 어브와 이브와 함께 샌프란시스코로 벤의 새 작품 — *Dionysus Was Such a Nice Man*을 보러 갈 것이다. 벤은 21번째 시즌까지 그의 극장을 잘 이끌어 가고 있다. 이 작품은 〈샌프란시스코 크로니클〉에서 굉장한 평가를 받았다. 그래서 나는 몹시 기쁘다. 진정으로 그의 연극을 보고 싶지만, 나의 컨디션과 기운에 달렸다. 나의 새로운 원칙은 이것이다. 너 자신과 너의 매일의 필요에 초점을 맞춰라. 나머지 일은 스스로 굴러가게 할 때가 되었다.

나는 물론 어브를 걱정한다. 지금까지 여러 달 동안 그는 나를 보살피고 있다. 그가 스스로 지쳐서 녹초가 될까 봐 두렵다. 나의 건강은 제쳐놓고라도 그는 그 자신도 다른 사람으로부터 모든 도움을 받아야만 하는 처지이다. 우리의 친구 메리, 그녀는 남편이 죽기 전 3년 이상 남편을 보살폈는데, 나에게 간병의 어려움을 이야기했다. 그녀는 비슷한 문제를 가지고 있는 사람들의 집단에 함께 참여해서 서로의 짐을 공유하면서 도움을 받았다고 했다. 남편이 죽은 지 2년이 지난 지금까지도 이여성들과 정기적으로 만나고 있다고 했다.

모든 간병인은 여성이라는 메리의 케이스를 이야기하지 않더라도 어브가 이런 서포트 그룹에 참여할 것 같지는 않다. 상당히 여러 해 동안 어브는 정신과 의사 그룹과 만나서 서로의 개인적인 문제를 토의했다. 그 모임이 그에게 도움이 될 것이라고 믿는다. 그는 내가 죽어가고 있다는 것을 이성적으로는 알고 있지만 아직도 부정적인 자세를 유지하고 있다. 내가 크리스마스까지 있을지 의아하다고 큰 소리로 말했을 때 그는 믿고 싶지 않다는 시선으로 나를 바라보았다 — 물론 나는 언제나처럼 가족 모임을 준비할 것이다. 얼마 남지 않은 나의 시간에 대해서 그에게 이야기하는 것이 좋을지 아니면 나의 죽음을 부정하는 상태로 있는 그를 그대로 놔둘지 나는 모르겠다.

* * *

죽음에 대한 생각이 나를 두렵게 하지는 않는다. 나는 죽음 이후의 삶 '우주 속으로의 복원'을 믿지 않는다. 나는 더 이상 존재하지 않는다는 생각을 받아들인다. 나의 육체는 궁극적으로 땅속으로 분해될 것이다. 20년 전 나의 어머니가 돌아가셨을 때, 어머니는 우리 집에서 가까운 거리에 있는 알타 메사 공동묘지에 매장되었다. 그 당시 우리는 어머니 묘지 옆에 우리를 위한 두 개의 묘지를 샀다. 그곳을 자주 방문한 것이 내가 아들과 함께 *The American Resting Place* 책을 쓰게 된 동기였다. 그 책이 매장(埋葬)과 화장(火葬)에 대해서 전적으로 새로운 관점을 열었다.

오늘날, 미국에서 화장은 전통적인 매장보다 더 인기가 있고, 환경적인 관심이 점점 더 커지고 있다. 예를 들어 워싱턴주에서는 육체가 퇴비로 되도록 하는 매장을 하고 있다. 캘리포니아에서는 스타트업 회사가 숲을 사서 개인들이 특정한 나무의 거름이 될 수 있도록 허용한다. 나는 간단한 나무 관에 들어가서 우리집에서 걸어갈 수 있는 거리, 우리 네 아이들이 다녔던 고등학교 바로 건너편에 묻히고 싶은 생각이다. 장차 아이들이 나의 무덤을 찾아오면 그들은 어린 시절의 추억으로 휩싸이겠지.

내 삶의 끝이 다가온다고 느낄 때, 친구들과는 어떻게 작별해야 할까? 내가 아픈 동안에 대단히 많은 사람이 나에게 친절을 베풀었다. 나는 그들이 나의 삶에서 얼마나 중요한 존재들이었나를 알게 하지 않고 사라지는 것은 원치 않는다. 이별을 알리는 전화를 거는 것은 너무나 힘이 많이 들 것이다. 편지를 쓰는 것이 더 실질적이다. 그러나 그들 개개인에게 편지를 쓸 만큼 내게 시간과 기운이 있을 것인가? 엘라나 자이만의 책 *The Forever Letter*에 의하면 유대인의 전통 중에는 한 사람이 사랑하던 사람들에게 마지막 편지를 쓸 때에는 그 사람에 대한 느낌과 자신이 전달하려고 하는 분명한 지혜의 단편들을 쓴다고 한다. 내가 살면서 얻은 지혜는 그 무엇이거나 이 짧은 나의 편지 속에 넣을 수 있는 것들은 아니다. 나는 적어도 나 자신과 남에게 고통을 주지 않고 죽을 수 있는 나의 희망을 이룰 수 있을 때까지만 살고 싶다.

나의 친구들에게 작별을 고하는 말은 어느 늦은 오후에 친구들과 모여서 한 잔의 차를 마시면서 하는 것이 좋을 것이다. 나는 이미 이런 목적으로 몇몇 친구들을 만나기 시작했고 다른 친구들을 위해서도 앞으로 시간표를 짤 것이다. 나의 삶을 풍요롭게 하고 이렇게 어려운 때에 나를 지탱해 준 나의 친구들에게 개별적으로 작별인사를 할 시간이 있기를 소망한다.

만약 무슨 일이든지 하고 싶은 일이 있으면 그 일을 빨리 해야만 할 것같이 인식하게 되는 이상한 일이 최근 나에게 생겼다. 나는 우리 아이들 각자에게 상자를 지정해 주고 그들과 그들의 아이들과 그들의 손주들에게 앞으로 흥미가 있을 물건들로 채우게 해야 할 것 같다는 생각이 들었다. 나는 이 상자들이 누군가의 골방에 처박혀 있다가 먼 훗날의 자손들에 의해 발견된다면 그때가 어브와 내가 족보에 이름만 남게 되는 때일 것이라고 생각한다. 그들이 "어브의 고등학교 동아리 핀. 1948년 매릴린에게 주다"라고 쓰인 물건을 보고 어떻게 할 것인가. 우리들의 결혼 50주년 기념사진 앨범들을 보고 기뻐할까? 1997년에 나온 내 책 *A History of the Breast*에 대한 서평 신문 스크랩을 새겨볼까?

나의 일생과 함께해온 모든 책과 논문과 물건이 내 아이들이나 내 손주들에게는 별 의미가 없으리라는 것을 인정하는 것은 참으로 어렵다. 실제로, 어쩌면 그것들은 그들에게 짐이 될 것이다. 나는 가능한 한 많은 '물건'을 없애버리는 것으로 그들을 도와줄 것이다.

* * *

어브와 내가 닥터 M을 마지막으로 방문했을 때, 나는 그녀에게 두 가지 질문을 했다. 내가 얼마나 더 오래 살 수 있으며 어떻게 조력자살을 시도할 것인가?

첫 번 질문에 대한 그녀의 반응은, "확신할 수는 없어요. 그러나 제 짐작에 약 두 달가량일 것 같습니다."

이 반응은 충격이었다. 나는 내 생명이 좀 더 길 것이라고 기대하고 있었다. 두 달가량의 시간은 내가 내 친한 친구들 모두를 다시 보고, 내 아이들 각자에게 귀중한 물건을 담을 상자를 준비하겠다는 생각을 이루기에는 빠듯한 시간이었다.

다행스럽게, 우리는 이미 모든 아이들과 그들의 자녀들을 위해서 2주일 안에 '축하' 모임을 계획하고 있었다. 애초에 그 축하는 아들 빅터의 60번째 생일과 다른 세 가족 — 세 명의 며느리인 마리헬렌, 아니사, 그리고 로레다나 — 의 10월 생일을 축하하기 위한 것이었다. 나는 이 행사의 이름을 비슷한 이름의 영화 제목을 패러디해서 "네 번의 생일축하와 한 번의 장례식"이라 붙였다. 이것은 나의 유머감각을 지키는 데 도움이 되었다.

조력자살에는 두 명의 의사가 사인을 해야 한다. 그 기준은 환자에게 치료의 가능성이 전혀 없어서 거의 죽게 된 상태가 될 때이다. 혈액암 의사인 닥터 M과 말기환자 병동의 닥터 S가 내 삶의 마지막 주에 나를 위해 사인을 해줄 것이다. 나는 주사를 맞거나 단 한 알의 약이 아니라 여러 개의 약을 삼켜야 죽게 된다는 것을 알고 놀랐다.

어쨌거나, 지금까지, 나는 비교적 평온하다. 10개월간, 그 시간의 대부분을 끔찍하게 느끼면서 지내고 난 후에, 나의 비참함이 이제 끝나게 되었음을 알게 되어 해방감을 느낀다. 이상하게도, 나의 죄와 내가 살면서 저질렀던 악행들에 대한 값을 '지불했다'는 느낌이 들었다. 종교적인 개념의 심판과 벌, 또는 죽음 후의 보상이 내게 있어서 세속적으로 맞먹게 되었다는 의식으로 작용하였다. 나는 죽기 전에 이미 육체적인 고통을 충분히 받았다고 느낀다. 내가 어브에게 마지막 키스를 하기 전에 무엇이 아직 내 앞에 더 남아있을지, 누가 알겠는가?

CHAPTER 15

키모테라피여 안녕,
희망이여 안녕

나는 우리가 닥터 M과 만나서 매릴린의 치료를 그만둘 일을 깊이 의논할 날을 두려워하고 있었다. 닥터 M은 정확한 시간에 왔고 우리의 많은 질문에 대해서 쉽고 친절하게 대답해 주었다. 나는 왜 매릴린이 치료에 반응하지 않았는지에 대해 질문했다. 우리는 다발성 골수암에 걸린 많은 지인들이 10년 동안 생존하는 것을 보기도 했고 듣기도 했다. 닥터 M은 슬픈 얼굴로, 의학은 왜 이 병에 걸린 어떤 사람들은 치료에 반응을 하지 않는지, 또 왜 어떤 사람들은, 매릴린과 같이, 치료를 불가능하게 하는 지독한 부작용을 겪는지 알지 못한다고 대답했다.

그러자 매릴린이 지체하지 않고 말을 가로채면서 물었다. "제게 얼마나 시간이 남았나요? 제가 얼마나 더 살 것 같다고 생각하세요?"라고 물었다.

나는 충격을 받았다 – 그리고 닥터 M에게 미안했다. 나는 닥터 M과 같은 입장에 처하기가 싫었다. 그러나 그녀는 동요하지 않고 직접 대답했다. "아무도 정확한 답을 줄 수가 없을 겁니다. 그러나 저는 한 달이나 두 달가량으로 예상합니다."

　나는 숨이 막혔다. 우리 둘 다 그랬다. 우리는 석 달에서 여섯 달을 희망하며 기대하고 있었다. 불안이 인식작용을 어떻게 방해하는지, 이상했다. 나는 너무나 충격을 받아서 내 마음의 기어 장치를 변속하고 있었다. 나는 닥터 M이 이러한 내용을 얼마나 자주 논의해야 하는가가 궁금해지기 시작하여 그녀를 쳐다보았다. 매력적이고, 부드럽게 말하는, 동정심이 많은 여성이다. 나는 그녀가 매일매일 경험할 이런 스트레스를 누군가에게 이야기할 수 있었으면 했다. 나는 내 마음의 명민함에 놀랐다. 나는 나를 보호하는 행동을 하고 있는 것이다. "한 달이나 두 달"이라는 말을 듣기가 무섭게 갑자기 나는 나의 초점을 다른 데로 옮겨서 닥터 M의 일상적인 경험을 생각하기 시작했던 것이다. 나의 마음은 한 곳에서 다른 곳으로 소용돌이치고 있었던 것이다. 나는 매릴린이 한 달 이상 살 수가 없을지도 모른다는 사실을 참을 수가 없었다.

　언제나처럼 훌륭한 매릴린은 동요하지 않는 듯했다. 그녀는 의사의 도움으로 하는 조력자살에 대해서 의논하고 싶어 했고, 닥터 M에게 조력자살에는 의사 두 사람의 인정 사인이 요구되는데, 그 한 사람이 되어 줄 수 있느냐고 물었다. 나는 충격의 상태에 돌입하였다. 나는 논리적으로 생각하지 않고 있었다. 매릴린이 약을 삼켜 먹어야 죽는다는 것을 알고 혼란스러웠다. 조력자살은 언제나 정맥주사로 진행되는 것이라고 생각하고 있었다. 나는 여러 개의 알약을 한꺼번에 입안에 넣고 쉽게 삼킬 수 있는 반면에 매릴린은 한 번에 한 알씩 천천히 먹어야 하는데, 그 시간이 오면 어떻게 하지? 그 약들을 갈아서 그 가루로 액체를 만드는 상상을 했고 그 액체를 매릴린의 입안에 밀어넣는 것을 상상했다. 그것은 나에게 너무나 가혹한 상상이었기 때문에 그 상상은 사라져 버렸다.

나는 울기 시작했다. 내가 얼마나 매릴린을 잘 보살펴 왔나를 생각했다 ─ 매릴린은 74년 전 내가 그녀를 처음 만났을 때 152센티미터가 조금 안 되는 키에 몸무게는 겨우 45킬로그램 정도였다. 갑자기 내가 그녀에게 치명적인 약을 건네주는 장면을 상상했다. 그리고 그녀가 그 약을 한 알씩 먹고 구토하는 장면을 그려보았다. 이 끔찍한 장면들을 내 마음에서 쓸어버리고 매릴린이 맥팔랜드 중학교와 루스벨트 고등학교에서 졸업생 대표로 연설하는 장면으로 바꾸었다. 나는 그녀보다 더 크고 건강했고, 과학세계에 대해 잘 알았으며, 그리고 언제나, 언제나 매릴린을 보살펴 주려고 노력했다. 언제나 매릴린을 안전하게 보호하려고 노력했다. 그러나 지금, 내가 죽음에 이르는 약을 한 알씩 그녀에게 건네주는 상상을 하면서 나는 몸서리치고 있다.

다음 날 아침, 새벽 5시에 정신이 번쩍 들면서 일어나 이런 생각을 했다. "왜 내가 몰랐지, 매릴린이 죽어가는 것은 미래의 일이 아니야. 매릴린은 이미 죽어가고 있어." 매릴린은 거의 안 먹고 절망으로 지쳐있다. 나는 그녀를 우리 집 진입로에서부터 우체통까지 5분도 안 되는 거리를 걷게 할 수조차 없다. 그녀는 지금 죽어가고 있다. 이것은 그냥 지나가는 일이 아니다. 지금 일어나고 있는 일이다. 우리는 지금 그 지나가는 일 가운데에 있다. 때때로 나도 그 약을 먹고 매릴린과 같이 죽는 상상을 한다. 나의 치료자 친구들이 저희들끼리 내가 자살할 위험이 있으므로 나를 정신과 병동에 입원시킬 것인지 아닌지를 의논하는 장면을 상상한다.

CHAPTER 16

말기환자 치료에서
호스피스로

할 말이 별로 없어진 닥터 M은 매릴린에게 환자의 고통을 줄이고 가능한 한 편안하게 해주는 치료에만 집중하는 의학의 한 분야인 말기환자 치료를 권했다. 매릴린과 나, 그리고 함께 온 딸 이브는 말기환자 치료 책임자인 닥터 S와 오랫동안 이야기했다. 따뜻하고 우아한 닥터 S는 매릴린의 병의 내력을 묻고 신체 검진을 완전히 끝내고 나서 매릴린의 증상에 맞는 처방을 했다. 매릴린의 계속되는 메스꺼움, 피부 손상 그리고 극도의 피로감에 맞는 처방이었다.

매릴린은 참을성 있게 의사의 모든 질문에 대답을 했다. 그러나 곧 자기의 마음속에 차오르는 질문인 조력자살로 화제를 돌렸다. 닥터 S는 부드럽고 배려하는 태도로 매릴린의 질문에 대답했으나 자기는 이 과정을 좋아하지 않는다는 사실을 분명히 했다. 그녀는 자신의 일은 환자들이 고통을 받지 않고 평화롭게 고통 없이 죽을 수 있도록 도와주는 일이라고 말했다.

또한 닥터 S는 조력자살은 상당한 행정적인 절차를 거쳐야 하는 복잡한 일임을 알려주었다. 죽음의 형태, 치명적인 약의 소화는 환자가 스스로 해야 한다고 했다. 의사에게는 환자가 약을 섭취할 수 있도록 도와주는 것이 허락되지 않는다. 내가 매릴린이 약을 삼키는 데 상당한 문제가 있다고 말하자 닥터 S는 약을 갈아서 음료수에 섞을 수 있을 것이라고 했다. 닥터 S는 이런 경험이 거의 없다고 했고, 단 한 번 조력자살에 참여한 일이 있을 뿐이라고 했다.

그러나 매릴린은 닥터 S에게 조력자살 처방에 요구되는 두 명의 의사 중 한 명이 되는 것에 동의해 줄 수 있느냐고 고집스럽게 물었다. 닥터 S는 깊게 호흡을 하고, 주저하면서 동의했다. 그러나 이런 일이 필요 없기를 바란다고 되뇌었다. 그리고 나서 그녀는 매릴린에게 호스피스를 권했다. 호스피스 직원이 정기적으로 우리 집을 방문해서 매릴린이 고통 없이 아주 편안하게 지내는가를 점검할 것이라고 했다. 그녀는 근처에 있는 두 곳의 호스피스에 연락해서 각각 직원을 보내서 그들이 제공할 수 있는 서비스를 설명하고 우리가 선택할 수 있도록 하겠다고 했다.

우리 집을 방문한 두 곳의 호스피스 직원들은 호스피스에 대해서 잘 알고 있었고 친절했다. 그들 중 누구를 선택할 것인가? 매릴린은 자기 친구 남편이 최근에 미션 호스피스에서 훌륭한 서비스를 받았다는 사실을 알고 있었으므로 우리도 미션 호스피스를 선택했다. 그 이후로 곧 호스피스 간호사와 사회복지사가 방문했고, 이틀 뒤에는 호스피스의 닥터 P가 우리를 방문했다. 그는 우리와 함께 한 시간 반 동안 있었다. 우리는 그분에게서 좋은 인상을 받았고 위로를 받았다. 나는 그가 환자에게 가장 배려 깊고 공감력이 있는 의사라고 생각했다. 나는 속으로 내가 죽을 때가 되면 이분의 보살핌을 받고 싶다고 생각했다.

닥터 P와 약 15분간의 토의를 마치고 매릴린은 더 이상 머뭇거리지 않고 다시 조력자살에 대해서 질문했다. 닥터 P의 대답은 전에 우리가 알고 있었던 조력자살에 관한 대답과는 놀라울 정도로 달랐다. 그는 조력자살에 대해 상당히 호의적이었고 의사-조력에 의한 자살(doctor-assisted suicide)이라는 말 대신에 의사-참관에 의한 죽음(physician-attended dying)이라고 하는 것을 선호한다고 했다. 그는 적절한 시간이 오면 개인적으로 매릴린을 도와줄 것이라고 매릴린에게 확실히 말했다. 그는 매릴린이 조력자살을 선택하면 그녀와 같이 있을 것이고, 약을 탄 액체를 준비할 것이며 매릴린이 빨대로 쉽게 약을 삼킬 수 있도록 해주겠다고 약속했다. 그는 100회 이상 이런 죽음에 참여했다고 말했다. 그는 환자가 극심한 고통 속에서 회복의 가능성이 전혀 없다면 이런 선택을 하는 데에 진심으로 동의한다고 했다.

이런 말들은 매릴린 — 우리 둘 다에게 — 을 진정시키는 데에 강력한 효과가 있었다. 그러나 동시에 이 말들은 그녀의 죽음을 좀 더 현실적인 것으로 만들었다. 매릴린은 이제 곧 죽게 될 것이다. 매릴린은 이제 곧 죽게 될 것이다. 매릴린은 이제 곧 죽게 될 것이다. 이 생각은 내게는 너무나도 힘든 것이어서 나는 계속해서 내 마음속에서 그 생각을 밀어내려고 애쓰고 있었다. 죽음에 대한 부정(否定)이 나를 지배한다. 나는 눈을 돌렸다. 나는 이 사실을 정면으로 직시할 수가 없다.

* * *

며칠 뒤에 두 명의 아이들, 맏딸 이브와 막내 벤이 우리 집에서 잤다.

나는 일찍 일어나 내 사무실에 가서 두 시간 넘게 편집인이 교정을 본 나의 집단치료 교과서를 점검했다. 10시 30분경에 집에 와서 매릴린이 식탁에 앉아 아침 식사를 하는 것을 보았다. 매릴린은 차를 한 모금씩 마시면서 아침 신문을 읽고 있었다.

"아이들은 어디 있어요?" 내가 물었다. 아이들이라니! 우리 딸은 64살, 아들은 50살(다른 두 아들도 62살, 59살)이다.

"아." 매릴린은 평온하고 아무렇지도 않은 어조로 "애들은 장의사에게 갔어요. 장례식 절차를 의논하려고요. 그러고는 공동묘지로 가서 무덤을 둘러보고 온대요. 우리 어머니 바로 옆에 묻힐 거예요."

놀랍게도 나는 울음을 터뜨렸고, 눈물이 몇 분 동안 흘러내렸다. 내가 나 자신을 추스르는 동안 매릴린이 나를 안아주었다. 흐느끼면서 나는, "어떻게 당신은 이런 말을 그렇게 가볍게 할 수 있지? 나는 당신이 죽는다는 사실을 믿을 수가 없는데. 나는 당신이 없는 세상을 살아간다는 것을 견딜 수가 없는데."

그녀는 나를 자기 쪽으로 끌어당기면서, "어브, 잊어버리지 말아요. 나는 그동안 고통 속에서 비참하게 살아왔어요. 벌써 몇 달째, 나는 되풀이해서 이야기했어요. 이런 상태로는 더 이상 살아갈 수가 없어요. 나는 죽음을 환영해요. 나는 고통에서, 메스꺼움에서, 이 키모 브레인에서, 이런 지긋지긋한 피로감에서, 그리고 끔찍한 기분에서 벗어나고 싶어요. 제발 나를 좀 이해해 주세요. 나를 믿어주세요. 당신이 만약 나처럼 이런 상황에서 살아야 했다면 틀림없이 나와 똑같은 생각을 했을 거예요. 나는 지금 정말 당신 때문에 이렇게 살아있어요. 나도 당신을 떠날 생각을 하면 황당해요. 그러나, 어브, 이제 시간이 되었어요. 당신은 내가 떠나게 해주어야 해요."

이런 말을 들은 것이 이번이 처음은 아니었으나 이런 말이 나의 마음을 파고들게 내버려 둔 것은 정말로 처음이었다. 지난 10개월간 매릴린이 당했던 고통을 내가 당했더라면 나는 틀림없이 정확하게 매릴린과 똑같이 느꼈을 것이다! 만약 내가 이토록 심한 괴로움 속에서 살아야 한다면 나는 죽음을 환영할 것이다, 매릴린처럼.

잠시 동안, 정말 잠시 동안 나는 내가 알고 있던 오래된 어떤 의사-용어들이 한데 뭉쳐서 반박하려고 애쓰는 것처럼 느꼈다. 고통을 참을 필요가 없다. 고통을 없애주는 모르핀이 있다. 피로를 풀어주는 스테로이드가 있다… 우리에게 있다… 우리에게 있다. 그러나 나는 이런 진정성이 없는 말을 입 밖에 낼 수가 없었다.

우리는 그냥 서로를 붙들고 있었다. 우리는 둘 다 울고 있었다. 처음으로 매릴린은 그녀가 죽은 후의 내 생활에 대해서 이야기했다. "어브, 그렇게 나쁘지는 않을 거예요. 아이들이 언제나 찾아올 것이고, 당신 친구들이 언제나 집에 들르겠지요. 만약 당신이 이 큰 집에서 너무 외로우면, 우리 도우미 글로리아와 그 남편에게 어느 때나 내 사무실에 공짜로 들어와 살라고 하고 당신이 필요할 때마다 부르도록 하세요."

내가 막아섰다. 그녀가 없는 나의 생활을 염려하도록 매릴린에게 결코 부담을 주지 않을 것이라고 맹세했다. 그녀를 안아주면서 나는 내가 얼마나 그녀를 사랑하고 존경하는지를 수도 없이 말했고, 내 인생의 성공은 모두 그녀 덕이라고 말했다.

언제나처럼 그녀는 이의를 제기하면서 나의 재능, 나의 저술에 나타난 나의 다양한 창의성에 대해서 이야기했다. "당신 속에 있어요, 당신만의 창의성이. 나는 단지 그것을 펼치도록 도왔을 뿐이에요."

"나의 성공은 나의 두뇌와 나의 상상으로부터 왔다는 것을 ─ 그래요, 알아요, 여보. 그렇지만 당신이 그 창의적인 세계의 창문을 나를 위해 열어주었어요. 만약 당신이 없었으면 나는 내 의과대학 동창들과 똑같은 일을 했을 뿐일 거예요. 워싱턴 DC에서 개업을 했을 것이고, 그것이 안락한 생활이었을지도 모르지만, 나의 책은 단 한 권도 세상에 나오지 못했을 거예요. 당신이 고품격의 문학을 소개해 주었지요. ─ 내가 단 3년 안에 의예과 과정을 서둘러 마친 것을 기억하지요. 당신은 나를 클래식과 위대한 문학과 철학 속으로 들어가게 한 단 하나의 연결고리였어요. 당신이 나의 좁은 세계관을 넓혀주었어요. 당신이 나에게 위대한 작가와 사상가들을 소개해 주었어요."

* * *

그날 저녁 우리의 친한 친구 데니와 조시가 집에서 만든 요리를 들고 우리를 방문했다. 데니는 내가 아는 가장 훌륭한 심리치료사 동료인 동시에 국내에서 알려진 재즈 피아니스트였다. 데니와 내가 둘이만 있을 때 내가 직면하고 있는 고민들을 이야기했다. 그는 매릴린이 내 삶에서 엄청나게 중요하다는 사실을 잘 알고 있었다(그에게 그의 아내가 그런 존재인 것처럼). 나는 그가 매릴린의 조력자살 결정에 동의하리라는 것을 알고 있었다. 그는 고통을 참을 수 없고 회복될 가능성이 없는 환자는 자기 목숨을 끝낼 수 있는 권리가 있다고 가끔 이야기했다.

나는 지금이 나에게는 두려운 시간이라고 말했다. 매릴린이 다발성 골수암 치료를 그만두기는 했으나 언젠가는 결국 그 증상이 반드시 나타날 것이므로 나는 매일매일 두려움에 떨면서 기다린다. 매릴린이 다발성 골수암으로 인해서 골절된 추골의 통증 때문에 소리를 질러서 나를 깨웠던 그 최초의 날을 절대로 잊을 수 없다고 말했다.

데니는 이상하게 조용했다. 대개의 경우 그는 상당히 반응이 빠르고 분명했고, 내가 아는 사람 중에서 가장 표현을 잘하고 지성적인 사람이다. 그런 그가 침묵하는 것에 놀랐다. 내가 그에게 너무 큰 짐을 지웠나 두렵다.

다음 날 아침 식사 중에 매릴린은 지나가는 말처럼 등이 아프다고 말했다. 나는 조용히 숨을 멈추었다. 그녀의 추골이 골절되었을 때의 끔찍했던 고통을 생각했다. 이것은 다발성 골수암의 첫 번째 증상이다. 나는 공포를 느꼈다. 나는 다발성 골수암의 증상이 다시 나타나는 것에 대해 계속 공포를 느껴오고 있었다. 나의 최악의 두려움이 발생하고야 만 것인가? 나는 지난 수십 년간 신체 검진을 안 했지만 매릴린의 등에 손을 대고 양쪽을 약하게 눌러보면서 그 고통의 위치를 쉽게 알아볼 수는 있었다. 그러나 내가 직접 그런 일을 할 수는 없었다. 아내를 사랑하는 남편이라면 그 누구도 이런 일을 하지 않을 것이다. 다행히 의사인 딸이 곧 도착할 것이므로 딸에게 엄마의 등을 검사해 보라고 청할 수 있다. 만약 매릴린의 통증을 없애줄 수 있는 방법이 모르핀이나 죽음밖에 없다면 얼마나 끔찍할 것인가.

나는 나 자신을 질책하기 시작했다. 무엇보다도 나는 배우자를 잃은 수많은 사람들과 같이 일을 해왔다. 그들의 대부분이 지금 내가 당하고 있는 상실의 아픔을 겪는 사람들이었다. 그렇다, 의심할 것 없이 나는 그들의 슬픔보다 더한 슬픔을 겪고 있다고 계속 말하고 있다. 나의 슬픔은 독특하다고 말이다. 아주 오랫동안 나는 아주 깊이 나의 아내를 사랑했기 때문이다.

나는 배우자를 잃은 수많은 사람들과 일했고 결과적으로 ─ 서서히 1~2년 사이에 ─ 점진적으로 좋아질 것임을 알면서도 내게 지금 지워지는 짐들, 나의 나이, 나의 기억 문제, 나의 신체적 문제, 특히 균형을 못 잡아서 지팡이나 보조기에 의지할 수밖에 없는 나의 형편에 즉각적으로 초점을 맞추느라고 나 자신을 위로하는 노력은 전혀 하지 않고 있다. 그러나 나는 이 어두운 나 자신에 대항하는 빠른 해답을 가지고 있다. 어브, 맙소사 ─ 너의 장점들을 좀 보아라. 너는 마음을 아는 지식이 많고, 고통의 순간들을 이겨낼 수 있는 많은 지혜가 있고, 엄청나게 많은 지지를 받고 있어. 네 명의 사랑하고 헌신적인 아이들, 여덟 명의 손주들이 있고 그 누구도 너의 부탁을 거절하지 않아. 그리고 너를 둘러싸고 있는 많은 친구들을 생각해 봐. 경제적인 여유도 있어서 너의 아름다운 집에서 계속 살 수도 있고, 어느 주거공동체에든지 들어갈 수 있어. 그리고 어브, 가장 중요한 것은 매릴린과 마찬가지로 너는 후회 없는 삶 ─ 길고 감사한 삶 ─ 을 살았지. 네가 상상하던 것 이상으로 성공했어. 너는 많은 환자들을 치료했어. 30개의 언어로 된 너의 책이 수십만 권이나 팔리고, 매일 수많은 팬의 이메일을 받고 있어.

그래서 나는 나 자신에게 말한다. 이제는 어리광을 그칠 때다. 왜 너는 절망을 과장하느냐? 어브, 왜 도움을 청하려고 애걸하는 것이냐? 매릴린에게 네가 얼마나 그녀를 사랑하는지 보여주려고 애쓰느냐? 맙소사, 이제 그녀는 그걸 알아. 그리고 네 슬픔의 깊이는 단지 그녀를 더 슬프게 할 뿐이야. 그래, 그래, 나는 대답한다. 매릴린은 내가 끝없는 절망에 빠지는 것을 원치 않아. 매릴린은 내가 행복하고 더 잘 되기를 바라고 있어. 내가 그녀와 함께 죽는 것을 바라지 않아. 계속해서 내 슬픔을 나열할 필요가 없어. 내가 정신을 차릴 때야.

매릴린을 보고 싶어 하는 친구와 지인들의 긴 행렬이 있다. 이 많은 방문객들을 맞이하느라고 피곤해지지 않도록 그녀를 보호할 책임이 내게 있다. 나는 예의 바르게 행동하면서 각 방문 시간을 30분으로 제한한다. 딸 이브는 웹사이트를 만들어서 매릴린의 친구들이 그녀의 상태를 보고받을 수 있게 만들었다.

매릴린은 일상생활을 계속해 나간다. 친구들이 우리와 함께 식사를 하러 오면 그녀는 그들의 삶에 대해 질문하고 모두들 서로 즐길 수 있도록 대화를 이어간다. 나는 그런 그녀를 존경한다. 나에게도 대화의 기술이 있고 학생이나 환자들과 함께 일하는 능력이 있는 것이 사실이다. 그러나 매릴린의 전반적인 사교 기술과는 비교가 되질 않는다. 우리 네 명의 아이들 중 몇몇이 종종 방문해서 우리와 같이 지낸다. 활발한 토론을 하고, 때로는 체스 게임이나 카드 게임을 하며 그들과 지내는 시간이 항상 즐겁다.

그러나 아이들과의 시간을 얼마나 사랑하든지 간에 나는 매릴린과 단둘이 있는 저녁 시간을 가장 귀하게 여긴다. 몇 달 동안 내가 식사를 전부 책임지고 있다. 매릴린의 위는 극도로 예민해서, 치킨 수프와 당근 등 매일 똑같은 간단한 음식만 먹는다. 나 자신을 위해서는 간단한 식사를 준비하거나 가끔은 식당에서 저녁 식사를 주문한다. 그리고 나서 TV 뉴스 시간. 매릴린은 그녀가 살아있는 동안에 트럼프가 탄핵당하는 것을 목격할 수 있기를 바라고 있다. 때때로 우리는 영화를 골라 보는데, 여간 어려운 일이 아니다. 매릴린의 기억력이 하도 좋아서, 거의 언제나 새로운 영화를 선호한다. 영화의 반은 그날 밤에, 나머지 반은 다음 날 밤에 본다.

오늘 저녁, 식사 후에 우리는 캐리 그랜트와 레이먼드 매시가 나오는 옛날 영화 *Arsenic and Old Lace*를 즐겁게 손을 잡고 보았다. 나는 그녀를 만지는 것을 멈출 수가 없었다. 영화를 즐겁게 보면서도 우리에게 앞으로 짧은 시간만이 남아있음을 생각하면서 망연자실한 기분으로 매릴린을 바라보았다. 나는 알고 있다… 우리는 알고 있다… 매릴린은 얼마 안 있어 죽을 것이다. 어쩌면 다음 4주 안에는… 이것은 초현실적인 사실이다. 우리는 그저 다발성 골수암이 그녀의 미소와 아름다운 육체 위에 일대 폭력을 가할 때를 기다리고만 있는 것이다. 나는 그녀를 보면서, 그녀의 품성과 용기에 감동을 받는다. 단 한 번도 나는 그녀가 이 병에 걸리게 된 자기의 나쁜 운에 놀라거나 절망하는 것을 본 적이 없다.

극도로 약화되어 있는 나 자신을 나는 아주 잘 알고 있다. 나는 너무나 빈번히 스케줄이 혼란스럽고 약속 노트에서 엉뚱한 페이지를 보곤 한다. 환자가 세 시에 올 것이라고 예상하고 있는데 네 시에 온다. 화상으로 만나는 줄 알고 있었는데 직접 나타난다. 나는 많은 것들을 잃어버리기 시작하는 것 같다. 나는 무능해지고 있음을 느낀다. 하나의 예외는 있다. 내가 실제로 환자와 세션을 시작하려고 할 때, 나는 옛날의 내 자신을 느끼며, 예외 없이, 단 한 번의 세션이라 할지라도 나는 모든 환자에게 가치 있는 무엇인가를 주고 있다고 느끼는 것이다.

나의 균형감각, 나의 걸을 수 있는 능력, 나의 기억력 등이 신속하게 약화되는 듯이 느껴진다. 그리고 지금, 처음으로, 매릴린이 죽은 다음에 이 집에서 혼자서 살아갈 수 있을까 의문이 들기 시작했다. 우리가 같이 있을 수 없다니 이 얼마나 가혹한 일인가. 최근에야 내가 어디서 어떻게 살 것인가 하는 문제가 내 자식들의 중요한 대화 주제가 되고 있다는 사실을 알았다.

어느 날, 딸 이브가 가스 난로와 버너를 전기로 바꿀까 생각한다고 말했다. 그녀는 내가 버너에 가스를 켜놓은 채로 두어서 집에 화재가 날까 봐 두렵다는 것이다. 딸이 나를 어린아이처럼 취급하고 내 부엌의 일을 결정하는 것이 불쾌하기는 했으나 나도 그 의견에 어느 정도 동의하는 면이 있었다. 이브와 다른 아이들이 내가 이 집에 홀로 있는 것에 대해서 여러 가지 의견을 말했을 때, 나는 불쾌했고 발끈했다. 그러나 그렇게 심하게는 아니었다. 왜냐하면 그들이 옳을 것 같아서 두려웠기 때문이다. 문제가 되는 것은 외로움이 아니라 안전이다.

나는 앞날을 심각하게 생각하거나 나와 같이 살 누군가를 고용할 생각을 하지 않았다. 이런 일들을 생각하면서 시간을 보내는 것이 매릴린에 대한 배신이라고 생각되기 때문이다. 나는 한 이틀 전에 친구들과 이런 점들을 이야기했다. 모두들 내가 사랑하는 그 집에서 살고 싶어 하는 나의 뜻에 동의했다. 나는 수십 년 동안 같은 동네에서 살면서 일하고 있다. 나는 가족들과 친구에 둘러싸여있는 지금의 내 집에서 살기로 결정했다. 매주 3일 동안은 친구들과 아이들 사이에서 지내고, 나머지 날들은 아주 편안하게 혼자서 지내는 상상을 한다.

근본적으로 나는 아주 사교적인 사람은 아니다. 가정에서는 내 아내가 언제나 그 역할을 해냈다. 내가 제일 처음 매릴린을 만났던 때를 기억한다. 10대였던 나는 볼링장에서 도박을 하고 있었다(나는 도박 애호가이고, 아직 그 잔재가 남아있다). 그때 누군가, 친한 친구는 아니고 평판이 그리 좋지 않은 녀석이 매릴린 케닉의 집에서 열리는 파티에 가자고 했다.

그 집에는 사람이 너무 많아서 집 안으로 들어갈 수 있는 단 하나의 방법은 창문을 통해서 들어가는 것뿐이었다. 사람들로 꽉 찬 집 안 중앙에 주목을 받고 있는 매릴린이 있었다. 나는 그녀를 한 번 보고 군중 속을 뚫고 나가서 그녀에게 나를 소개했다. 이것은 나로서는 굉장히 이상한 일이었다. 그 일 이전이나 이후에 나는 그처럼 사교적으로 담대해 본적이 없다. 그러나 나는 그야말로 첫눈에 그녀와 사랑에 빠진 것이었다! 바로 다음 날 나는 그녀에게 전화를 걸었다. 여자에게 처음으로 건 전화였다.

매릴린이 없는 생활을 생각해 보면, 슬픔과 불안이 넘쳐흐른다. 내 마음은 원초적으로 움직인다. 매릴린이 없는 나의 미래에 대하여 생각하는 것은 마치 매릴린에 대한 배신 — 그녀의 죽음을 재촉하는 배신적인 행동 — 처럼 생각된다. '배신적인'이라는 단어가 정확한 용어처럼 느껴진다. 매릴린의 죽음 이후의 나의 생활을 계획하려고 하면 그것은 반역죄 같다. 나는 우리의 과거에 대해서, 지금 서로 우리의 시간을 보내는 데에 대해서, 우리의 너무나 짧은 미래에 대해서, 완전히 그녀와 함께하여야 한다는 생각에 사로잡혀 있다.

갑작스러운 영감! 만약 이 상황이 거꾸로 되었다면 어떨 것인가를 상상했다. 죽어가고 있는 것이 나라면, 매릴린이 언제나 그랬던 것처럼 나를 돌보아야 한다면? 내가 단지 몇 주만을 살 수 있다는 사실을 알고 있다면, 나는 매릴린이 나를 빼놓고 생각한다고 신경이 쓰일 것인가? 절대로! 나는 그녀를 엄청나게 걱정할 것이고 그녀가 자신을 위한 최선의 삶을 사는 것 외에는 아무것도 바라지 않을 것이다. 이것은 즉시 치료할 수 있는 생각이었다. 나는 벌써 기분이 한결 나아졌다.

11월

CHAPTER 17

호스피스 케어

호스피스. 이 말은 언제나 나에게 죽어가는 환자들의 마지막 숨을 연상시켜 왔다. 그런데 지금 나는 호스피스 팀과 약속을 하려 하고 있다. 나는 아직 걸을 수 있다. 혼자서 목욕을 할 수 있다. 아직 읽고 쓸 수 있다. 방문객들과 명료한 대화를 할 수 있다. 계속되는 피곤함에도 불구하고 나는 아직 잘 지내고 있다.

미션 호스피스의 닥터 P를 방문한 것은 대단히 위로가 되는 일이다. 그는 유난히 이야기하기 쉽고, 총명하고, 이해심이 많은 사람이다. 그는 인생의 마지막에 있는 환자들을 보살핀 경험이 많다. 그는 다양한 약물 처방과 다른 형태의 치료, 예를 들면 명상이나 마사지 등을 가능한 대로 많이 하면 말기환자의 고통이 좀 덜어진다고 보는 것 같다. 만약 내게 참을 수 없는 고통이 없다면 나는 어느 정도의 위엄을 가지고 끝까지 갈 수 있을 것이라고 생각한다. 더구나 나는 그에게 대단한 신뢰감을 가진다. 그는 개인적으로 약 100명에 이르는 환자들의 죽음을 도와주었다고 하면서 모든 것을 잘 처리할 것임을 나에게 확신시켜 주었다. 나는 그를 아주 편안하게 느끼고, 나 자신을 그의 손에 맡기겠다고 확신한다.

우리는 나를 관리해 줄 간호사와 사회복지사도 만난다. 이제부터 간호사는 일주일에 한 번 집으로 와서 나를 체크하고 나의 병이 어떻게 진행되고 있는지를 볼 것이다. 그녀 역시 대단히 총명하고 이해심이 많다. 그녀가 매주 방문한다는 생각에 신뢰감을 가지게 된다. 호스피스 팀의 자원봉사자가 우리 집에 와서 마사지를 해주겠다는 전화까지도 받았다. 나는 마사지를 좋아하기 때문에 기꺼이 예약을 했다. 호스피스 케어에서 자원봉사를 하는 사람을 만나는 일이 궁금하다. 많은 사람들이 전혀 보살핌을 받지 못하면서 살고 있는 이런 세상에서 87세의 죽어가는 몸을 위해 이런 풍성한 배려를 해준다니 당황스럽기도 했다.

어브를 포함해서 사람들은 내가 평온을 유지하는 것에 대해서 감동하고 있다. 그렇다. 전체적으로 보면, 나는 평온하게 느낀다. 다만 때때로, 꿈을 꾸면서 나는 고통을 겪는다. 그러나 전체적으로 나는 곧 죽을 것이라는 사실을 받아들이고 있다. 그 슬픔―가족들과 친구들에게 작별을 고하는 엄청난 슬픔―은 내가 비교적 좋은 기분으로 매일매일의 일상적인 생활을 하는 데에는 지장을 주지 않는 것 같다. 이것은 허식이 아니다. 아홉 달 동안의 독한 치료를 받고 나서, 대부분의 시간을 비참한 기분으로 보내고 나서, 나는 지금 치료가 중단된 기간을 즐기고 있다. 이 기간이 길지 않을지도 모르지만 말이다.

스탠퍼드의 가장 존경받는 인문학 교수 중 한 분인 로버트 해리슨은 죽음을 생의 '정점(頂點)'이라고 표현했다. 그는 어쩌면 '정점'이라는 의미를 카톨릭에서 말하는 신과 함께하는 평화와 마지막으로 받는 의식의 의미로 생각했는지도 모른다. 종교적 믿음이 없는 사람에게도 '정점'이라는 개념은 의미가 있을까? 만약 내가 끔찍한 육체의 고통을 피할 수만 있다면, 만약 내가 매일매일 삶의 즐거움을 누릴 수만 있다면, 만약 내가 나의 가장 사랑하는 친구들에게—개인적으로 만나거나 글로 써서—작별인사를 할 수만 있다면, 만약 내가 최선을 다해서 그들에 대한 나의 사랑과 나의 운명을 은혜로 받아들일 수만 있다면 죽는 순간이 정점의 형태가 될 수 있을 것이다.

우리의 역사에서, 적어도 내가 아는 범위에서의 역사에서 죽음이 어떻게 간주되었는가를 돌아보았다. 이집트의 죽음에 관한 책 *The Amorous Heart*에 있는 생생한 그림을 기억한다. 3,000여 년 전의 고대 이집트에서는 삶에서 죽음으로 가는 경로를 가장 극적인 방식으로 심판했다. 그들은 영혼의 자리라고 생각되었던 심장을 저울에 달아서 무게를 쟀다. 만약 죽은 사람이 순수하고 진리의 깃털보다도 가볍다면, 그는 사후의 생명 세계로 들어갈 권리를 얻는다. 그러나 그 사람이 악마 같은 행위로 깃털보다 무거워서 저울 밑으로 가라앉으면 죽은 여자나 남자는 괴상한 짐승에게 먹히게 된다는 것이다.

내가 이런 종류의 심판을 문자 그대로 믿는 것은 아니지만, 나는 죽어가는 사람들은—그들이 반성할 시간을 가질 수 있다면—자신들의 살아온 삶을 평가하는 경향이 있을 것이라고 믿는다. 확실히 나의 경우는 그렇다. 부정적인 의미의 자기만족이 아니라면, 나는 해를 끼치며 살지 않았고, 후회와 죄의식 없이 마지막을 맞을 것이라고 느낀다. 내게 오는 이메일, 카드, 편지들은 계속해서 내가 많은 사람에게 의미 있는 도움을 주었다고 말하고 있다. 이것이 대부분의 경우 내가 평온을 유지할 수 있고 '좋은 죽음'의 가능성을 기대할 수 있는 분명한 이유이다.

좋은 죽음에 대한 관심은 그리스와 로마의 작가 세네카, 에픽테토스, 그리고 마르쿠스 아우렐리우스에게로 거슬러 올라간다. 이 철학자들은 각 사람의 존재는 두 개의 영원한 어둠, 태어나기 전과 죽은 후의 어둠 사이에 생긴 작은 틈새에 비치는 빛이라는 우주적인 생각을 가지게 했다. 이들이 우리에게 사회적이고 이성적으로 살도록 충고하는 것은 죽음을 두려워하지 말고 그 피할 수 없음을 우주의 질서 속에서 인정하라는 것이다.

기독교인들의 하나님과 내세에 대한 관점이 이들 '이교도' 사상가들의 사고를 대치하였지만, 잘 죽는다는 생각은 여러 세기를 거쳐 영향을 끼치면서 계속해서 많은 저서의 제목이 되고 있다. 예를 들면 케이티 버틀러(2019)의 *The Art of Dying Well*과 셔윈 눌런드(1995)의 *How We Die : Reflections on Life's Final Chapter*는 우리의 몸에서 어떻게 생명이 떨어져 나가는가를 솔직하고 애정 어리게 표현하고 있다.

닥터 P가 나에게 말해준 대로 물론 죽음은 언제나 개인적인 일이다. 같은 병으로 죽는다 할지라도 누구에게나 적용되는 죽음은 없다. 나는 점차 더 약해질 것이고, 장기 중 하나는 멈추게 될 것이며, 만약 내게 강력한 진정제가 필요하게 되면 나는 잠자는 동안에 고통 없이 죽을지도 모른다. 나는 조력자살을 선택했기 때문에 나의 소원을 명백하게 말할 수 있고, 내가 죽는 날짜까지 결정할 수 있다. 호스피스의 의사와 간호사를 비롯해서 나는 남편과 아이들을 그 자리에 참석하게 할 것이다.

지금은 호스피스 직원들이 나를 지도하고 있다. 그들은 죽어가는 환자들의 요구를 잘 맞추어 가고 있다. 나보다 전에 죽은 환자들과 일해 온 경험을 기반으로, 그들은 내가 질문하기도 전에 나의 질문을 짐작하고 그 대답을 도와준다. 나는 내 서랍장이나 냉장고에 있는 약을 복용하는 일과 관련하여 밤이나 낮이나 담당 호스피스에 전화해 물어볼 수 있다. 그들은 응급상황을 대비해서 누군가를 집으로 보내준다. 우리는 이미 연명치료 중단 서류를 다 준비해 두었다. 그러나 마지막에 가서는 내가 조치를 취해야 할 것이다.

아직도, 내가 죽음 그 자체를 두려워하지는 않는다 할지라도 사랑하는 사람들과 이별해야 한다는 슬픔은 끊임이 없이 계속된다. 모든 철학적인 논문들과 모든 의학 분야의 확신에도 불구하고 우리가 서로 이별하지 않으면 안 된다는 이 간단한 사실을 치료할 방법은 없다.

CHAPTER 18

위로를 주는 환영(幻影)

닥터 M이 매릴린은 단지 한 달이나 두 달밖에 더 살 수 없다는 의견을 말해준 이후로 6주가 지났다. 이런 시간을 지내면서도 매릴린은 좋아 보였고 상당히 생기가 있었다. 아들 벤이 온 가족에게 이메일을 보냈다.

"안녕, 여러분. 어머니의 저항에도 불구하고, 우리들의 사랑하는 어머니는 추수감사절에 우리 곁에 계실 것 같습니다! 어머니께서는 모두들 팔로알토에 모여서 기념하자고 하십니다."

매릴린은 근래에 마르쿠스 아우렐리우스의 강의 녹음테이프를 듣고 있다. 매릴린은 아주 훌륭한 한 주를 보냈다. 메스꺼움이 거의 없었고 약간의 식욕을 얻었으며 에너지가 좀 더 많아졌다. 그러나 아직 많은 시간을 거실 카우치에 누워서 졸기도 하고 창밖에 있는 거대한 참나무를 올려다보기도 한다. 이번 주에는 두 번이나 30미터 거리의 우체통까지 자진해서 걷기도 했다.

매릴린의 병은 나 자신의 죽음에 대한 자각을 일깨워 주었다. 나는 아마존에서 건전지, 귀마개, 조미료와 같은 몇 개의 물품을 샀다. 나는 언제나 그렇듯 대용량을 선택했다.

구매 버튼을 누르기 직전에 나 스스로를 타일렀다. "어브, 30개의 건전지와 1,000팩짜리 스플렌다 감미료 한 박스를 주문할 필요는 없어. 너는 너무 늙었어. 네가 그렇게 오래 살 수는 없을 거야." 나는 소량으로, 좀 더 절약하여 주문을 했다.

나에게는 매릴린의 손을 잡는 것 이상의 즐거움은 없다. 나는 매릴린에게 절대 질리지 않는다. 이런 느낌은 중학교 때부터 시작되었다. 사람들은 언제나 점심시간에 우리가 손을 잡고 루스벨트 고등학교 식당에 가는 것을 보고 놀렸다. 우리는 70년이 지난 지금도 그렇게 하고 있다. 나는 이 글을 쓰면서 눈물을 참고 있다.

* * *

나는 매릴린이 딸 이브와 함께 2층 침실에서 웃으며 이야기하는 소리를 듣는다. 나는 그들이 무얼 하고 있는가 궁금해서 그들에게로 갔다. 그들은 매릴린의 장신구들을 보고 있었다. 반지, 목걸이, 브로치, 그 하나하나를 보면서 우리 자녀와 손주들, 며느리들, 가까운 친구들 중 누구에게 어느 것을 물려줄까를 이야기하고 있었다. 이런 이야기가 그들을 즐겁게 하는 것이 분명했다.

시간이 지나고, 겨우 오전 10시밖에 안 되었는데 나는 피곤해져서 침대에 누워 그들을 계속 바라보았다. 몇 분이 지나고 나자 몸이 떨려오기 시작했다. 방의 온도는 21도였는데도 나는 담요를 덮었다. 집 전체의 장면이 섬뜩했다. 나는 내 생의 모든 기념품들을 버려야 한다는 사실 앞에서 매릴린처럼 그렇게 마음이 편해질 수 있으리라고 상상할 수가 없었다. 매릴린에게는 각 장신구마다 그 속에 담겨있는 이야기가 있을 것이다. 어디서 구했으며 누가 그것을 주었는지와 같은 이야기들을 들으며 모든 것이 사라지는 것처럼 느껴졌다. 죽음은 삶의 모든 것을, 모든 추억을 먹어치워 버린다.

결과적으로 나는 너무 슬픔에 잠겨서 방에서 나올 수밖에 없었다. 잠깐 사이에 나는 내 컴퓨터에 앉아서 이 글을 쓰고 있다. 마치 이렇게 하는 것이 그 슬픈 시간을 미연에 방지하기라도 하듯이 말이다. 하긴 이 책 전체가 그 목적을 위한 것이 아니었던가? 나는 현재의 장면을 그림으로 그려서, 바라건대 그것을 미래의 그 누군가에게 전달하기 위해서 그 시간을 얼어붙게 하려 하고 있다. 그것은 모두 환영이다. 그러나 위로를 주는 환영이다.

CHAPTER 19

불어 책들

나는 내 서재에서 텅 빈 책장을 바라보고 있다. 전에는 이 책장에 나의 불어 책들이 꽂혀있었다. 적어도 600권 이상의 책들이 천장에서부터 바닥까지 두 줄로 꽂혀있었다. 내가 기억하는 한 어브와 나는 책과 더불어 사는 사람들이었다. 우리는 10대 때부터 책으로 연결되어 있었고 그때부터 책 속에 녹아있었다. 우리 집은 책으로 가득 찼고, 나만이 그 많은 책들이 어디에 있는지 찾을 수 있었다. 그러나 이제 그것조차도 할 수 없다.

어제는 스탠퍼드 불문학과의 젊은 친구 마리피에르 울로아가 남편과 같이 와서 내 불어 책들을 가져갔다. 그들은 도서관에 그 책들을 가져가서 학자와 학생들이 사용할 수 있게 할 것이다. 이 책들이 바람에 흩날려 버리지 않게 되었다는 것이 나에게 위로를 준다.

그러나 나는 슬픔에 차있다. 이 책들은 내 삶의 역사, 70년 동안의 프랑스 문학과 문화에 몰입했던 내 삶의 의미 있는 부분을 상징하기 때문이다. 내가 버리지 않고 있는 가장 오래된 책은 1950년 고등학교를 졸업할 때 불어 담당 스승이었던 마리 지라르 선생님이 주신 *Cyrano de Bergerac*이다. 선생님은 그 책에 기념으로 이렇게 써주셨다.

매릴린에게. 지난날의 아름다운 추억과 미래의 멋진 소원을 위하여.

그 당시 불문과로 특별히 유명했던 웰즐리대학에 가도록 나에게 제안한 것이 지라르 선생님이었고 나 역시 불어 교사로 진로를 생각하고 있었다. 그녀(혹은 나)는 내가 비교문학으로 박사학위를 받고 내 일생의 대부분을 불문학 교수로 지내리라고는 생각도 하지 못했다.

나의 책들은 역사적인 순서로 정리되어 있었다. 제일 꼭대기 책장은 중세기로부터 시작해서 밑의 책장은 20세기 작가들, 콜레트, 시몬 드 보부아르, 비올레트 르뒤크, 그리고 마리 카르디날 등의 책 무리가 꽂혀있다. 세기 초의 압도적으로 많은 남성 작가들을 현대의 여성 작가들로 바꾼 것은 나의 개인적인 취향이기도 하지만 현대문학에서 유명한 여성작가들이 증가하고 있기 때문이다.

내 훌륭한 친구들, 콘스턴스 보르드와 셰일라 말로바니슈발리에가 번역한 보부아르의 *Second Sex*에 대한 논쟁을 기억한다. 그 번역은 "지나치게 직역이다."라고 어떤 비평가는 말했고, 그 비평이 나로 하여금 개인적으로 〈뉴욕 타임스〉에 방어하는 편지를 쓰게 했다. 나에게 감사의 글을 곁들인 그들의 번역은 또 다른 책으로 나왔는데, 그 책도 버리지 못했다.

그러나 그 이외의 거의 모든 책들은 가버렸다. 텅 빈 책장들과 나의 마음에 거대한 공허감을 남겨놓은 채 모두 가버리고 말았다. 그러면서도 마리피에르가 이 책들을 나와 공유하며, 다른 사람들의 삶에도 파급 효과를 끼칠 거라는 생각은 내게 희망을 주었다. 마리피에르가 이 책들은 매릴린 얄롬의 서재에서 온 책들이라는 장서표를 부착하겠다고 했기 때문에 나는 어브에게 그 장서표를 구해달라고 부탁했다.

나의 다른 책들, 여성 연구, 생애 쓰기, 독일 문학 그리고 체스 등에 관한 책은 어떻게 처리할 것인가? 내 동료들을 불러서 원하는 책을 무엇이든 가져가라고 할 것이다. 그리고 이 문제를 어브와 아이들에게 맡길 것이다. 내가 죽으면, 나는 아무런 의식도 없을 것이고 이 문제에 대해 아무런 말도 할 수 없을 것임을 점점 더 인식하게 된다.

* * *

프랑스, 책들, 나의 프랑스 친구들과 관련해서 전혀 기대하지 않았던 일들이 생겼다. 작년에 내가 파리에 있을 때, 나는 나의 좋은 친구 필리프 마르시알과 알랭 브리오테와 함께 지냈다. 그 둘은 프랑스 시골에서 세계 2차 대전을 맞았다. 필리프는 독일 점령하의 노르망디에, 알랭은 그 당시 '냉각지대'라고 알려진 남쪽에 있었다. 알랭은 군인이었던 그의 아버지가 1940년 휴전 후에 독일 감옥에서 겪었던 기억들에 관해 쓴 책을 최근에 출판했다.

나는 *Innocent Witnesses*라는 제목으로 2차 세계대전에 대한 어린아이들의 기억과 우리 자신의 이야기와 내가 친구들로부터 수집할 수 있는 다른 사람들의 이야기도 포함하는 책을 편집하자고 제안했다. 어린 시절을 기억하는 이야기들을 보면 아이들은 전쟁의 공포에는 그다지 초점을 맞추지 않고 그들이 먹은 것을 기억하거나 그들이 먹지 못한 것들, 특별히 배고픔의 고통에 대해서 기억한다. 그들을 자기네 집으로 데려가 준 낯선 사람들의 친절과 생일에 대한 기억이나 크리스마스에 받은 진귀한 장난감들을 기억한다. 다른 아이들, 죽었거나 행방불명으로 그들의 세계에서 사라진 아이들을 기억한다. 그들은 사이렌 소리와 폭탄과 밤하늘에 번쩍이던 불길들을 기억한다. 아이들의 눈에 비친 전쟁의 일상이 기억으로 되살아나면 그 기억들은 우리로 하여금 잔인했던 사실들을 증언할 수 있게 해준다.

*Innocent Witnesses*에서 나는 나의 친구이자 동료로 알고 지내왔던 여섯 사람으로부터 어린 시절 이야기들을 모아서 편집했는데, 한 사람씩으로 시작된 그들과의 수십 년 동안의 대화가 역사적 이야기로 이어지게 된 것이다.

전쟁 중에 우리들은 모두 어린이였으나 나는 그들을 개인적으로 알지 못했다. 그러나 성인이 되어 그들을 알게 되었을 때 과거를 초월한 그들의 능력과 그들이 사려 깊고 성공한 어른으로 성장한 것에 감탄했다. 그들의 기억을 통해서, 그들이 생존하는 데에 도움이 되었던 환경에 대하여 추측하는 것이 가능해졌다. 어떤 어른의 모습이 이들을 최악의 상황에서 구원해 희망으로 인도할 수 있었는가? 사람의 어떤 역량이 기능적인 어른으로 성장하는 데 도움이 되는가? 어떻게 사람들은 전쟁이 남긴 엄청나게 큰 상처를 처리했는가? 지금 그들 중 몇 사람은 세상을 떠났다. 그리고 나머지도 의심할 여지 없이 가까운 장래에 죽을 것이다. 나는 이들의 이야기와 소통해야 할 것 같은 특별한 의무감을 느꼈다.

나는 캘리포니아로 돌아오자마자 즉시로 그 원고들을 정리하기 시작했고 놀랍게도 일은 잘 진행되었다. 다발성 골수암 진단을 받고 치료를 받으면서도, 치료를 그만둔 뒤에도 이 자료를 나의 에이전트, 샌디 데이크리스트라에게 보내서 책으로 출판될 수 있겠는가 묻기로 했다.

일은 빨리 진행되었다! 샌디는 자료들을 스탠퍼드대학교출판부에 보냈고 일주일 안에 그들은 멋진 제안을 했다. *Innocent Witnesses*를 책으로 출판할 뿐만 아니라 어브와 같이 쓰는 이 책도 함께 출판한다는 것이었다. 이것은 마치 신으로부터 오는 선물 같았다. 지금 내가 해야 할 일은 오로지 나의 편집자, 케이트 왈과 함께 이 두 권의 책을 만들어 내기 위하여 내가 살아있어야 하는 일이다. 그녀는 벌써 원고를 읽고 많은 의견을 주었다. 나는 내가 이 일을 할 수 있기를 희망한다. 추수감사절은 딱 이주일 후이고 아이들은 모두 여기로 올 것이다. 나는 그들을 위하여 그리고 나의 두 권의 책 프로젝트를 위하여 가능한 모든 에너지를 축적해야 한다.

CHAPTER 20

마지막이 다가오고 있다

나는 아침 시간의 대부분을 우리 집에서 3분 거리에 있는 내 사무실에서 보낸다. 나는 매릴린의 텅 빈 책장을 보고 충격을 받았다. 책장들 반 이상이 텅 비었다. 나는 이 일에 대해서 미리 들은 바가 없다. 그녀의 책들을 학생들이 이용하게 하는 것은 매우 합리적이지만, 나는 절대 그럴 수 없을 것이다. 내가 죽은 후에 내가 가장 소중하게 여기던 소유물들이 사라지는 것을 미리 보기를 원치 않을 뿐이다.

이것이 내가 좁은 집으로 옮기는 것에 반대하는 중요한 이유이다. 내 책을 처분한다는 것은 고통스러운 일이다. 나는 이 일을 내 아이들에게 맡길 것이다. 나는 아이들이 합리적이고 지성적인 결정을 하리라고 믿는다. 내 사무실로 돌아와서 내 책상 의자를 돌려놓고 내 뒤의 벽에 꽂혀있는 책들을 바라보았다. 7개의 칸막이에 각각 7개의 책장이 있다. 각 책장에는 대략 30권의 책들, 합해서 약 1,500권의 책들이 꽂혀있다. 겉으로 보기에는 무계획적으로 정리된 것처럼 보이지만 나는 분명히 구분할 수 있다. 처음 1/3은 작가들의 알파벳 순으로 되어있다. 나머지 책들은 내가 쓴 책들과 관련하여서 정리되어 있다. 여러 개의 책장들에는 니체의 저서나 니체에 관한 책들, 그리고 쇼펜하우어 책장, 그리고 스피노자에 관한 책장들, 실존치료에 관한 책들, 집단치료에 관한 책들이 있다. 그 책들을 둘러보면서 나의 마음속에 이 각각의 책을 쓸 때 우리가 세계의 어느 곳에 있었는가를 기억했다. 나의 이야기와 나의 소설을 쓸 때가 내 생의 절정기였다. 어떤 이야기의 어떤 아이디어가 정확하게 어느 장소에서 떠올랐던가가 내 마음에 생생하게 기억되었다. 나는 *When Nietzsche Wept*[8]의 여러 챕터를 세이셸에서, *Love's Executioner*를 발리와 하와이와 파리에서 썼다. 집단치료 책은 런던에서, *The Schopenhauer Cure*[9]의 일부분은 오스트리아와 독일에서 썼다.

매릴린이 자기의 책장을 비우면서도 침착한 것은 그녀의 전형적인 모습이다. 그녀가 나보다 훨씬 죽음에 대한 불안(그리고 일반적인 불안)을 적게 경험한다는 데는 의문의 여지가 없다. 우리의 어렸을 적 삶에 그 근원이 있음에 대해서도 별로 의심하지 않는다. 이제 우리들의 삶에 대해서 이야기하려고 한다. 그것은 불안의 근원에 대한 어떤 이해를 줄 수 있으리라고 믿는 이야기이다.

매릴린의 아버지 새뮤얼 케닉과 나의 아버지 벤저민 얄롬은 2차 세계대전 이후에 러시아의 작은 유대인 마을에서 미국으로 이민 와서 워싱

---

8 『니체가 눈물을 흘릴 때』, 임옥희 역, 필로소픽, 2014.

9 『쇼펜하우어, 집단심리치료』, 이혜성·최윤미 공역, 시그마프레스, 2006.

턴 DC에 자그마한 식료품 가게를 각각 열었다.

매릴린의 아버지는 청소년기 후반에 미국에 도착해서 1~2년간의 일반 교육을 받고 자유롭게 미국 여기저기를 여행하다가 매릴린의 어머니 실리아를 만나서 결혼했다. 실리아는 폴란드에서 미국으로 이민 왔다. 반면에 나의 아버지는 21살에 미국에 도착했기 때문에 일반적인 미국식 교육을 전혀 받지 못했다.

두 아버지는 가게를 거의 떠나지 않고 열심히 일했다. 나의 아버지는 식료품과 주류를 같이 취급했기 때문에 일하는 시간이 더 길었다. 가게는 매일 밤 10시까지, 금요일과 토요일에는 밤 12시까지 영업했다. 미국 문화에 더 적응이 되자 매릴린의 아버지는 가게에서 20분 정도 떨어진 거리에 있는 워싱턴 DC의 고상하고 안전한 지역에 아내와 딸들을 위해서 집을 마련했다. 그런가 하면 나의 아버지는 우리 가족(어머니, 7살 위 누나, 그리고 나)이 식료품 가게의 위층에 있는 작은 아파트에 살아야 한다고 생각했다. 그 당시 그곳은 치안이 제대로 갖추어지지 않은 위험한 동네였다. 나의 부모님이 가게 위층에 사는 편을 선택한 것은 실질적인 이유에서였다. 아버지가 쉬는 시간에는 어머니가 아버지를 대신할 수 있었다. 가게가 바쁘면, 아버지는 어머니에게 전화를 했고 어머니는 몇 분 안에 급히 가게로 내려갔다.

부모님에게는 가게 위층에서 사는 것이 편리하기는 했지만, 나에게는 재앙이었다. 나는 우리 집 밖이 안전하다고 느끼지 못했다. 나는 대개 토요일과 방학 때에는 가게에서 일했는데 ─ 부모님이 요청해서 한 것이 아니라, 나에게는 왕성한 독서 취미 이외에는 별로 할 일이 없었기 때문이었다. 그 당시 워싱턴은 인종 차별이 심했고 우리 동네에서는 다른 가게 주인들을 제외하고는 우리 가족만이 백인 가족이었다. 그들 중의 하나는 우리 부모님과 같은 러시아 유대인 거주지에서 온 사람들인데 다섯 블록 떨어진 곳에 살면서 우리와 친하게 지냈다. 나의 친구들은 모두 흑인이었는데 부모님은 그들이 우리 집에 오는 것을 허락하지 않았다. 더구나 몇 블록 떨어진 곳에 사는 아이들은 이미 반(反)유대인 학교에 다니고 있었다. 매일 나는 여덟 블록이나 되는, 때에 따라서는 매우 위험하기도 한 길을 걸어서 게이지 초등학교에 다녔다. 그 학교는 도시의 백인 구역 안에 있었다. 나는 아버지의 가게에서 가까운 이발소 이발사가 "어이, 유대인 소년. 어떻게 지내니?" 하는 인사를 여러 날 들었던 기억이 난다.

몇 년 후 아버지는 식료품 가게를 그만두고 맥주와 주류들만 팔았다. 가게는 이익이 더 났지만, 도덕적으로 좋지 못했던 손님들과 각종 도둑들이 있었다. 도둑 방지를 위해서 아버지는 무장 경비원들을 고용했고 그들은 가게 뒤쪽에 앉아있었다. 내가 15살이었을 때, 어머니는 더 안전한 지역에 집을 사서 옮기자고 주장했다. 그 이후로 나의 삶은 완전히 변했다. 더 좋은 학교, 더 안전한 거리, 그리고 친절한 이웃들이 있었다. 그러나 무엇보다도 중학교 3학년 때 나는 매릴린을 만났다. 그때부터 나의 삶은 극적으로 향상되었지만, 80년이 지난 지금까지도 나는 여전히 그 어린 시절의 불안감에 사로잡혀 있다.

매릴린의 어린 시절은 아주 달랐다. 그녀는 도시의 안전하고 상쾌한 지역에서 자랐다. 매릴린이나 동생들이나 어머니는 가게에 발도 들여놓지 않았다. 게다가 매릴린은 웅변학교에 다녔다. 음악 레슨을 받았고, 계속해서 칭찬을 들었으며, 생전 반유대인 대접이나 위협을 받지 않았다.

우리 부모님들의 가게가 서로 한 블록밖에 떨어지지 않은 곳에 있었다는 사실을 우리가 만나고 나서 한 달 후에 알았다. 우리 가게는 1번가와 시턴거리의 코너에 있었고 매릴린네 가게는 2번가와 시턴거리의 코너에 있었다. 어렸을 때와 청소년 시절에 나는 분명히 나의 장인의 가게를 문자 그대로 천 번 이상 걸었거나 자전거를 타면서 지나갔을 것이다. 그러나 우리들의 아버지들은 은퇴할 때까지 서로 눈도 마주치지 않았다가 우리의 약혼식에서 처음 만났다.

이와 같이, 멀리서 보면, 우리들의 어린 시절 삶은 비슷한 것 같다. 부모님들은 동유럽에서 이민 온 사람들이고, 아버지들은 서로 한 블록밖에 떨어지지 않은 곳에서 식료품 가게를 운영했다. 그러나 우리들의 어렸을 적 삶에는 엄청난 차이가 있었다. 내가 종사하는 분야에는 어렸을 적을 탐색하는 많은 학자가 있다 ─ 지그문트 프로이트, 안나 프로이트, 멜라니 클라인, 존 볼비. 그들은 말을 하기 전의 시기까지 거슬러 올라가서 어렸을 적 트라우마는 그 값을 한다고 주장한다. 때로는 삶의 후반기에 이르기까지 어른의 편안함, 평온함, 자기-존중감에 있어서 지워지지 않는 대가를 치른다는 것이다.

11월

CHAPTER 21

죽음이 오다

지금은 가장 암울한 때이다. 매릴린의 죽음은 이제 수평선 위로 떠올라서 점점 가까워지고, 크고 작은 모든 결정에 스며들고 있다. 매릴린은 얼그레이 차를 마신다. 집에는 현재 단 두 개의 티백만 남아있어서 식료품 가게에서 더 사와야 했다. 그런데 얼마나 사야 할까? 집에서는 아무도 차를 마시지 않는다. 한 박스에는 20개의 티백이 들어있다. 나는 그녀가 며칠밖에 더 살 수 없을 것 같아 두렵지만 두 박스, 40개의 티백을 사기로 한다. 매릴린이 나와 더 오래 있어주기를 바라는 주술적 기원에서다.

매릴린은 아침에 등의 고통을 호소하면서 일어났다. 극심한 고통으로 움직이기가 매우 어렵다. 나는 그녀가 침대에서 고통을 덜 느낄 수 있는 자세를 취하도록 최선을 다해서 도와주었다. 그녀는 끔찍하게 고통을 겪고 있으며 나는 비참하게 무력감을 느낀다.

　나는 왜 매릴린이 목숨을 끊겠다는 이야기를 더 이상 하지 않는지 궁금했다. 그다지 큰 고통을 느끼지 않을 때 매릴린은 죽음에 대한 이야기를 많이 했다. 그런데 마음이 변했나? 그녀는 목숨을 끊겠다고 결정만 하면 즉시로 그 일이 가능하다는 것을 알고 있다. 이틀 전에, 닥터 P가 한 시간을 운전해서 가장 가까운 약국에서 팔고 있는 치명적인 혼합 약물을 우리에게 배달해 주었다. 그는 그 약을 봉투에 넣고 큼지막한 경고 사인을 붙여서 우리 욕실에 있는 작은 벽장에 넣어두었다.

　매릴린의 요통은 너무나 심해서 그녀는 전기의자를 이용해도 더 이상 아래층에 내려갈 수가 없게 되었다. 그 고통이 매릴린과 내가 함께 쓰는 부드러운 침대 때문이라는 말을 듣고 호스피스 간호사는 매릴린에게 홀 건너편에 있는 작은방의 좀 딱딱한 침대에서 자라고 했다. 지난 밤, 매릴린은 잠을 잘 잤으나 나는 잠을 설쳤다. 만약 그녀가 고통으로 나를 불러도 내가 듣지 못할까 봐 너무나 걱정이 되어서 밤새도록 귀를 기울이느라 잠을 잘 못 잤다. 다음 날 아이들과 나는 큰 가구들을 옮겼다. 딱딱한 작은 침대를 큰 침대 옆으로, 우리 침실의 커다란 책장도 다른 방으로 옮겼다.

　이제는 매릴린이 가족들과 같이 추수감사절을 즐기기가 어려워졌다는 사실이 분명해졌다. 그녀의 고통이 너무나 심해졌기 때문에 좀 편하게 해주려고 호스피스 직원이 매시간 소량의 모르핀을 준다. 처음 두 번의 모르핀은 그녀를 온종일 잠자게 만들었다. 내가 말을 하려고 할 때마다, 그녀는 단지 몇 마디 중얼거리기만 하다가 잠에 빠져들었다. 그녀의 고통이 덜어지는 것이 기쁘면서도 나는 그녀와 내가 이미 서로 마지막 대화를 한 것이 아닌가 생각하면서 울었다. 아들 벤도 좌절하고 있다.

그는 *Innocent Witnesses*, 2차 세계대전에 대한 어린이의 기억들을 기록한 매릴린의 책을 편집하겠다고 동의했는데, 어떤 것이 가장 최근의 교정본인지 확실치가 않아서 수차례 매릴린에게 컴퓨터의 저장 위치를 물어보았다. 그러나 그녀는 몸을 가누지 못하고 대답하지 못했다.

매릴린은 때때로 소변을 자제할 수가 없어서, 매일 여러 차례 딸과 막내 아들 벤이 도와주고 옷을 갈아입혔다. 벤은 세 명의 아주 어린 자녀들을 기르고 있어서 오염된 기저귀에 노련하다. 이런 시간에 나는 방에서 나온다. 나의 아름다운, 전혀 더럽혀지지 않은 매릴린의 모습을 간직하고 싶다. 나는 온종일 그녀 옆에서 우리가 이미 서로의 마지막 말을 교환했을지도 모른다는 끔찍한 사실과 아직도 씨름하고 있다.

오후 늦게 매릴린은 갑자기 눈을 뜨더니 나를 보고 이렇게 말했다. "이제 시간이 되었어요, 어브. 지금이에요. 더 이상은 안 되겠어요. 제발, 더 이상, 나는 살고 싶지 않아요."

"닥터 P를 오라고 할까?" 내가 물었다. 나의 목소리는 떨리고 있었다.

그녀는 필사적으로 끄덕였다.

닥터 P는 90분 후에 도착했다. 그러나 닥터 P는 매릴린이 모르핀 때문에 너무나 몽롱해져서 캘리포니아 주법의 요구대로 자발적으로 목숨을 끊는 약을 마실 수가 없다고 결론을 내렸다. 그는 정확한 진단을 내리고 간호사와 함께 다음 날 아침 11시에 다시 오겠다고 말했다. 그는 자기의 핸드폰 번호를 우리에게 주면서 필요할 때 언제든지 전화하라고 강조하여 말했다.

다음 날 새벽 6시에 매릴린은 일어났다. 몹시 힘들어하면서 다시 닥터 P가 그녀의 목숨을 끝내는 데 도움을 주도록 해달라고 간청했다. 우리는 닥터 P에게 전화했고 한 시간 내에 그가 왔다. 매릴린은 일찍이 네 자녀가 그녀의 임종에 참여할 것을 요구했었다. 세 명의 아이들은 지난 밤에 우리 집에서 잤고 한 명은 한 시간 거리에 있는 자기 집에 있었다.

아들이 도착했을 때 닥터 P는 매릴린에게 가까이 몸을 기울여서 그녀의 귀에 대고 물었다. "뭘 해드리면 좋을까요?"

"생명은 아니에요, 더 이상은 아니에요."

"지금 당신의 생명을 끊고 싶다는 것이 확실합니까?" 그가 물었다.

매릴린이 극도로 몸을 가누지 못하는 상태지만, 분명하고 확실하게 끄덕였다.

닥터 P는 매릴린에게 처음에 구토 방지제를 주었다. 그리고 나서는 두 개의 잔에 치명적인 약을 준비했다. 처음 잔에는 심장을 멈추기에 충분한 100mg의 다이옥신, 두 번째 잔에는 15g의 모르핀, 8g의 아미트립틸린 그리고 1g의 디아제팜.

그는 걱정스러워 보였다. 각각의 잔에 빨대를 꽂으면서 선언했다. "나는 매릴린이 잔에 들어있는 약을 빨아 먹을 수 있을 만큼 의식이 분명하고 강하기를 바랍니다. 법은 환자가 분명한 의식으로 이 약을 삼키는 것을 요구합니다."

우리는 매릴린이 침대에서 일어나 앉도록 도와주었다. 그녀는 빨대를 물려고 입을 열고 다이옥신이 있는 잔을 마셨다. 즉각적으로 닥터 P가 두 번째 잔을 그녀의 입술로 가져갔다.

매릴린은 말하기에는 너무나 약했지만, 금방 빨대로 그 잔을 비웠다. 그녀는 침대에 누워서 눈을 감고, 깊게 호흡했다. 침대 주위에는 닥터 P, 간호사, 우리의 네 자녀들, 그리고 내가 있었다.

나의 머리는 매릴린의 머리 옆에 있었다. 나의 정신은 온통 그녀의 호흡에 고정되어 있었다. 나는 그녀의 모든 움직임을 바라보면서 조용히 그녀의 호흡을 세고 있었다. 열네 번의 약한 호흡 후에 그녀는 더 이상 호흡하지 않았다.

나는 엎드려서 그녀의 이마에 키스했다. 그녀의 살은 이미 차가웠다. 죽음이 찾아온 것이다.

나의 매릴린, 나의 사랑 매릴린은 이제 더 이상 없었다.

* * *

한 시간이 되기 전에 장례식장에서 두 사람이 왔다. 우리는 모두 아래층에서 기다렸다. 15분 후에 그들은 매릴린을 수의로 덮어서 아래층으로 내려왔다. 그들이 정문 밖으로 나가기 직전에, 나는 한 번 더 그녀를 보게 해달라고 요청했다. 그들은 수의의 윗부분를 열고 그녀의 얼굴을 보여주었다. 나는 몸을 구부려 그녀의 뺨에 나의 입술을 댔다. 그녀의 살은 딱딱했고 대단히 차가웠다. 그 차디찬 키스가 내 여생을 사로잡을 것이다!

CHAPTER 22

죽음 후의 경험

장 의사들이 매릴린의 시신을 가지고 간 후에 나는 충격에 빠져있었다. 나의 마음은 우리들의 글쓰기 프로젝트로 계속 돌아가고 있었다. 이제 그 작업은 나만의 프로젝트가 되었다. 이 장면을 기억해라. 나는 나에게 말한다. 일어났던 모든 일들을 기억해라. 나의 마음속을 스쳐간 모든 것을 기억해라. 그래야만 나는 이 마지막 순간들에 대해서 쓸 수 있을 것이다. 계속해서 내가 나에게 속삭이는 소리를 듣는다. 나는 절대로 그녀를 다시는 볼 수 없을 것이다. 나는 절대로 그녀를 다시는 볼 수 없을 것이다. 나는 절대로 그녀를 다시는 볼 수 없을 것이다.

장례식은 모레 있을 것이다. 나는 네 자녀와 친척들, 많은 손주들에게 둘러싸여 있다 할지라도 내 생애 그 언제보다도 더 외로울 것이다. 나는 층계를 올라가면서 조용히 울었다. 매릴린이 죽은 날 나는 내 침실에서 종일 혼자 지냈다. 내 마음의 움직임을 관찰하면서 나의 비참함을 누그러뜨리려고 애썼다. 특별하게 반복되는 생각이 있었는데, 신경에 거슬려서 보고 싶지 않은 장면들이 내 마음속에 생생하고 강력한 영상을 집요하게 제공하였다. 반항하는 학생들을 거대한 탱크가 밀어붙이는 중국 천안문광장의 대학살 장면이 계속해서 떠올랐다. 진실로 탱크와 같이 거대한 생각이 끊임없이 천둥처럼 내 마음속에서 울리고 있었다.

어째서 이런 장면이 떠오르는 거지? 나는 당황했다. 약 30년 전에 천안문 항거가 일어난 이후에 그 일에 대해서 생각해 본 적이 없다. 아마도 근래에 홍콩에서 일어난 학생 반항 영상을 TV에서 반복해서 보았기 때문일지도 모른다. 어쩌면 그것은 죽음의 잔인하고 사정없음이 눈에 보이게 표현되는 것에서 자극받았기 때문인지도 모른다. 한 가지 사실은 분명하다. 나는 이런 장면이 달갑지 않다. 나는 그 장면이 내 마음을 오염시키는 것을 원치 않는다. 영상을 끄는 스위치를 찾았으나 소용없었다. 계속해서 똑같은 장면이 내 마음으로 밀려 들어왔다. 나는 과거에 셀 수 없이 많은 시간을 강박 환자들과 함께 일해왔다. 그러나 지금, 바로 이 순간에 훨씬 더 생생하고 깊게 강박 환자들의 고통을 이해할 수 있다. 오늘이 있기 전에는 하고 싶지 않고 멈출 수도 없는 강박이 어떤 것인지 완전히 이해하지 못했다. 이런 강박들을 내 마음속에서 몰아내려고 만트라 호흡을 했다. "평정"이라는 말을 하면서 숨을 들이마시고 "편안"이라는 말을 내뱉으면서 숨을 내쉬었으나 소용이 없었다. 나의 무력함에 놀랐다. 다시 학생들을 밀어붙이는 그 무자비한 탱크들을 보기 전에 이 호흡의 주기를 다섯 번 내지 여섯 번 이상을 계속할 수가 없었다.

기진맥진해진 나는 침대에 누웠다. 뜻밖에 딸과 며느리가 들어와서 내 옆에 누웠다. 세 시간 후 잠에서 깨었을 때 그들은 가고 없었다. 아마도 그 잠은 내 생애 가장 긴 낮잠이었던 것 같다. 그리고 내가 기억하기에 처음으로 등을 대고 누워서 잔 잠이었던 것 같다!

몇 시간 후 밤이 되어서 침대로 갔을 때 이것이 매릴린 없이 나 혼자 보내는 첫 밤이라는 불안정하고 비현실적인 감정이 느껴졌다. 이 밤이 죽을 때까지 혼자 지내야 하는 모든 날의 처음이다. 오, 나는 매릴린 없이 지낸 밤들이 많았다. 내가 다른 도시에 강의를 하러 가거나 그녀가 파리를 방문했을 때였다. 그러나 이 밤은 매릴린이 세상에 없는, 매릴린이 더 이상 존재하지 않는 밤을 나 혼자 지내는 첫 밤이다. 이 밤, 나는 어울리지도 않게 9시간이나 깊이 잤다. 내가 깨어났을 때, 지난 24시간 동안 중에서 12시간을 잤다는 사실을 알았다. 내가 기억하는 한 24시간 동안에 가장 길고 가장 깊은 잠을 잔 것이다.

네 아이들은 나에게 묻지도 않고, 다음 며칠 동안의 행사들을 세밀하게 짜놓았다. 장의사와 랍비와 만나는 일, 장례 진행자, 장례식에서 추모사를 할 사람들을 선택하고 장례식 후에 우리 집에서 있을 연회 음식 등을 포함한 모든 행사를 준비했다. 이렇게 해주는 것들이 나를 훨씬 편하게 만들었다. 그들이 몹시 감사하고 자랑스럽기는 했으나, 나의 못된 부분, 어린애 같은 면, 즉 내가 무시당하는 것을 좋아하지 않는다는 그런 면 때문에 나는 무시당하고, 늙고, 무능하고, 불필요하고 소외된 것처럼 느낀다.

* * *

매릴린을 매장하는 날이다. 공동묘지는 우리 네 아이들이 다녔던 건 고등학교에서 바로 길 건너편, 우리 집에서 걸어서 정확히 25분 걸리는 거리에 있다. 나는 이 글을 매릴린이 죽은 지 단 며칠이 지난 뒤에 쓰고 있는데도 내 마음속에는 장례식이 생생하게 기억되지 않는다. 내 아이들과 친구들에게 이 인식 작용에 대해서 알아보아야 하겠다. 트라우마적 억압, 또 다른 흥미로운 심리학적 현상, 많은 환자들이 나에게 말하던 현상, 전에 내가 개인적으로 한 번도 경험해 보지 못한 현상이었다.

내가 분명하게 기억하는 것부터 이야기를 시작하기로 한다. 어떤 사람이(누구인지 기억이 나지 않지만 내 딸인 것 같다. 딸은 하루 종일 내 주위를 맴돌았다), 나를 공동묘지의 예배당으로 데리고 갔다. 우리는 10분 전에 도착했는데도 예배당 넓은 홀은 사람들로 이미 꽉 차있었던 것을 기억한다. 퍼트리샤 칼린-뉴만, 몇 년 전에 스탠퍼드의 힐렐 하우스에 매릴린과 내가 강사로 초청받았을 때 만났던 그 랍비가 장례식을 시작했다. 세 명의 아이들(벤, 이브, 그리고 레이드)과 우리와 가장 친했던 두 명의 친구(헬렌 블라우와 데이비드 스피겔)가 간단한 추모사를 했다. 나는 그 다섯 명의 추모사가, 예외 없이, 최고로 잘 쓰였고 잘 표현되었다고 분명히 기억한다. 특히 아들 레이드의 말에 충격을 받았다. 그는 일생 동안 훌륭한 사진작가로 지내고 있다. 그는 작년 한 해 동안 그의 어렸을 적과 청소년 시절의 이야기를 시와 산문으로 썼다. 그의 훌륭한 재능이 이제야 나타나기 시작했다는 것이 분명했다. 이것들이 내가 장례식에 대해서 기억하는 모든 것이다. 한 번도 내 기억 속에서 기억들이 이렇게 지워진 적이 없었다(또는 기억들을 저장하는 데 실패한 적이 없었다).

다음으로 기억하는 것은 내가 묘지 옆 바깥에 앉아있었다는 것이다. 어떻게 장례식장에서 나온 걸까? 걸어서? 아니면 자동차로? 나는 기억하지 못한다. 후에 딸에게 물었더니 그녀와 내가 함께 걸어왔다고 말해 주었다. 나는 매릴린이 묻힐 무덤을 기억하고 매릴린의 관 바로 맨 앞줄 의자에 아이들과 함께 앉았던 것을 기억한다. 매릴린의 관은 천천히 깊은 구덩이 속으로 들어갔다. 그녀의 어머니가 묻힌 곳에서 바로 몇 미터 떨어진 곳이었다.

나는 안개 속에서 동상처럼 꼿꼿하게 앉아있었던 것을 기억한다. 모든 손님이 구덩이 앞에 일렬로 서서, 찬양으로 기도를 하는 동안에 한 사람씩 삽을 들고 관 위에 흙을 던지는 것을 희미하게 기억한다. 이 전통적인 의식이 내가 참석했던 다른 장례식에서도 있었던 것을 기억한다. 그러나 바로 이날, 나는 공포감에 사로잡혀서 절대로 매릴린의 관 위에 흙을 던지지 않을 것이라고 결심했다. 그래서 나는 혼이 나간 상태로, 모든 사람이 흙 던지기를 다 끝낼 때까지 그대로 앉아있었다. 누군가가 매릴린의 매장의식에 참여하지 않는 나를 보았는지도 모른다. 만일 보았다 하더라도 불안정한 다리 때문에 내가 지팡이에 의존하지 않으면 안 된다는 형편이기 때문일 것이라고 알아주기를 바란다. 매장을 마치고 곧바로 나는 아이들과 함께 집으로 왔다.

집에서는 많은 사람들, 어쩌면 장례식에 참여했던 거의 모두가 아이들이 준비한 대화, 샴페인, 음식들을 즐기며 대화하고 있었다. 내가 무언가를 마시거나 먹었는지 기억할 수가 없다. 내가 친한 친구 두 명에게 길게 이야기했다는 것은 믿는데, 그 연회의 다른 세세한 부분은 기억에서 사라지고 없다. 한 가지 일은 분명하다. 나는 적절한 호스트는 아니었다. 여기저기 다니면서, 친구들에게 인사를 하는 그런 호스트가 아니었다. 실제로 나는 의자에서 일어나지도 않았다고 기억한다. 내 옆에 앉았던 두 친구가 앞으로 스탠퍼드 야간코스에 개설되는 19세기와 20세기

단편소설 강의에 함께 참석하자고 초대했던 것은 기억한다.

오, 그래, 나는 그렇게 할 것이라고 결정했다. 어쩌면 이것이 매릴린이 없는 나의 생활의 시작을 알리는 것일 것이다.

그러고 나서, 거의 즉각적으로, 나는 땅 아래 관 속에 있을 매릴린을 생각했다. 그러나 그 생각을 떨쳐버렸다. 나는 매릴린이 관 속에 있지 않다는 것을 알고 있다. 매릴린은 어디에도 없다. 매릴린은 더 이상 존재하지 않는다. 나의 기억 속에, 그리고 그녀를 사랑하던 많은 사람의 기억 속에만 존재한다. 내가 언젠가는 정말로 이 사실을 납득할 수 있을까? 내가 매릴린의 죽음을 그대로 이해할 수 있을까? 그리고 다가올 나의 죽음에 대해서도?

나 혼자 매릴린의 죽음을 대면할 필요가 없었다. 장례식 후에 네 자녀들이 최대한 나와 함께 있어주었기 때문이다. 산부인과 의사인 딸 이브는 3주 동안 휴가를 내서 나를 살뜰하게 보살펴 주었다. 마침내 나는 이브에게 혼자 있을 준비가 되었다고 말했으나, 그녀와 지내는 마지막 밤에, 수년 만에 처음 진짜 악몽을 꾸었다. 어두운 밤중에 삐걱거리는 소리를 들었다. 침실 문이 열려있는 것을 알고 문 쪽을 향했을 때 한 남자의 머리를 보았다. 그는 미남이었고, 짙은 회색의 중절모를 쓰고 있었다. 어쨌든지 나는 그가 깡패이고 나를 죽이려 한다는 것을 알았다. 나는 심장이 쿵쾅거리는 가운데 잠에서 깨어났다.

이 꿈이 주는 분명한 메시지의 하나는, 나에게도 역시 죽음이 다가오고 있다는 것이다. 그 회색의 중절모… 나의 아버지도 그와 같은 회색의 중절모를 쓰셨다. 그리고 나의 아버지는 미남이셨다. 그러나 깡패와는 거리가 멀었다. 그는 친절하고 점잖은 분이셨고, 40여 년 전에 세상을 떠났다. 어째서 나는 아버지의 꿈을 꾸었을까? 나는 아버지 생각을 거의 하지 않는데… 아버지는 나를 죽이러 오지 않았을 텐데. 그러나 아버지는 매릴린과 내가 영원히 거처할 죽은 자의 영역에서 나를 보호하기 위해서 오신 것이었을지도 모른다.

또한 그 꿈은 내가 아직 나의 딸을 떠나보낼 준비가 안 되었음을, 혼자 있을 준비가 아직 안 되었음을 나에게 말해주고 있는지도 모른다. 그러나 나는 이 꿈에 대해 딸에게 말하지 않을 것이다. 그녀는 의사이고 이미 환자들과의 약속을 취소한 상태이다. 이제는 그녀의 일상으로 돌아가야 할 때이다. 아들 레이드가 내가 아직 혼자 있을 준비가 안 되었다고 생각하고는 나와는 상의도 없이 주말을 함께 지내려고 올 것이다. 우리는 그가 어렸을 때 했던 것처럼 체스 게임을 즐길 것이다.

매릴린이 세상을 떠난 지 한 달이 지나서야 나는 주말을 혼자 지냈다. 매릴린의 장례식을 되돌아보면서, 매장하는 날 나의 느낌이 아주 무감각하고 평온했던 것이 의아했다. 그것은 아마도 내가 매릴린과 너무 가까웠기 때문에 그녀가 죽어 묻히는 것도 가깝게 느낀 데에서 비롯되었을 것이라고 생각된다. 나는 이루지 못한 것이 없다고 생각한다. 나는 그녀를 떠나지 않았고 그녀가 쉬었던 마지막 숨의 수를 세었다. 그녀의 얼음처럼 차가운 뺨에 키스했던 것, 그것은 진정으로 그녀에게 작별을 고한 순간이었다.

약혼식에서 둘이 손을 잡고

우리는 기억할 것입니다

매릴린 얄롬 추모사

11월 22일

이브 얄롬, 딸

나의 어머니가 키모테라피를 받기 시작하면서, 초기부터 어머니는 여러분으로부터 넘치는 사랑을 받아 오셨습니다. 어머니는 "사람은 그 자신만을 위해 사는 것이 아니다."라는 것을 알게 되었다는 말씀을 자주 하셨습니다. 여기까지 오시면서 진정으로 어머니 자신이 여러분에게 얼마나 중요한 사람인지 알지 못하셨습니다. 많은 분들이 우리 어머니에게서 멘토로, 어머니로, 격려받고 독려받고 그리고 사랑을 받으셨습니다.

이런 인식이 어머니에게 깊은 영향을 끼쳤고 지난 몇 달간 어머니에게 살아갈 가치를 주었습니다. 어머니는 모든 분들에게 개인적으로 작별을 고하고 어머니가 얼마나 여러분을 사랑하시는지를 알려주고 싶어 하셨습니다.

179

어머니의 딸로 저는 언제나 식탁에는 여분의 접시가 있다는 것과, 어머니의 작지만 강한 무릎 위에 여분의 자리가 있다는 것을 당연하게 알았습니다. 나는 깊은 사랑을 느꼈고 멘토인 어머니로부터 지도를 받았으며, 내가 할 수 있는 최선의 것을 하도록 격려를 받았습니다. 우리 모두가 그랬습니다.

이렇게 훌륭한 페미니스트를 어머니로 모시고 태어난 저는 얼마나 행운인지요! 우리 세대에게는 여성주의가 가능하다는 것을 알게 된 것과, 어머니로부터 지도를 받을 수 있었다는 것이 행운이었습니다. 나의 어린 시절의 친구들과 나의 아이들과 또 그들의 어린 시절 친구들에게도 어머니는 멘토이셨습니다.

산부인과 의사로서의 나의 직업은 새 생명을 세상에 불러오는 것이었습니다. 그러나 어떤 면에서는 어머니가 나오시도록 돕기 위해서 제가 여기에 있는 것 같습니다.

레이드 얄롬, 아들

매릴린은 땅을 사랑했습니다.
풍요로운 진흙 속으로 손을 집어넣는 것을 좋아했습니다.
토마토를 심으려고 무릎을 꿇었고,
딸기를 수확했습니다.
우리는 모두 그녀의 살구 처트니와 잼을 그리워하게 될 것입니다.
매릴린은 공기를 사랑했습니다.
그녀는 자신의 튼튼한 다리로
잘 걷는 사람이었습니다.

나는 특별한 때를 기억합니다.

하이델베르크에서 그 푸른 향기를 맡으면서

블루베리를 따던 때입니다.

그리고 또 다른 순간,

그녀가 하와이 비치의 황혼에서

어브의 손을 잡고 있던 모습을 기억합니다.

나는 그녀가 눈을 감고

소금기 가득한 공기를

들이마시는 것을 볼 수 있습니다.

그녀는 불을 사랑했고,

모든 따뜻한 것들을 사랑했습니다.

겨울나무를 쪼갤 때

매릴린은 항상 앉아서

아스라이 노래 부르곤 했습니다.

실버레이크에서의 한 주일을 기억합니다.

3대가 한 자리에 모였을 때

산책하고 수영하고

캠프파이어에서

했던 이야기와 노래들.

그녀는 골고루 갈색으로 익은

마시멜로를 좋아했습니다.

매릴린은 아름다움을 사랑했습니다.

단순하게 쾌락주의적인 방식이 아니라,

오히려 삶의 긍정으로,

인간적인 선(善)의 상징으로서.

어떤 의미에서, 선(善)은

그녀의 삶의 이유이며,

그녀의 종교였습니다.

그녀는 그것을 그녀의 일 속에서 찾았습니다.

그리고 그것을 세계와 나누었습니다.

그녀의 저술에서,

그리고 그녀의 자녀들과 지내는

매일의 순간에서

저녁 식사 전에

비발디의 사계를 듣는 것에서,

어쩌면 손에 들고 있는 너무 드라이하지 않은 셰리 한 잔에서,

아니면 특별한 방법으로

샤르트르의 스테인드글라스 창문을

볼 수 있도록 우리를 데려다주는 것에서,

그러나 가장 중요하게는,

친구들과 학생들과 동료들과

그리고 물론 그녀의 가족들과 함께하는 멋진 만남에서,

어브, 나의 형제들, 우리의 배우자들과

지금 그녀의

8명의 손주들과 함께 모이는 것에서

그녀는 우리 모두를

그녀의 삶의 이유였던

선을 찾도록

격려했습니다.

다른 문화들과 종교들에서

인류애에서

서로서로에게서

나는 이 불빛을 들고 있었던 그녀를 몹시 그리워할 것입니다.

그렇지만 나는 그 빛이 사라지는 것을 보기를 원치 않습니다.

오히려 그 강도가 더 고조되리라고 기대합니다.

많은 빛나는 별들과 같이

밤하늘 속으로 빛을 뿜으며

영원히 확대되는 우주 안에서

여러분 각자가 이 빛을 붙드십시오.

벤 얄롬, 아들

나의 어머니는 세상을 바라보는 특별한 눈을 가지셨습니다. 이것은 어머니가 프랑스에 계실 때 큰 영향을 받으셨던 것이었습니다. 일을 하는 올바른 방식(La façon ou manière correcte de faire les choses). 이것은 예의 바름, 품위 있는 말투, 올바른 태도, 머리 빗기, 손 씻기, 그리고 저녁 식사에 깨끗한 셔츠 입기 등을 포함합니다. 어린아이들을 다루는 일 외에도 일을 하는 올바른 방식의 의미는 20세기 후반의 캘리포니아에서는 약간 어울리지 않을지도 모르지만, 세상에서의 자신감과 대부분의 여러분들이 공유했던 멋진 기억들 안에 암시되어 있을 방향감각을 어머니께 주었다고 생각합니다.

극단적인 이 세계관의 하나는 '표현'일 것입니다. 어머니는 내가 어

우리의 결혼식, 1956. 6.

가족이 한자리에, 1976.

죽음과 삶 : 얄롬 박사 부부의 마지막 일상

렸을 때 나와 놀아주시며 종종 "어린이는 소리를 지르지 않고 얌전해야 한다."라고 하셨습니다. 하! 어머니께서 크게 실망하셨지만 저는 조용하지도, 예의 바른 어린이도 아니었습니다. 그 반대로 저는 고집불통이었고, 요구가 많았고, 그리고 대단히 시끄러웠습니다. 나는 내가 굉장히 어려운 아이였다고는 기억하지 않는데, 다른 사람들이 저를 그런 아이였다고 확신시켜 주고 있습니다.

요근래에 저는 어머니가 저의 6살 난 아들 에이드리언과 같이 계시는 것을 보면서 저에 대한 이런 말에 대해서 깨닫게 되었습니다. 에이드리언은 사납고 상당히 고집이 셉니다. 급하게 소리를 지르고 물건을 던지고 의심의 여지 없이 제가 세상에서 가장 나쁜 아버지라는 것을 확실하게 알려줍니다. 그 아이는 분명히 저의 개인적인 업보입니다.

그러면서도 침착해지면, 그 아이는 아름답고 빛이 나는 사랑스러운 아이입니다. 나는 어머니가 이 아이의 행동을 보고 충격을 받으실까 봐 걱정하곤 했지만, 일을 하는 올바른 방식으로부터 영향을 받은 그 아이는 소리를 지르지 않고 얌전하게 있습니다. 반면에 어머니는 금방 그 아이와 강한 유대감을 갖습니다. "Il est très attachant(그는 매우 정겨워)." 어머니는 우리가 이야기할 때마다 사람들이 에이드리언과 빨리 친해진다고 하십니다.

어머니와 에이드리언은 함께 몇 시간씩 유아원 동요를 부르면서 시간을 보내곤 했습니다. 험프티 덤프티 네 마리와 스무 마리의 검은 새들, 그리고 여러 동요 가운데 최고는(반복하고 반복하는 헤이 디들디들입니다),

헤이 디들디들

하와이에서의 결혼 50주년 기념 댄스

고양이가 바이올린을 켜고

소가 달을 뛰어넘었지

강아지가 그걸 보고 웃고

그리고 여기서 그들은 웃음을 터뜨리고 크게 소리를 지르곤 했

　지요

접시는 스푸우우우우운과 함께 도망갔다네

이 노래는 언제나 에이드리언으로 하여금 마룻바닥에서 뒹굴면서 참을 수 없이 키득거리며 웃게 하곤 했습니다.

어머니의 이 참을성과 따뜻함과 부드러운 즐거움은 나에게 어머니는 지나치게 엄격하지 않으셨다는 것을 상기시켜 줍니다. 가끔 그렇게 보이는 것 같았더라도, 내 안에 있는 고집불통의 괴물을 어머니 자신의 부드럽고 조용하고 지혜로운 방법으로 잘 처리하셨습니다.

지난 몇 달 동안에 어머니는 자녀들 각자에게, 그리고 많은 친구들에게 특별한 기억들을 나누어 주었습니다. 월요일 저녁에, 우리들이 선명하게 대화를 나누었던 마지막 시간에 어머니가 저에게 말했습니다. "너는 내 아기였고, 항상 내 아기로 있을 거야."

우리는 기억할 것입니다

이브 얄롬과 그녀의 딸들 릴리와 알라나가 낭독함

참석자 전원이 복창함

우리가 프로방스의 라벤더 향기를 맡을 때

　　우리는 그녀를 기억할 것입니다

우리가 지성적이고 잘 편집된 책을 읽을 때

　　우리는 그녀를 기억할 것입니다

우리가 그녀의 방식으로 신에게 아뢸 때

　　우리는 그녀를 기억할 것입니다

우리 여성들이 테이블에서 자리를 차지하고 우리의 마음을 이야기

　할 때

　　우리는 그녀를 기억할 것입니다

우리가 역사에 대해 경외감을 느끼면서도 가부장제에 대해 자유롭

　게 질문하고 싶을 때

　　우리는 그녀를 기억할 것입니다

우리가 성 쉴피스(Saint Sulpice) 성당의 종소리를 들을 때

　　우리는 그녀를 기억할 것입니다

살구꽃이 피어날 때

　　우리는 그녀를 기억할 것입니다

오후의 차(茶)가 저녁의 셰리로 변할 때

　　우리는 그녀를 기억할 것입니다

죽음과 삶 : 얄롬 박사 부부의 마지막 일상

안심갈비가 뼈까지 녹아들 때
　　　우리는 그녀를 기억할 것입니다
맞춤법 지적을 받을 때
　　　우리는 그녀를 기억할 것입니다
샴페인 건배를 할 때
　　　우리는 그녀를 기억할 것입니다
우리가 혼란스럽고, 기운이 없어지거나, 사기가 충천하고, 또 기쁨에
　찰 때
　　　우리는 그녀를 기억할 것입니다
우리가 살아있는 한 그녀 역시 살아있을 것이며, 그녀는 지금 우리
　의 한 부분입니다
　　　우리는 그녀를 기억할 것입니다

러시아 강의 여행에서

C H A P T E R 2 3

독립적이고 분리된
성인으로서의 삶

나는 매일 45분간 산책을 한다. 어떤 때는 친구와 함께, 또는 이웃과 함께, 그러나 대체로 혼자 걷는다. 그리고 나는 이 책을 쓰는 데 매일 꽤 많은 시간을 보내고 있으며 나의 좋은 친구이며 공동집필자인 몰린 레슈치와 몇 시간 동안 전화 통화를 하면서 앞으로 출판될 *The Theory and Practice of Group Psychotherapy* 여섯 번째 개정판의 마지막 장을 쓰고 편집하고 있다. 대체적으로 나는 바쁘기 때문에 잡다한 일들이 내 생활을 방해하는 것을 원치 않는다. 이 책을 쓰는 데 너무 열심히 몰입하기 때문에 나는 내 사무실에 매일 아침 8시에 도착한다. 나는 글을 쓸 때 가장 행복하다. 그러면서도 이 책을 끝마치고 났을 때의 내 마음 상태에 대해서 염려한다. 깊은 슬픔이 나를 엄습할 것 같은 예감이 든다.

총체적으로 나는 내가 잘 지내고 있다는 사실에 놀라고 있다. 왜 나는 이 상실로 불구가 되지 않는가? 매릴린에 대한 내 사랑의 깊이를 의심해 본 적이 없다. 나는 그 누구도 한 여인을 나보다 더 사랑할 수는 없을 것이라고 확신하고 있다. 지난 몇 달 동안 그녀가 고통받는 것을 보면서 몇 번이나 "내가 당신을 위해서 당신의 병을 대신 앓아주고 싶어요."라고 말했는지 모른다. 그리고 그 말은 진심이었다. 나는 그녀를 위해 내 목숨도 바칠 수 있었다.

그녀의 그 끔찍했던 마지막 36시간 동안 나는 그녀 곁을 잠시도 떠나지 않고 때때로 매릴린이 반응을 보이지 않았어도 계속해서 그녀의 이마와 뺨에 키스했던 것을 거듭 마음에 새긴다. 그녀의 죽음은 우리 둘에게는 해방이었다. 그녀에게는 계속되는 메스꺼움, 고통, 그녀를 사랑하는 그 많은 친구들과 가족에게 계속해서 작별의 말을 해야 하는 극심한 피로감으로부터의 해방이다. 그리고 나에게는 몇 달 동안 그녀의 고통을 무력하게 지켜보기만 해야 하는 괴로움으로부터의 해방이었다. 마지막 36시간은 나에게는 최악의 시간이었다. 왜냐하면 그녀가 받았던 모르핀과 로라제팜(정신 안정제)이, 소량이었지만, 대화할 수 있는 그녀의 능력을 박탈했기 때문이다. 그녀가 잠시 눈을 뜨고, 나에게 미소 지을 때, 한두 마디 하려고 애썼지만 곧 잠이 들어버리곤 했다. 나는 호스피스 직원에게 그들이 너무 많은 모르핀을 주었기 때문에 내가 마지막으로 매릴린과 대화할 수 있는 기회가 없어졌다고 비이성적으로 분노했던 것을 기억한다.

오래전에 있었던 다른 작별의 장면이 뜻밖에 내 머리에 떠오른다. 그 장면은 내가 말기 암환자들과 집단치료를 했던 때의 일인데, 많은 경우에 환자들이 너무 아파서 집단에 참석할 수 없을 때는 나에게 집으로 와 달라는 요청을 했고 언제나 나는 그 요청에 응했다. 어느 날 나는 이바에게서 자기 집에 와달라는 요청을 받았다. 이바는 난소암으로 죽어가고 있는 중년 여성으로, 집단치료에 결석하는 적이 거의 없었다. 그녀의 전화를 받고 이틀 뒤에 그녀의 현관에 갔을 때 그녀의 간병인이 나를 이바의 침실로 안내했다. 졸고 있던 이바는 나를 보고 크게 미소 지으면서 엄숙한 목소리로 그녀와 나, 둘만이 있기를 요구했다. 그녀의 간병인이 방에서 나갔다.

그녀는 대단히 약해 보였다. 그녀의 힘이 있었던 목소리가 이제는 속삭이는 소리로 약해졌다. 의사가 오래 살지 못할 것이라며 병원으로 가라고 말했으나 그녀는 거절했다고 하면서 자기는 집에서 죽고 싶다고 했다. 그리고 나서 그녀는 머리를 내게로 숙여서 내 손을 잡고, 내 눈을 똑바로 보면서, "어브, 마지막 부탁이에요. 침대에 올라와 내 옆에 누워 주시겠어요?"라고 말했다.

나는 그녀의 부탁을 거절할 수가 없었다 ― 그랬다면 나는 절대로 나 자신을 용서하지 못했을 것이다. 의사윤리위원회 위원의 엄하고 냉정한 얼굴 앞에서 나를 방어하는 장면에 사로잡혀 있었다 하더라도 나는 구두를 벗지도 않은 채 그녀 옆에 등을 대고 누웠다. 서로의 손을 잡고 우리는 약 25분 동안 이야기를 했고 서로에게 작별의 인사를 했다. 이 사랑스러운 여인에게 어떤 위로라도 주었다는 생각에 나 자신이 자랑스러웠다.

이 기억이 사라지고 나서 내 마음은 깊은 땅속 관에 누워있는 매릴린에게로 돌아갔으나 나는 공동묘지나 매릴린의 관에 집중할 수 없었고, 집중하려고 하지도 않았다. 나는 나의 사랑 매릴린이 정말로 거기에 있지 않다는 것을 알고 있다.

나는 슬픔이 끓어오르는 것을 느낀다. 아마도 혼돈과 절망은 나에게서 끝난 것 같다. 몇 시간이 지난 후에 나는 팻 버거에게서 이메일을 받았다. 그녀의 남편 밥 버거와 나는 의과대학 학생이었을 때부터 졸업후 바로 3년 전에 그가 세상을 떠날 때까지 가장 가까운 친구였다. 그의 말년에 가까웠을 때 우리는 공동으로 *I'm Calling the Police*를 저술했다. 나치 홀로코스트 시절에 그가 헝가리에서 어떻게 살아남을 수 있었나에 대한 내용이었다. 패트 버거의 이메일에는 3년 전에 만개한 목련꽃 아래에서 찍은 아름다운 매릴린의 사진이 첨부되어 있었다. 그 사진을 보고 있자니 우리들의 행복했던 날들이 나의 고통에 불을 붙였다. 그리고 나를 현실로 끌어당겼다. 나는 틀림없이 내 앞에 거대한 고통이 있을 것임을 알고 있다.

* * *

지금 나는 88세이지만, 아직도 인생에 대해서 배울 것이 많다. 주로 독립적이고 분리된 성인으로 어떻게 살아갈까 하는 것에 대해서 배워야 한다. 나는 일생 동안 많은 일을 해냈다. 의사가 되었고, 많은 환자를 치료했고, 학생을 가르쳤고, 책을 썼고, 네 명의 사랑스럽고 너그럽고 창의적인 자녀들의 아버지로서 그들을 키웠다. 그러나 나는 절대로 독립적인 성인으로 살지는 않았다! 그렇다, 이것은 충격적이지만, 진실이다. 나 자신에게 스스로 놀라서 계속해서 이 말을 되뇌고 있다. 나는 절대로 독립적인 성인으로 살지는 않았다.

매릴린과 내가 중학교에서 만난 이후에, 매릴린이 매사추세츠의 웰즐리대학으로 가기 전까지 우리는 언제나 같이 있었다. 워싱턴 DC에 남아있던 나는 조지워싱턴대학교에서 의예과 공부를 하면서 부모님과 같이 살았다. 오로지 열심히, 그리고 불안해하면서 공부만 했다.

내가 불안해한 데는 정당한 이유가 있었다. 그 당시에 미국의 모든 의과대학에서는 유대인 학생을 정원의 5%만 선발하는 규정이 있었다. 출처는 알 수 없지만, 어디에선가 나는 의과대학에서 때때로 우수한 학생들을, 4년이 아니라 3년의 학부를 마친 후에 입학을 허용한다는 사실을 들었다. 그것은 나에게는 중요한 정보였다. 나는 매릴린과 빨리 결혼하고 싶은 열망에 차있었고 매릴린이 데이트하고 있는 하버드 학생들에게서 위협을 받고 있었다. 하버드 학생들은 매릴린에게 나보다 훨씬 더 많은 것을 줄 수 있었을 것이다. 그들은 나보다 더 세련되었고, 더 많은 부(富), 더 많은 가족의 명성을 지녔다. 나는 이 기회를 잡아서 그녀와 멀리 떨어져있는 시간을 줄이고 의과대학에 1년 일찍 들어가기로 굳게 결심했다. 그 해결책은 분명했다. 조지워싱턴대학교 학부에서 공부하는 3년 동안 내가 A학점만 받는다면, 조지워싱턴 의과대학에서는 나를 입학시키지 않을 수 없을 것이었다. 그리고 그 일이 정말로 일어났다!

우리가 떨어져서 대학생활을 하는 동안 매릴린과 나는 계속 연락을 하며 지냈다. 우리는 매일 서로에게 편지를 썼고, 때때로 통화를 했다(그 당시 워싱턴에서 뉴잉글랜드까지의 장거리 전화요금은 비쌌고, 나는 수입이 한 푼도 없었다).

조지워싱턴 의과대학에 합격한 이후에 매릴린과 더 가까이 있기 위해서 보스턴대학교 의과대학으로 전학할 때까지 1년을 다녔다. 보스턴에서 나는 말버러 거리에 있는 집에 세 들었는데 그 집에는 네 명의 의과대학생들이 살고 있었다. 나는 매 주말을 매릴린과 같이 지냈다. 내가 의과대학 3학년 때 우리는 결혼했다. 그리고는 매릴린이 죽을 때까지 일생을 한 집에서 살았다. 처음에는 케임브리지의 아파트에서, 그리고 1년 동안 뉴욕에서, 거기서 나는 인턴을 했고, 볼티모어의 존스홉킨스에서 3년 동안 있었고 하와이에서 2년 동안 군 복무를 했고 캘리포니아 팔로알토로 와서 여생을 보내고 있다.

그래서 지금, 88세의 나이가 되었고 매릴린은 죽었고 나는 처음으로 혼자서 살고 있다. 나는 많은 것을 변화시켜야 한다. 만약 내가 훌륭한 TV 쇼를 본다면 나는 매릴린에게 그 이야기를 하고 싶을 텐데, 나 자신에게 매릴린이 없다는 것을 반복해서 상기시켜야 한다. 그 TV 쇼는 매릴린이 결코 함께 볼 수는 없더라도, 이런 천박한 시대에 가치 있고 흥미가 있다는 사실을 기억해야 한다. 비슷한 일이 아주 빈번히 일어난다. 한 여성이 전화를 해서 매릴린을 바꿔달라고 한다. 내가 매릴린은 죽었다고 말하면 그녀는 전화에 대고 흐느끼기 시작하면서 자기가 얼마나 매릴린을 그리워할 것인가와 매릴린이 자기에게 얼마나 중요한 사람이 었는가를 이야기한다. 통화가 끝난 후에, 나는 다시 이런 경험은 당장 나 혼자로 끝나버린다는 것을 스스로 상기시켜야만 한다. 매릴린과 이 경험을 함께할 수는 없다.

나는 외로움에 대해서 이야기하는 것이 아니다. 나만이 그것을 경험한다 하더라도 내가 그것을 매릴린과 함께 할 수 없다 하더라도 어떤 것은 가치 있고, 흥미 있고 중요하다는 사실을 알아야 한다는 것이다.

* * *

크리스마스 이틀 전에 온 가족이 나의 집에 모였다. 모두 합해서 약 20명이 모든 침실과 거실과 매릴린의 사무실과 나의 사무실에서 잤다. 아이들이 그날의 메뉴와 행사에 대해서 이야기하고 있는데 갑자기 나는 얼어붙었다. 나는 그들의 이야기를 들을 수 없었고 걸을 수도 없었다. 나는 마치 조각과 같았다. 아이들이 점점 더 걱정했다. "아빠, 괜찮아요? 아빠 무슨 일이에요?"

그러고 나서 나는 처음으로 울음을 터뜨렸고, 굉장히 힘을 들여서 어렵게, "매릴린은 여기 없어, 아무 곳에도 없어. 매릴린은 오늘 저녁 여기서 일어나는 모든 일들을 절대로 절대로 알 수 없어."라고 말했다. 아이들은 충격에 빠진 듯했다. 내가 우는 것을 그들은 전에 본 적이 없었다.

우리의 크리스마스/하누카 기념에 모인 가족들 모두는 매릴린이 여기에 없다는 사실을 예민하게 느끼는 것 같았다. 식구들이 너무 많았기 때문에 우리는 크리스마스 이브에 가까운 식당에서 중국 음식을 배달했다. 음식이 도착하기를 기다리는 동안, 나는 빅터와 체스 게임을 끝마쳤다. 잠깐 짬이 생겨서 나는 갑자기 매릴린에게 무언가를 이야기하기 시작했다. 물론 매릴린은 거기에 없었다. 나는 아들과 체스 게임에 몰두해 있다가 게임이 끝나자 갑자기 공허감을 느꼈다. 매릴린의 대학 2학년 시절, 프랑스로 유학을 갔던 시절을 빼고 나는 매년 크리스마스 이브를 매릴린과 함께 보냈다. 나는 우리가 같이 했던 모든 크리스마스에 대한 느낌과 비언어적인 ― 모든 나무들과, 선물들과, 노래, 요리 ― 기억들을 느끼고 있다. 그런데 금년은 다르다. 즐거움은 거의 없고 크리스마스 트리도 없다. 너무나 으스스하고 춥게 느껴져서 뜨거운 열이 나오는 환풍구에 서서 좀 좋은 느낌을 가지려고 했다. 나는 이 자리에 있는 모든 사람을 사랑한다. 나는 나의 아이들과 손주들에게 둘러싸여 있다. 그런데도 나는 공허함을 느낀다. 그 중심이 없기 때문이었다.

크리스마스 날에 딸 이브가 메인 요리인 북경오리를 요리했다. 모두들 각각 다양한 요리를 했는데, 서로 관련이 없는 것들이었다. 만일 매릴린이 살아있다면 절대로 크리스마스 이브에 식당에서 음식을 배달시키지 않았을 것이고 서로 어울리지 않는 요리로 크리스마스 만찬을 차리지 않았을 것이라고 누구나 알고 또 그렇게들 이야기했다. 더군다나 매릴린은 언제나 크리스마스/하누카 만찬을 시작할 때 정식으로 명언을 말하거나, 대개 성경 구절을 읽었다. 매릴린 없이 맞이하는 첫 휴일인 오늘 우리는 길을 잃은 것처럼 느꼈다. 정식 개회가 없었다. 우리는 그냥 앉아서 음식을 먹었다. 정식으로 시작했던 그 성경 구절 읽기 의식이 그리웠다. 귀한 내 아내가 나를 위해 마련해 주었던 다른 많은 것들과 마찬가지로 크리스마스 만찬의 형식적인 개회도 그저 당연한 것으로 받아들였던 것이다.

지난 10년 동안, 손녀 알라나가 16살이었던 때 이래로 나와 알라나는 크리스마스에 우리 어머니의 레시피에 따라 키첼을 굽는 일을 해오고 있었다. 지금 알라나는 다 자라서 의과대학 4학년이고, 약혼을 했으며, 지금은 키첼을 굽는 팀의 책임을 맡고 있다. 그녀와 나는 전날 밤에 밀가루와 이스트와 버터를 준비했다. 아침 일찍 부풀어오른 밀가루 반죽에다가 건포도, 견과류, 계피를 넣어서 약 30개의 촉촉한 페이스트리를 만들었다. 이번에 우리는 둘 다 매릴린이 이것을 얼마나 좋아했을까를 생각하면서 슬픈 마음으로 준비했다.

가족이 많이 불어나서 지난 두 번의 크리스마스에는 각 사람이 하나씩 선물을 사오기로 했다. 그러나 금년에는 선물 사기를 취소했다. 너무 슬펐고 선물을 주고받는 일이 즐겁지가 않았기 때문이었다.

며칠 동안 아이들은 나와 함께 있을 것이다. 그래서 나는 외로울 걱정은 하지 않는다. 많은 대화와 훌륭한 식사, 체스와 스크래블 게임과 카드 게임이 있을 것이다. 아이들이 모두 떠난 후에는 신년 전야를 혼자 지낸다. 그것은 뜻밖에도 좋은 경험이 되고 있다. 나의 내향성이 외로움

죽음과 삶 : 얄롬 박사 부부의 마지막 일상

을 가라앉힌다. 자정이 다가오면 나는 TV를 켜고 타임스퀘어에서부터 샌프란시스코까지 새해를 기념하는 행사들을 본다. 나는 갑자기 이번이 지난 70년 동안 매릴린이 내 곁에 없는 단 두 번째의 신년축하라는 것을 안다. (첫 번째는 그녀가 대학 2학년을 프랑스에서 보냈을 때였다.) TV에서 나는 타임스퀘어에서 즐거워하는 많은 사람을 본다. 그러나 볼륨은 줄인다. 더 이상 매릴린은 없고 진정한 삶은 끝났다. 나는 슬픔을 무겁게 느낀다. 나의 이 슬픔을 아무도 해결하지 못할 것임을 알고 있다. 매릴린은 죽었다. 나는 관 속에서 그녀의 썩어가는 육체를 상상한다. 그녀는 이제 오직 나의 마음속에서만 살고 있다.

CHAPTER 24

나 홀로 집에

어디를 가나 매릴린을 연상시키는 물건들이 내 앞을 가로막는다. 침실에 들어가면, 많고 많은 약들이 그녀의 침대 협탁에 있다. 내일 우리 집 도우미 글로리아에게 이것들을 눈에 보이지 않는 곳으로 치우라고 말할 것이다. TV 방 그녀의 의자 옆에서 독서 안경을, 그리고 욕실에서는 여러 개의 독서 안경을 본다. 왜 이렇게 많은 안경들이 있지? 그녀가 마지막 날들을 보낸 소파 옆에는 수없이 많은 약병과 약 봉지가 있다. 나는 그녀의 핸드폰을 본다. 이 모든 것들을 어떻게 할 것인가? 다른 모든 일들과 마찬가지로 나는 그 문제들을 피하고 나의 아이들에게 넘길 것이다.

여러 주가 지나고 나서야 나는 매릴린의 서재 문을 열어볼 수가 있게 되었다. 그녀가 죽은 지 6주가 지난 지금에도, 그녀의 서재에 들어가기를 꺼리고 그녀의 책상 위에 놓여있는 물건들을 바라보기를 피한다. 나는 매릴린이 소유했던 물건들을 만지기를 원치 않는다 ─ 그것들을 갖고 싶지도 않다 ─ 그것들을 보고 싶지도 않다. 그렇다, 나는 어린아이 같다. 그렇지만 상관없다. 단지 지난 수년간 내가 치료했던 배우자를 잃은 환자들, 죽은 사람의 모든 흔적을 옮길 가족이 없는 환자들을 생각할 때 부끄러움을 느낄 뿐이다.

거실 구석에 매릴린의 사진이 벽을 향해 놓여있다. 나는 이 고상한 사진을 〈워싱턴 포스트〉의 부고란에서 보고 너무나 좋아서 그 원판을 찾아 유명한 사진작가인 아들 레이드에게 현상해 달라고 부탁했다. 그는 사진을 액자에 넣어서 크리스마스 때에 가지고 왔다. 처음 며칠간 나는 그 사진을 보는 위치를 정해놓고 자주 바라보았다. 그러나 볼 때마다 예외 없이, 많은 아픔을 경험하고 마침내는 그 사진을 벽 쪽으로 돌려놓고 말았다. 가끔 나는 그 사진을 지나치기도 하고, 다시 돌려놓기도 하며, 깊은 한숨을 쉬기도 하고, 똑바로 응시하기도 한다. 매릴린은 너무나 아름답다. 그녀의 입술은 이렇게 중얼거리는 것 같다. "나를 잊지 말아요… 당신과 나, 나의 사랑, 항상… 나를 잊지 말아요." 나는 고통스러운 마음으로 돌아선다. 나는 참을 수 없이 큰 고통을 느낀다. 나는 큰 소리로 운다. 어떻게 해야 할지 모르겠다.

이런 고통으로부터 나를 지켜야 할까? 아니면 그 반대로 그녀를 강렬하게 바라보면서 계속해서 울어야 할까? 내가 그 사진을 벽에 걸고 아주 기쁜 마음으로 바라볼 수 있는 날이 올 것을 알고 있다. 우리들의 눈은 서로 만나서 고정될 것이고 서로를 충만하게 사랑하고 우리의 삶을 함께할 수 있었음에 깊이 감사할 것임을 안다. 이 글을 쓰면서 눈물이 흐른다. 글쓰기를 멈추고 내 눈을 부릅뜬다. 그리고 창문을 통해 맑고

죽음과 삶 : 얄롬 박사 부부의 마지막 일상

푸른 하늘을 향하고 있는 도토리나무 가지들을 바라본다.

내가 매릴린에게 이야기하고 싶은 일들이 주위에 생겼다. 지난 40년 간 우리가 단골로 드나들던 동네의 자그마한 약국 맥시마트가 방금 문을 닫았다. 즉시 나는 이 뉴스를 매릴린에게 알려야겠다고 생각했고, 매릴린이 정말로 실망할 것이라고 상상했다. 또 하나, 우리의 아들 둘이 몇 년 동안 서로 체스 게임을 안 하더니 사랑스럽게도 이번 크리스마스에는 둘이서 게임을 했다는 것, 또는 우리 아들 중 하나가 피노클 배우기를 싫어하더니 지금은 피노클 규칙을 배우고 형제들과 나와 게임을 시작했다는 것. 체스와 피노클 이야기는 둘 다 우리 가족이 서로 더욱 친해졌다는 반증이다. 내가 얼마나 매릴린에게 이 이야기를 들려주고 싶은지! 그녀가 들으면 굉장히 기뻐할 것이다.

애도하는 사람들의 이야기들을 읽으면서 나는 그 행동들이 다양하다는 것을 알았다. 아내를 잃은 남편의 짧은 글을 읽었는데 그는 전화기에 들어있는 아내의 오래된 음성 메시지를 계속해서 듣는다고 한다. 나는 그 글을 읽고 움찔했다. 나는 매릴린의 목소리를 듣는 고통을 참을 수가 없을 것 같기 때문이다. 죽은 아내의 목소리 듣는 것이 그의 슬픔을 얼어붙게 하고 그가 새로운 삶을 시작하는 것을 막게 되지는 않을까 염려한다. 그러나 어쩌면, 내가 지나치게 심각한지도 모른다. 모든 사람이 그들 나름대로의 특유한 방법으로 슬퍼한다.

아내를 잃은 남편들은 그 후 4년 동안에 아내를 잃지 않은 남편들보다 사망률이 더 높다는 기사를 읽었다. 이 예측은 죽은 아내에게 기쁨이나 존경심에서 상당히 의존했던 남편들에게 더욱 나쁘다는 것이다. 그러나 나는 이 기사에 신경이 쓰이지 않는다. 지금 나는 나 자신의 죽음에 대해서 거의 걱정하지 않고 있다는 것이 오히려 이상하다. 과거에 나는 자주, 너무나 자주 죽음에 대한 불안을 경험했다. 특히 몇 년 전에 암으로 죽어가는 환자 치료집단과 일하고 있었을 때 죽음에 대한 악몽을 꾸었던 것을 기억한다. 그러나 지금은 그 흔적도 없다. 나는 죽음에 대한 생각에 전혀 동요되지 않는다.

45일 후

CHAPTER 25

섹스와 슬픔

천안문광장에서 무장된 탱크가 학생들을 쓸어버리는 악몽 같은 영상을 본 지 여러 해가 지난 것 같은데, 사실 그것은 매릴린이 죽고 난 후 그녀의 장례식에서 매장을 기다리고 있었던 때의 일이었다. 집요한 그 영상은 강박적인 사고방식의 본질과 그 강력한 힘에 대해서 새롭게 생각하게 해주었다. 며칠 후에는, 무장한 탱크와 천안문광장의 영상은 점점 사라졌다. 나의 편안한 마음은 지난 주일에 점점 더 평온을 찾게 되었다.

그런데 새로운 강박이 나의 생각을 침범했다. 편안하게 내 마음을 맑게 하려고 할 때마다, 예를 들면, 불을 끄고 잠을 청하려고 할 때, 내가 알고 있거나 최근에 만나보았던 여성에 대한 유혹적이고 성적인 생각들이 나에게로 들어온다. 이런 영상들은 강력하고 집요하다. 그 영상들을 나의 의식에서 몰아내려고 노력하면서 내 생각을 이리저리 돌린다. 그러나 잠시 후에 그 생각들은 다시 나타나서 나의 주의를 잡아끈다. 나는 욕망과 수치심으로 쩔쩔맨다. 나는 단지 몇 주 전에 땅에 묻은 매릴린에 대한 배신감에 주춤한다.

지난 몇 주간을 돌아보면 내가 이상하게(그리고 당황스럽게) 여성의 유방에, 특히 풍성한 유방에 대한 관심이 커가고 있었음을 알게 되었다. 어떤 여성이 나의 이런 모습을 눈치챘는지 모르겠지만, 나를 방문하는 매릴린의 많은 친구들의 가슴을 보는 대신에 그녀들의 얼굴을 보아야 한다고 나 자신에게 계속 상기시키고 있다. 어떤 만화의 영상이 내 마음에 떠오른다. 어디서 그 만화를 처음 보았는지 전혀 모르겠으나 아마 청소년 때일 것이다. 어떤 여자가 한 남자의 턱을 자기 얼굴 쪽으로 잡아당기면서 "유-후, 나는 여기 있어요!"라고 말하는 만화였다.

이렇게 새로워진 나의 흥미는 때때로 과거로부터의 ─ 대략 75년 전 ─ 장면과 함께 온다. 지난 며칠 동안 내 마음속에 떠오르곤 하는 장면인데, 내 생각에 내가 10살이나 11살 적에 무슨 이유에선가 부모님의 침실에 들어갔을 때의 장면이다. 어머니가 반쯤 옷을 벗은 채로 있는 것을 보았다. 자신의 몸을 가리는 대신 어머니는 유방을 드러내놓고 대담하게 내 눈을 들여다보면서 마치, "자, 잘 봐!" 하는 것 같았다.

나는, 오래전에, 이 기억을 내가 정신과 레지던트였을 때 600시간 이상 나의 정신분석가였던 올리브 스미스와 긴 시간에 걸쳐서 토의했다. 분명히 지금 나는 고통 속에 있기 때문에 그것은 내가 퇴행하고 있다는 것과 일치하지는 않는다. 어린애같이, 단순하게 모성의 구원을 찾고 있었던 것이었다고 생각한다. 내가 내 책 어디에선가 썼던 구절이 머리에 떠오른다. "프로이트는 모든 면에서 틀린 것은 아니다."

나는 지금 이런 성적인 강박 때문에 불안정하고 수치스럽다. 내 마음 속에서는 논쟁이 일고 있다. 어찌하여 나는 나 자신에게, 그리고 매릴린을 향한 나의 사랑에 이토록 치욕적일 수 있는가? 그러나 반면에, 이것은 살아있기 위해서, 새로운 삶을 시작하기 위해서 내가 해야 할 일 아닌가? 그렇다. 나는 매릴린의 기억을 퇴색시키는 듯한 이런 감정이 수치스럽다. 그러나 이런 성적인 생각은 일생 동안 부부로 살다가 갑자기 혼자가 된 사람이라면 누구에게든지 아주 자연스러운 일이 아닌가.

나는 배우자를 잃은 사람들의 성에 관한 문헌을 찾아보기로 했다. 그러나 독자들이 기억하는 대로, 나는 현대 의학도서관에서 조사하는 일에 대해서는 잘 모르기 때문에 의학 문헌 전문 연구자 한 사람을 선정하기로 했다. 바로 최근에 나와 몰린 네슈치가 함께 쓴 집단치료 교과서의 다섯 번째와 여섯 번째 개정판 작업에 도움을 준 인물이다. 나는 그녀에게 배우자를 잃은 사람들과 성에 관한 의학 및 심리학 문헌을 탐색하라는 과제를 주었다. 다음 날 그녀는 몇 시간에 걸쳐서 검색을 해보았으나 문헌에서는 아무것도 찾을 수 없었다는 이메일을 보냈다! 그녀는 사과하는 식으로, 노력했으나 아무것도 발견하지 못했으므로 나에게서 돈을 받을 수 없다고 했다. "난센스"라고 대답하며 나는 수고비를 지불하겠다고 고집했다. 그녀가 아무것도 찾을 수 없었다는 것 그것 자체로도 중요한 정보였다.

그리고 나서 이번에는 가까운 친구와 동료가 강력하게 추천한 스탠퍼드의 연구조교에게로 갔다. 그에게도 같은 주제로 몇 시간 검색해 달라고 부탁했으나 거의 동일한 결과였다. 그는 문자 그대로 의학이나 심리학 문헌에서 '아무것'도 발견하지 못했다. 나는 이번에도 그의 시간에 대한 수고비를 줄 것을 고집했다.

그러나 그다음 날 이들 두 명의 연구조교들은 임상적인 기반을 가진 인기 있는 잡지들, 예를 들면 〈사이콜로지 투데이〉(2015년 11월)에 실렸던 임상의사인 스테파니 A. 사르키스가 쓴 "당신에게 말하지 않는 다섯 가지 슬픔에 대한 사실" 같은 기사를 나에게 보내주기 시작했다.

그 기사의 다섯 번째 사실은 슬픔(애도) 속의 성에 대해서 명백하게 썼다.

당신의 성욕이 증진될지도 모른다. 많은 사람에게 슬픔은 성욕을 감퇴시킨다. 다른 많은 사람에게는 슬픔이 성욕을 증진시킨다. 이것은 특히 배우자나 파트너를 잃은 사람들에게는 갈등을 일으킬 것이다. 그러나 슬픔으로 무감각해질 때, 사람들은 성욕이 무언가를 느끼게 해주는 데에 도움이 된다는 것을 발견한다. 성욕은 또한 죽음을 대면하는 것이 어떤 사람의 일상이 될 때에 단번에 삶을 확인시켜 준다.

이 기사의 몇 가지 생각이 나의 정곡을 찔렀다. 특히 슬픔으로 무감각인 상태일 때 섹스가 무언가를 느끼게 해준다는 구절. "무감각"은 내가 경험한 감정을 표현하는 정확한 용어였다. 나의 감정으로부터 아주 멀리 떨어진 감각. 대화하면서, 식사하면서, TV를 보면서, 나는 진정으로 거기에 없다. 그러나 성에 대한 생각은 실제적이며, 죽음에 사로잡혀 있는 나를 일깨워 주고 끌어내서 살아있음을 느끼게 해주는 것이다.

나는 슬픔 속에 있는 개인들을 치료한 경험이 많은 몇몇 동료들과 이 문제로 토의를 하였다. 그들은 배우자를 잃은 사람들의 성욕과 몰입은 일반적으로 생각되는 것보다 더 높다는 데에 동의했다. 여성보다 남성에게, 그러나 의심의 여지 없이 여성에게서도 역시 이것은 문제가 되고 있다. 임상의들도 환자가 증가하는 성욕에 대해서 먼저 이야기를 시작하는 것은 드문 일이라는 나의 관찰에 동의한다. 그러나 만약, 치료자들이 성욕에 관한 질문을 명확하게 한다면, 배우자를 잃은 많은 사람들이 긍정적으로 대답할 것이다. 대부분의 혼자된 사람들은 그 주제를 자발적으로 꺼내기를 부끄러워하고 사양하는 경향이 있다. 결과적으로 개인적인 슬픔을 겪는 아주 많은 사람이 이 주제를 피하거나 성욕에 관해서는 단지 약간의 간접적인 발언만을 할 뿐이라는 것이다.

나는 약간 해방된 기분으로 결론을 내린다. 나의 흥분된 마음 상태는 희귀한 것이 아니며, 의심의 여지 없이 성에 대한 갈망이 슬픔 속에서 중요한 역할을 한다는 것이다. 더구나 노인들에게는 그들의 내적인 성생활에 대해 공개하는 것이 쉬운 일이 아니다. 그들은 이 문제를 가족이나 친구들과 공유하는 것을 불편하게 느낀다. 그들은 다른 사람을 당황스럽게 하는 것을 두려워한다. 나에게는 정기적으로 만나는 치료자 그룹이 있어서 다행이다. 그 모임에서의 토론이 나의 불안을 잠재워 주기 때문이다.

CHAPTER 26

비현실성

아들 벤이 6살, 4살, 2살짜리 세 아이를 데리고 우리 집에 왔다. 어느 날 저녁, 나는 이 세 아이들이 TV에 붙어 앉아서 잔인한 어린이 만화 프로그램을 보고 있는 것을 보았다. 괴물들, 어린아이들, 짐승들이 나오고 기적적으로 도망치는 만화였다. 그것이 못마땅해서 나는 우선 채널을 돌리고 다른 프로그램을 찾았다. 곧 호두까기 인형이 춤추는 생생한 만화 작품을 발견했다. 손주들의 끙끙거리는 소리와 불평에도 불구하고 나는 그 채널을 고정시켰다. 몇 분이 지나자, 이상한 일이지만, 그 끙끙거리는 소리는 그쳤고 세 아이 모두 호두까기 인형 발레를 보고 있었다. 그 모습이 기뻐서 매릴린과 같이 보려고 TV 녹화 버튼을 눌렀다. 나중에 매릴린이 혼자 볼 수 있도록 하기 위해서였다. 나는 다시 TV 버튼을 눌렀고 아이들은 즐겁게 보았다.

잠시 후에 정신이 든 나는 깜짝 놀랐다. 내가 뭘하고 있지? 이걸 매릴린이 보도록 녹화를 하고 있었어? 매릴린은 죽었어. 나는 정신이 들었다. 이와 비슷한 일들이 자주 일어나고 있다.

* * *

최근에 한 친구가 팔로알토 시내에 있는 벨 서점에서 매릴린과 나의 책들을 입구 가까이 있는 테이블 위에 눈에 뜨이게 진열한다는 이야기를 해주었다. 다음 날 나는 매릴린에게 보여주려고 사진을 찍기 위해 핸드폰을 들고 그 서점에 들렀다. 서점으로 가려고 거리를 걸어가고 있을 때에야 비로소 그 진실 — 매릴린은 죽었다 — 이 다시 나를 일깨워 주었다.

* * *

매릴린이 죽기 두어 달 전에 우리는 우리 집 앞 거리를 산책하다가 새 이웃을 만났다. 위엄 있는 백발의 노인이었다. 분명한 장애가 있는 그 노인이 집 층계를 내려와서 자동차에 타는데 젊은 흑인 여인의 도움을 받고 있었다. 그 여인은 틀림없이 그의 간병인일 것이라고 우리는 짐작했다.

크리스마스 다음 날, 이 새 이웃이(그때까지 아직 직접 만나지는 못했는데) 크리스마스 만찬에 나를 초대했다. 내가 그 집에 도착했을 때 그 노인과 간병인의 인사를 받았다. 곧 나는 그 노인이 MD(의사)이고 그 '간병인'은 MD, PhD(의사이면서 철학 박사) 학위를 받았다는 사실을 알았다! 더군다나 그녀는 그의 간병인이 아니라 아내였다. 그녀는 유쾌

했고 훌륭한 목소리로 크리스마스 캐롤을 리드했다. 다시, 나의 처음 생각은, 가만 있자, 매릴린에게 이 이야기를 해야지!였다. 지금까지도 나는 내가 매릴린과 이 이야기를 하지 못하는 것이 안타깝다. 어젯밤에는 BBC TV 쇼 〈The Crown〉 시즌 3이 시작된다는 것을 알았다. 매릴린과 나는 한 2년 전에 시즌 1과 2를 보았다. 그래서 나는 시즌 3을 보기 시작했고 그 속에 몰입했다. 처음 한두 개의 에피소드를 보았는데 세 번째의 에피소드는 이상하게도 낯익었다. 자세히 살펴보았더니, 나는 시즌 3을 보고 있는 것이 전혀 아니었고 내가 이미 본 시즌 1의 에피소드들을 보고 있었다. 나는 이 일을 매릴린에게 말하고 싶은 마음이 간절했다. 그러나 빨리 현실로 돌아왔다. 매릴린은 이 일을 절대로 알지 못할 것이다. 그녀는 나의 구멍 뚫린 기억력 때문에 염려하고 때로는 당황했었다. 그렇지만 이미 본 프로그램을 세 시간 동안이나 보고 있었다는 사실을 들으면서 매릴린이 재미있어하는 모습과 춤추는 듯한 눈을 상상할 수 있다. 이 글을 쓰면서 나는 내 가슴에 통증을 느낀다. 나는 무엇이든지 내줄 수 있을 텐데… 무엇이든지… 매릴린의 얼굴에서 미소를 볼 수만 있다면.

* * *

나의 에이전트에게서 한 통의 편지를 받았다. 얼마 전에 로마인 극작가가 나의 소설 *The Spinoza Problem*을 각색하도록 허락받았음을 상기시키는 편지였다. 그 프로젝트는 지금 열 시간짜리 에피소드로 바뀌었고 400페이지짜리 스크립트를 에피소드로 잘라 만들도록 하는 것이다. 다시 내게 처음 든 생각은 '매릴린에게 빨리 이야기해야지.'였고, 몇 초 후에 어두운 현실로 돌아왔다. 이 편지를 붙들고 나는 기쁘지도 않고 외롭

기만 하다. 이것은 무슨 일이든 매릴린이 알아야만 그 일이 나에게 현실이 된다는 것을 의미한다.

60년 이상 나는 학생으로, 관찰자로, 마음을 치료하는 사람으로 일해왔다. 그런데 지금 나 자신의 마음이 이렇게 비이성적이라는 것을 알고 참기가 어렵다. 환자들은 여러 가지의 문제들로 나의 도움을 구했다 — 인간관계, 더 큰 자기이해, 우울증에서 오는 불안감, 조증(躁症), 외로움, 분노, 질투, 강박, 짝사랑, 악몽, 포비아, 불안 — 인간의 심리적 문제의 영역을 총망라한 것들이었다. 나는 환자들을 돕는 안내자로서 그들이 자기이해를 이루도록, 그들의 두려움과 꿈과 다른 사람과의 과거 및 현재의 인간관계와 사랑할 수 없음에 대해서, 그들의 분노에 대해서 그들의 생각을 분명하게 하는 데에 도움을 주었다. 이런 모든 일을 할 수 있었던 근본은 진실주의였다. 우리는 이성적인 생각을 하는 것이 가능하고 그 이해가 결국에는 우리를 어려움에서 해방시켜 준다는 것이다.

그래서 나의 이 갑작스러운 비이성적인 에피소드들은 상당히 괴롭다. 매릴린이 아직 살아있다고 막무가내로 믿고 있는 내 마음의 한 부분은 경악스럽고 불안정하다. 나는 언제나 천당과 지옥, 사후의 일들에 대한 것과 같은 신비스러운 관념들과 비합리적인 사고방식을 비웃어 왔다. 나의 집단치료 교과서에서는 12개의 치료적 요소에 기반한 이성적인 접근을 소개하고 있다. 나의 개인치료 교과서 *The Gift of Therapy*[10]에는 치료자들을 위한 85개의 치료 팁이 분명하게 기술되어 있다. 나의 실존주의 치료 교과서는 4개의 주요 실존적인 요소들 — 죽음, 자유, 고독, 그리고 삶의 의미 — 로 구성되어 있다. 이성과 명확성은 내 책이 왜 전 세

---

10 『치료의 선물』, 최웅용 · 천성문 · 김창대 · 최한나 공역, 시그마프레스, 2005.

계의 그 많은 강의실에서 사용되고 있는가에 대한 이유이다. 그럼에도, 오늘 여기서 나는 많고 많은 비이성적 순간들을 경험하고 있는 것이다!

나의 비이성적인 사고에 대한 불편함을 나는 지금은 정신과 교수이며 신경학자인 나의 옛 제자에게 이야기했다. 그는 기억은 더 이상 일원화된 현상이 아니며, 오히려 기억은 독립적으로 활동하는 분명한 조직으로 이루어졌고 신경해부학적 단위로 서로 조화하지 못하는 상태로 활동할 수도 있다고 했다. 그는 '외현적'(또는 '명시적') 기억 대 '암묵적'(또는 '절차적') 기억이라는 이분법에 대해서 설명했다.

'외현적 기억'은 의식적이고, 측두엽에 의한 것이다. 그것은 이미 일어난 일의 기억을 형성하고 재생한다(예를 들면, "나는 의식적으로 매릴린이 세상을 떠났다는 사실을 알고 있다"). 암묵적 기억은 대체로 무의식적이고 때때로 사교적인 기술, 습관, 다른 자동적인 행동의 기저가 된다. 기억은 뇌의 서로 다른 부분에서 처리되는데 사회적인 기술은 기저핵에서, 정서적인 반응은 편도체에서 진행된다. 그래서 매릴린이 죽었다는 나의 이 고통스러운 외현적 기억은 내가 서점에 진열된 우리들의 책을 보았을 때 '매릴린에게 말해야지.'라는 잘 발달되어 암묵적으로 나타나는 정서적인 충동과는 해부학적으로 분리된다는 것이다.

이런 두 가지의 기억은 독립적으로 활동할 수 있으며, 서로가 거의 알지 못하는 가운데 서로 갈등하기도 한다. 나의 동료가 언급하기를, 이 관점은 인간행동의 정상적 측면을 지칭하며 우리가 믿을 수 있는 것이고 나의 행동이 비이성적임을 의미하지는 않는다는 것이다. 만약 내가 65년간이나 결혼생활을 했던 아내에게 우리의 책에 대해서 알고 있는 사실을 말하고 싶은 충동이 없다면 그것이 참으로 이상한 일이라는 것이다. 아내가 죽었다는 사실을 알고 있다 할지라도 말이다.

＊ ＊ ＊

모든 사람이 다 언제나 자기의 아내를 자랑스러워하는 것은 아니다. 그러나 내 경우는 이것이 엄청난 진실이다. 어느 경우에든지 나는 항상 그녀가 자랑스러웠다. 나는 내가 그녀의 남편이었다는 사실이 자랑스럽다. 나는 언제나 매릴린의 우아함과 지식을 당연한 것처럼 받아들였다. 그녀가 강당에서 많은 관중을 향해 연설할 때 또는 우리 거실에서 작은 모임을 위해 이야기할 때 얼마나 훌륭했는지 나는 기억한다. 그녀는 그 환경이 어떠하든지 간에, 그 경쟁이 어쨌든지 간에 출중했다.

그녀는 네 아이들을 사랑하는 아주 좋은 엄마였다. 언제나, 언제나, 그들에게 친절했고 너그러웠다. 나의 전 일생을 통해서 그녀가 아이들과의 사이에서, 또한 그 누구와도 부정적인 상호작용을 했던 기억이 없다. 우리들의 관계가 지루하거나 불만족스러웠던 적이 있었는가? 절대로! 나는 이 모든 것을 당연하게 받아들인다. 그리고 절대로, 지금까지, 지금 그녀가 죽었어도 나는 그녀에게 깊이 감사하고 내가 그녀와 같이 일생을 살 수 있었던 것이 얼마나 행운이었나를 생각한다.

그녀가 죽고 나서 몇 주일이 지났다. 그녀를 그리워하는 나의 마음은 조금도 줄어들지 않았다. 나의 치유는 느리게 나타날 것임을 나 자신에게 계속 상기시키고 있다. 내가 만났던 홀로되어 슬퍼하는 모든 환자들은 몇 달 동안 불행을 겪었다. 그러나 나는 아주 어린 나이에 사랑으로 맺어져서 우리처럼 가깝게 지냈다는 부부를 만나본 적이 없다.

나는 나의 예후가 어떨지 궁금해지기 시작한다.

CHAPTER 27

무감각

무 감각이 지속된다. 아이들이 방문하고, 우리는 이웃 동네를 산책
한다. 함께 요리를 한다. 체스를 둔다. TV에서 영화를 본다. 그
러나 나는 무감각하다. 아들들과 체스 게임을 하면서도 상관이 없는 것
처럼 느낀다. 이기거나 지거나 의미를 잃었다.

어제저녁에는 이웃 간 포커 게임이 있었다. 그래서 나와 아들 레이드
가 게임을 했다. 성인들의 게임에서 내가 아들과 함께 한 것은 이번이
처음이다. 나는 언제나 포커를 사랑했지만, 이번에는 그 무감각에서 벗
어날 수가 없었다. 우울증같이 들릴 것이라고 알고 있지만, 그래도 나는
레이드가 30달러를 따고 행복해하는 것이 즐거웠다. 집으로 걸어오면
서, 만약 매릴린이 맞아주는 집에 도착해서 우리 아들이 포커 게임에서
이겼다는 이야기를 할 수 있다면 얼마나 좋을까 상상했다.

다음 날 밤, 나는 한 가지 실험을 했다. 매릴린의 초상화를 눈에 보이는 곳에 놓고 아들과 며느리, 그리고 내가 TV로 영화를 보고 있었다. 그러나 몇 분 지나자 나는 가슴이 답답해서 매릴린의 사진을 눈에 보이지 않는 곳에 놓았다. 무감각은 영화가 진행되는 동안에도 지속되었다. 한 시간 반이 지나고 나서 매릴린과 내가 이 영화를 여러 달 전에 보았다는 것을 알았다. 영화를 다시 보는 것에 흥미를 잃었지만 매릴린이 이 영화를 너무 좋아했던 생각이 나서 이 영화를 끝까지 보아야 하는 빚을 진 것 같은 이상한 생각이 들었다.

나는 이 무감각이 아침 몇 시간 동안 내가 이 책을 쓰거나 치료자로서 일할 때는 없어진다는 것을 알았다. 오늘 어떤 20대 중반의 여성이 상담을 받으러 내 사무실에 들어왔다. 그녀는 자기의 딜레마를 이야기했다. "나는 두 사람의 남자와 사랑에 빠졌습니다. 남편과 또 다른 남자. 작년부터 일이 그렇게 됐습니다. 나는 어떤 것이 진짜 사랑인지를 모르겠습니다. 내가 둘 중의 한 남자와 있을 때면 이 남자가 진짜 사랑인 것 같고, 그리고 다른 날에는 다른 남자에게서도 똑같이 느낍니다. 나는 나에게 누가 진짜 사랑인지를 누군가가 말해주기를 바라는 것 같아요."

그녀는 자기의 딜레마를 길게 이야기했다. 그 세션 중간쯤에, 그녀는 시간을 보더니 내 아내의 부고를 읽었다고 했다. 어려운 시기에 내가 그녀를 만나준 것에 대해 감사하다고 하면서 "저는 걱정돼요."라고 말했다. "선생님이 이처럼 커다란 상실로 고통받고 계시는데 내 문제가 선생님께 짐이 되는 것 같아서요…"

"고마워요, 그렇게 말해주어서." 내가 대답했다. "그러나 시간이 좀 흘렀고 다른 사람을 돕는 일을 한다는 것이 내게 도움이 된다는 것을 알았습니다. 또한 내 슬픔에서 일어나는 문제들이 내가 다른 사람을 도울 수 있게 해줍니다.”

“어떻게 그럴 수 있어요?” 그녀가 질문했다. “선생님은 제게 도움이 될 무엇인가를 생각하고 계세요?”

“그 점은 분명하지 않습니다. 잠시 생각하게 해주세요. 자, 봅시다… 이 세션에서 내가 당신의 삶에 끼어드는 것은 일시적으로 나 자신에게서 분리되는 것입니다. 나도 역시 당신이 말한 것처럼 당신의 진짜 자아를 모르고 이 두 사람 중 누가 진짜이고 당신이 진짜로 원하는 사람이 누구인지 모른다고 한 것에 대해서, 그리고 당신이 말하는 ‘진짜’에 대해서 계속 생각하고 있어요. 이게 별로 관계가 없는 것 같기도 하지만, 그러나 나의 직관으로 우리의 토론이 내게 무엇을 생각하게 하는지 이야기할게요.

오랜 시간 동안 나는 어떤 사건이든지 내 아내와 이야기하고 난 후에라야만 ‘진짜’라고 느껴왔어요. 그러나 지금, 내 아내가 죽고 나서 몇 주가 지났는데도, 나는 이런 상당히 이상한 경험, 무언가 일어나면 반드시 그것을 아내에게 이야기해야 할 것 같은 느낌이 들어요. 그것은 마치 내 아내가 그 일을 알 때까지는 그 일이 내게 ‘진짜’가 되질 않는 것과 같지요. 그리고 물론, 그것은 전적으로 비이성적이지요. 왜냐하면 내 아내는 더 이상 존재하지 않으니까요. 이 말을 어떻게 표현하는 것이 도움이 될지 모르겠지만, 이런 이야기예요. 나. 그리고 오직 나만이 현실을 결정하는 모든 책임을 져야 한다는 것입니다. 말해보세요, 이것이 당신에게 어떤 의미가 있나요?”

그녀는 깊이 생각하는 것 같았다. 잠시 후에 나를 올려다보면서 “그게 저에게 의미가 있습니다. 선생님이 옳아요. 선생님은 내가 나의 현실에 대한 감각을 신뢰하지 못하면서 다른 사람들 — 나의 두 남자 중 한 사람, 어쩌면 선생님 — 이 '진짜'를 정의해 주기를 바란다는 것을 알려 주었어요. 나의 남편은 약하고 언제나 나의 견해와 나의 현실감각에 대해 우물쭈물했어요. 다른 남자는 더 강하고 사업에 성공했으며 자신감이 강해요. 그래서 그를 안전하게 느꼈고 그로부터 더 보호받고 있다고 느끼며 그의 현실감각을 신뢰하고 있었어요. 그런데 그는 장기간 알코올 중독자로 지금은 AA(익명의 알코올 중독자들의 모임_역자 주)에 속해있어서 단 몇 주 동안만 술을 안 마시고 있어요. 요점은 나를 위한 '진짜'를 정하기 위해서 그 둘 다를 믿지 말아야 한다는 것이라고 생각되네요. 선생님의 말씀은 나의 할 일은 현실을 똑바로 규정하는 것 — 그것이 나의 일이고 나의 책임임을 알게 해주었어요."

우리의 한 시간 세션이 끝나갈 때 나는 그녀가 아직 결정할 준비가 되어 있지 않으며 심리치료를 깊이 있게 계속 받으면서 이 문제를 철저히 다루는 것이 좋겠다고 제안했다. 나는 두 사람의 우수한 치료자를 적어주면서 지금으로부터 몇 주 후에 어떻게 하고 있는지를 나에게 이메일로 알려달라고 요청했다. 그녀는 내가 그녀와 같이 공유한 이 시간이 너무나 의미가 있었기 때문에 떠나고 싶지 않다고 말했다.

CHAPTER 28

쇼펜하우어로부터의 도움

나는 내 앞에 놓여있는 길고 어두운 시간을 알고 있다. 배우자를 잃은 환자들에 대한 개인치료와 집단치료를 오랫동안 해오면서 그들이 실질적으로 나아지기 전에 해마다 특별한 행사들 ─ 생일, 크리스마스, 부활절, 신년 전야, 싱글 남자나 여자로서 나가는 첫 사교적 모임 ─ 에 배우자 없이 처음으로 혼자서 나가는 어려움을 겪어야 한다는 것을 알게 되었다. 어떤 환자들은 두 번째 해, 두 번째 사이클이 필요하다. 나의 형편, 특별히 매릴린과 내가 누렸던 결속의 길이와 밀접함 등을 생각해 보면, 나는 지금 내 일생에서 가장 어둡고 가장 어려운 시기에 처해있다는 것을 알고 있다.

나의 하루하루는 천천히 지나간다. 아이들과 친구들과 동료들이 연락을 끊지 않으려고 노력하고 방문객들은 약속을 늦추지만, 지금 외부의 사람들과 연락하고 싶은 욕망도 에너지도 별로 없다. 매일 들어오는 이 메일에 묻혀 시간을 보낸 후에는 대부분의 시간을 이 책을 쓰는 데 보낸다. 나는 가끔 이 책을 끝내는 것을 두려워한다. 왜냐하면 이 일을 대치할 일이 아무것도 없기 때문이다. 가끔 친구나 아이들 중 한 명과 식사를 하기도 하지만 나는 점점 더 혼자서 식사하고 홀로 저녁 시간을 보낸다. 언제나 그랬던 것처럼 나는 소설을 읽는 것으로 하루를 끝낸다. 최근에는 윌리엄 스타이런의 *Sophie's Choice*를 읽고 있다. 그러나 한 두어 시간이 지나고 나면 이 책의 뒷부분은 아우슈비츠의 장면이라는 것을 안다. 잠들기 전에 혼자서 홀로코스트를 읽는다는 것은 내가 제일 하고 싶지 않은 일이다.

나는 *Sophie's Choice*를 옆으로 밀어놓는다. 다른 소설을 찾는 동안 어쩌면 이제는 내가 쓴 소설들을 다시 읽을 때라고 결정한다. 매릴린이 내가 쓴 책들을 깔끔하게 정리해 놓은 책장들을 점검한다. 나는 나의 네 권의 소설들을 꺼낸다. *When Nietzsche Wept*, *The Schopenhauer Cure*, *Lying on the Couch*[11] 그리고 *The Spinoza Problem*. 그리고는 그 책들의 페이지를 넘기며 훑어본다.

아, 나는 이 책들을 쓰면서 얼마나 즐거웠던가! 그때가 내 인생의 정점이었다! 나는 이 각각의 책들이 어떻게 어디서 태어나고 쓰였는지를 생각하려고 애썼다. 첫 번째 기억은 실루엣으로 떠오른다. 세이셸의 작고 아름다운 섬, 거기서 나는 *When Nietzsche Wept*의 첫 장을 썼다. 그리고 내가 기억하기로는 언젠가, 암스테르담에서 집단치료 강의를 마치고 매릴린과 네덜란드를 관통하는 긴 드라이브를 시작했다. 레인스뷔르흐

---

11 『카우치에 누워서』, 이혜성 역, 시그마프레스, 2007.

에 있는 스피노자 도서관을 방문하고 나서 *The Spinoza Problem*의 전체적인 플롯이 내 마음에 흘러 들어왔다.

우리가 쇼펜하우어의 출생지와 무덤 그리고 프랑크푸르트에 있는 그의 동상을 방문했던 것을 기억한다. 그러나 *The Schopenhauer Cure* ─ 내가 쓴 다른 어떤 소설보다 비교적 기억이 잘 안 나기 때문에 이 소설을 다시 읽기로 결정했다. 내가 쓴 소설들 중에 다시 읽는 최초의 소설이다.

이 소설을 읽기 시작하면서 이 소설에 대한 나의 인상은 강했고, 대부분 긍정적이었다. 이 소설은 치료집단이 배경이다. 이 소설에서 정말로 나의 주의를 끄는 것은 주인공, 66세의 줄리어스이다. 그는 집단치료자이다. 소설은 자신이 치명적인 흑색종(melanoma)을 가지고 있다는 것을 알게 된 노인 줄리어스가 자기의 일생을 돌아보는 이야기다. (생각해 보자. 내가 여기 있다. 현재 88세의 나이인 내가 죽음을 직면하고 있는 66세의 노인에 대해서 쓴 것을 읽고 있다!)

이 책에는 이중의 초점이 있다. 각 장들을 교차시키면서 치료집단과 쇼펜하우어의 일생의 이야기를 썼다. 쇼펜하우어는 지혜로운 사람이면서 문제가 많은 사람이었다. 현대의 치료집단을 묘사하면서 참여자 중의 한 사람인 필립에 대해서 썼다. 그는 철학자 쇼펜하우어를 가르칠 뿐만 아니라 쇼펜하우어의 염세주의를 많이 닮은 사람이다. 그래서 이 책은 독자들에게 쇼펜하우어의 삶과 업적을 알려줄 뿐만 아니라 전설적인 비관주의자이며 회의주의자인 쇼펜하우어가 훌륭하게 기능하는 현대 치료집단에 의해서 도움을 받을 수 있었을지 여부를 탐색하게 한다.

*The Schopenhauer Cure*를 읽는 것이 나에게는 강력한 치료였다. 각 페이지를 넘기면서 나는 더욱 평온해졌고 나의 생애에 대해 더욱 만족하게 되었다. 나의 눈에 내가 쓴 문장들은 잘 짜여졌고, 단어 선택은 훌륭

했으며 독자들을 사로잡는 데 성공했을 것으로 믿는다. 내가 어떻게 그렇게 썼을까? 이 책을 쓴 사람은 지금의 나보다 훨씬 더 현명하고 철학과 심리치료에 대해서 더 많이 알고 있었다고 생각한다. 그리고 내가 쓴 몇 문장들은 나의 숨을 멈추게 했다. 내가 이것을 썼단 말인가? 물론이다. 그러나 계속해 읽으면서 약간의 비평도 생긴다. 예를 들면 나는 왜 책 첫 부분에 쇼펜하우어의 반(反)종교적 비판을 그토록 많이 인용했을까? 왜 나의 의도에서 벗어나서 종교적인 독자들을 충격에 빠뜨렸을까?

이 소설에서 나는 나의 실제 경험을 많이 묘사했다는 것을 알고 놀랐다. 줄리어스에게, 집단치료자인 그에게 나 자신의 모습과 나 자신의 과거를 많이 부여했다. 나인 그, 줄리어스는 젊었을 적에는 인간관계를 맺는 데 어려움이 많았다. 그는 나와 마찬가지로 도박을 좋아했고, 내가 고등학교 때 했던 것과 똑같은 야구복권을 했다. 심지어 그는 내가 사모하던 야구 선수 조 디마지오와 미키 맨틀을 좋아했다. 이 소설 속 치료집단의 한 여성 참여자에게는 내가 비파사나의 유명한 교사 고엔카와 함께 인도 이갓푸리에서 경험했던 10일간의 피정 명상 경험들을 집어넣었다. 소설의 그 부분은 전적으로 자서전적이고, 나에게 깊은 인상을 주었던 인도 여행에 대해서 충실하게 묘사했다. 나는 인도 여행처럼 이렇게 내 머리에 생생하게 남아있는 다른 여행 경험을 생각할 수가 없다.

나 자신을 정리하면서 소설을 다시 읽는 시간을 연장하고 있다. 매일 밤 불을 끄기 전까지 꼭 한 챕터만을 읽는다. 매일 밤, 나는 책 읽는 시간을 기다린다. 나의 늙어가는 기억력이 처음으로 완전한 나의 자산임을 알았다. 이 책에 대해서 거의 기억을 못하기 때문에 각 장에 나오는 사건들은 나를 놀라게 하고 즐겁게 하기 때문이다. 나에게 이 소설은 집단 참여자들의 대인관계 문제를 어떻게 알아차리고, 명료화하고, 전환하는가에 대해서 힘 있게 가르쳐 주는 안내서 역할을 한다. 내 기억으로 이 책은 매릴린이 좋아하는 책은 아니었다. 왜냐하면 이 책은 집단치료를 가르치는 것에 너무 강조점을 두고 있기 때문이라는 것이었다. 몰린 네슈치, 나의 좋은 친구이며 집단치료 교과서의 다섯 번째와 여섯 번째의 개정판의 공동집필자인 그녀가 내 아들 벤과 함께 미국집단치료연합의 연례총회의에서 많은 관객을 위해 이 특별한 치료집단을 즉흥적으로 연극으로 만들었던 것을 기억한다. 그것은 얼마나 기분 좋은 모험이었던가!

밤마다 독서를 계속하면서, 나는 238페이지에서 집단 리더인 줄리어스가 집단 참여자들에게 고백하는 말을 읽고 경악했다.

의과대학 학생이었을 때 나는 고등학교 시절의 애인인 미리엄과 결혼했다. 그리고 19년 전에 아내는 멕시코에서 교통사고로 죽었다. 진실을 말하자면, 내가 그 공포스러웠던 사고에서 완전히 회복되었는지 알 수 없다. 그러나 놀랍게도 나의 슬픔은 기괴한 변화를 주었다. 나는 엄청나게 밀려오는 성욕을 경험했다.

그 당시에 나는 그 고조된 성욕이 죽음과 대면하는 보통의 반응이라는 것을 알지 못했다. 그 이후로 나는 슬픔에 잠겼을 때 많은 사람에게 성욕이 일어난다는 것을 보았다. 나는 심각한 관상동맥 병을 가진 사람들과 이야기를 한 적이 있는데, 그들은 강력한 성욕을 느껴서 응급실로 향하는 앰뷸런스 안에서 여직원을 더듬었다고 말했다.

미리엄의 실질적인 죽음 후의 '성욕의 격동'과 '많은 사람들이 슬픔에 잠겨있을 때 성욕이 일어난다'는 구절을 거의 20년 전에 내가 책에 썼다. 바로 내가 매릴린이 죽은 후에 경험하고 있는 성욕과 또한 나와 내 연구조교들의 도움으로 심리치료 문헌에서 어렵게 찾은 사실을 예측하고 있다. 이 책은 내가 배우자를 잃은 사람들과 치료집단을 운영할 때 썼는데, 나 자신이 슬픔을 견디고 성욕의 갈망이 높아지는 것을 다룰 시간이 왔을 때에는 그 사실이 나의 기억에서 사라졌던 것이다.

밤마다 책을 읽으면서, 내가 나에게 퍽 도움이 되는 마음을 사로잡는 이야기를 썼다는 사실뿐만 아니라 이 책이 내가 쓴 집단치료 교과서 중에서 가장 좋은 책이라는 사실에 대해서 완전히 감사하고 있다. 나는 이 책을 철학공부를 시작하는 학생들과 학생집단 치료자들을 위한 교재용 소설로 쓰려고 했다. 나는 이 책에서 쇼펜하우어 다음가는 문제투성이 환자, 필립을 묘사했다. 필립은 쇼펜하우어의 업적을 특별히 전공하는 철학 교사이다. 그는 본래의 직업을 변경하여 철학적인 상담자가 되기로 결심했는데, 철학적 상담자 훈련 프로그램에서는 그가 환자로서 치료집단에 참여해야 한다는 것을 요구했다. 쇼펜하우어의 실제 모습과 똑같이 살아가는 필립은 정신분열증이 있는 데다가 냉담하고 고립된 인간이다. 그는 자신의 감정을 나타내거나 다른 사람과 관계를 맺는 일에 엄청난 어려움을 겪고 있었다. 필립은 자기의 감정에 대한 질문을 받을 때마다 자기에게는 감정이 없다고 했다. 이 집단의 리더 줄리어스는 내가 가장 좋아하는 치료의 전략 중 하나를 써서 필립의 감정 문제를 치료했다. 그는 필립에게 물었다. "만약 당신이 지금 막 있었던 일에 어떤 느낌을 가졌다면, 그 감정들은 무엇일까요?"

그 소설은 앞으로도 계속해서 읽힐 것이고 이미 30개 이상의 언어로

번역되었다. 나는 이 소설을 썼던 때가 언제였는지를 기억해 내려고 애
썼다. 만약 매릴린이 살아있었다면 그녀는 즉시로 나에게 그 시기를 말
해줬을 것이다.

CHAPTER 29

부정(否定)이 드러나다

매릴린이 세상을 떠난 지 9주가 지났다. 나는 여전히 슬픔 속에 있다. 치료의 장면에서 본다면, 어브 얄롬은 확실히 우울증에 빠져 있구나 하고 생각할 것이다. 그는 걸음이 느리고, 멍하고, 대부분 절망에 차있고, 체중이 줄고, 생활에서 기쁨을 찾지 못하고, 혼자 있는 것이 불편하다. 전체적으로, 그는 아내의 죽음을 해결하지 못하고 있다. 그는 적어도 1년 동안은 끔찍한 느낌 속에서 살 것임을 알고 있다고 말하면서 유별나게 외로움을 탄다. 그는 다른 사람과 연락해야 한다는 것을 알고는 있으나 그가 먼저 다른 사람과 만나는 일을 주선하지 않는다. 그는 아무것에서도 흥미를 느끼지 못하고, 삶을 계속 살아가는 일에 큰 의욕이 없다. 식욕이 없으며 냉동식품을 데워 먹고, 음식에 대해서 대체적으로 무관심하다. 그는 언제나 테니스 게임 보기를 좋아했으나 최근에는 오스트리아의 그랜드슬림 게임만을 TV에서 보았을 뿐이다. 그러나 그가 좋아하는 로저 페더러가 지자, 보는 것을 멈췄다. 그는 젊은 선수들을 잘 모르거니와 그들에 대해서 알고 싶어 하지도 않는다.

이것이 내가 관찰한 나의 모습이다. 나는 정말로, 확실히 우울증에 빠져있기는 하나 그렇게 위험한 정도는 아니다. 상실감을 느끼면서 치유될 것임을 믿는다. 나는 많고 많은 과부와 홀아비들이 이런 절망의 단계를 거치는 과정을 보호해 왔고, 앞으로 어떻게 될 것인가에 대한 감각이 있다. 나에게는 죽음에 대한 두려움은 없으나 자살을 할 위험도 없다. 나는 분명히 심장병으로 갑자기 죽게 될 것이고 이 글을 쓰면서 나에게 그렇게 갑자기 죽고 싶은 희망이 있다는 것을 고백하지 않을 수 없다.

최근에 아내를 잃은 남편의 아주 재미있는 기억들을 쓴 조너선 샌틀로퍼의 *The Widower's Notebook*이라는 책을 읽고 나와 저자의 경험에 공통점이 많다는 것을 알았다. 그는 아내가 죽고 나서 몇 주가 지난 뒤(지금 나의 경우와 비슷한 시기), 처음으로 외출을 했다. 그에게 눈길을 주는 많은 여성들 때문에 불안했으나 그는 그의 행운을 인식했다. 괜찮은 홀아비들은 별로 없는데 멋진 과부들은 항상 많이 있다는 사실 때문이었다. 그러나 그는 혼란스러웠다. 여성들의 성적인 초대에 반응해야 하는가? 이것이 그의 사별한 아내와의 관계를 배신하는 것은 아닌가? 나는 그의 딜레마에 깊이 동감하면서 매릴린이 죽은 후 몇 주 동안 나에게 연락을 해왔던, 모든 여성을 마음속으로 되짚어 보았다.

매릴린의 옛 친구인 60대의 마샤가 저녁 초대를 해서 우리는 근처 식당에서 만났다. 매릴린과 나는 그녀 부부와 함께 만나곤 했는데 그날은 그녀 혼자서 식당에 들어섰기에 나는 놀랐다(그런데 아주 조금 기쁘기도 했다). 그녀의 남편은 동부로 여행 중이라고 했다. 우리들의 대화는 지극히 친밀했다. 그녀는 내가 전혀 몰랐던 그녀의 모습을 내게 보여주었다.

나는 언제나 지성적이고 아름다운 마샤를 좋아하고 존경했다. 식사하는 동안 나는 그전보다 더욱 그녀를 존경한다는 것을 알았고, 아주 조금―아니, 조금보다는 더 많이―그녀가 식사 중에 나의 손을 스칠 때마다 약간 흥분되는 것을 느꼈다. 나는 식당에 올 때 우버를 이용했다. 왜냐하면 이제 밤에는 운전을 안 하기 때문이었다. 그런데 그녀는 나를 집까지 데려다주겠다고 고집했다. 나의 집은 그녀와 반대 방향에 있는데도 말이다. 집으로 오는 도중에 나는 흥분되는 것을 느꼈고, 그녀를 집 안으로 초대하고 싶은 충동을 억누르느라고 애썼다. 그렇게 되면 무슨 일이 일어날지 누가 알겠는가? 그러나, 다행히도, 마음속의 생생한 논쟁 끝에 나는 그 생각을 물리쳤다.

침대에 누워 잠을 청하면서 저녁 일을 되돌아보았다. 중요한 통찰이 천둥치듯 나를 뒤덮었다. "너는 선뜻 홀아비 조너선 샌틀로퍼의 독신세계로의 첫 번째 탐험에 벌써 자신을 동일시하지만, 그러나, 그는 60대의 남자라는 것을 기억해라. 너는 88세의 남자라는 걸 명심해야지. 어떤 여성도, 특히 행복한 결혼생활을 하는 25살이나 어린 마샤 같은 여성이 앞으로 살 날이 지극히 짧은 너 같은 남성에게 오지 않는다는 사실을 말이다. 역사가 시작된 이래로, 그 어떤 여자도 88세의 늙은이에게는 오지 않는 법이다!"

여성들은 분명히 나의 여생이 짧다는 것을 알고 있다. 88세의 나이에, 나에게 얼마나 많은 시간이 남았겠는가? 아마도 1년이나 2년쯤이겠지. 우리 집안에서 88세는 굉장히 오래 사는 나이이다. 나의 어머니는 90세에 돌아가셨고, 어머니 외에 지금까지 얄롬가에서는 내가 가장 오래 살고 있다. 거의 모든 얄롬가의 선조 남성들은 젊은 나이에 죽었다. 나의 아버지는 50대에 심장병으로 거의 죽었다가 69세까지 살았다. 그의 두 형제들은 모두 50대에 죽었다. 나는 몸의 균형이 불안정하고 지팡이에 의지해서 걸으며 나의 심장이 뛰도록 지시하는 금속 심장 박동기를 달고 있다. 그런데 60대와 70대의 여성들이 나에게로 온다고? 꿈 깨라! 나는 부정 속에 있다. 나는 나의 나약함에 놀랐다. 그리고 물론 그 역동적인 부정의 감각은 죽음에 대한 불안 — 내가 수년간 탐색하고 글로 써왔던 바로 그 죽음에 대한 불안이었던 것이다.

CHAPTER 30

밖으로 나가기

금주의 큰 변화! 금주에 나는 매일매일 행사에 참석했다! 새로운 일을 시작했다는 것이 아니라, 내가 모든 행사의 초대를 받아들였다는 것이다. 내가 좋아지기 시작한다는 실제적인 표지가 되는 것은 내가 행사를 주도하기 시작하는 때일 것이다.

월요일은 이메일 초대로 시작된다.

안녕하세요!

2월 11일 오후 1시, 우리의 다음번 배런파크 시니어 런치에 오십시오.

장소 : 코너 베이커리 카페

3375 엘 카미노 리얼, 팔로알토

카운터에서 주문하십시오. 10%의 시니어 할인을 요구하십시오.

나는 이 동네에서 거의 60년을 살고 있으면서도 이런 초대장을 받아본 적이 없다. 그래서 이것이 과부와 홀아비들의 모임일 것이라고 짐작했다. 알려지지 않은 방법으로 이제 나도 이 리스트에 포함된 것이다. 나는 보통 이런 모임에 스스로 참석한다는 것이 너무 부끄러웠지만, 지금 공식적으로는 독신인데… 그래서… 왜 참석하면 안 되지? 어쩌면 재미있을지도 몰라. 노인들의 오찬이라! 내가 노인이란 것은 분명하다! 88세는 거기서 가장 늙은이겠지. 90대에 든 사람이 이런 모임에 참석하리라는 생각을 할 수가 없기 때문이다.

이 모임에 참석하기로 한 것에 나 자신이 약간 놀라기는 했지만, 이 책을 쓰는 데 무언가 도움이 될 것이라고 생각했다. 그리고 나 혼자서 트레이더조에서 점심을 먹는 것보다는 좋을 것 같기도 했다.

코너 베이커리 카페는 나의 집에서 불과 몇 블럭 떨어진 곳에 있었다. 약 20명의 사람들이 있었다 — 15명의 여자와 5명의 남자들. 모든 사람이 명랑했고 나를 따뜻하게 맞아주었으므로 내가 예상했던 것보다는 훨씬 빨리 아주 편안해졌다. 모든 것이 친숙하게 느껴졌다. 대화는 재미있었고 음식도 좋았다.

나는 그곳에 간 것이 기뻤다. 다음 달 모임에도 확실히 참석할 것이다. 여기 참석한 사람들 중 몇몇은 내가 매일 우리 집에서 가까운 공원을 걸을 때 만날 수 있을 것이다. 이것은 마치 나의 새로운 세계를 향한 첫 발걸음인 것 같았다.

화요일에 나는 정기적인 남성 그룹에 갔다. 모임 후에, 그 그룹의 멤버이고 나의 좋은 친구인 랜디가 스탠퍼드 서점에서 개최되는 독서 모임에 나를 데리고 갔다. 유명한 스탠퍼드의 정신과 의사이며 고고학자인 아서 클라인먼이 그의 새 책, *The Soul of Care*에 대해서 이야기하는 모임이었다. 클라인먼 박사는 'caring(돌봄)'(현대 의학에서는 결여된) 개념에 대해서 이야기했고, 그의 책은 그가 8년 동안 치명적이고 희귀한 치매에 걸린 아내를 돌보았던 이야기를 다룬 것이었다. 나는 그의 이야기가 좋았고 질문에 대한 그의 우아하고 사려 깊은 대답이 좋았다.

나는 그 책을 샀고 그의 사인을 받기 위해서 줄에 섰다. 나의 차례가 되었을 때 그는 나의 이름을 물었다. 내가 대답하자 그는 나를 오랫동안 똑바로 쳐다보더니 내 책에 이렇게 썼다. "어브, 당신이 보여준 돌봄의 모델에 감사합니다. — 아서 클라인먼"

나는 감동했고 자랑스러웠다. 나는 전에 그를 만난 적이 없다. 그는 1962년부터 1966년까지 스탠퍼드 의과대학생이었다고 말했다. 어쩌면 그는 내 강의를 들었을지도 모른다고 생각했다. 그가 학생이었을 시기에 나는 의과대학 학생들을 위하여 8회기짜리 엔카운터 그룹을 여러 번 진행했었던 것을 기억한다. 그에게 이메일로 이 사실을 물어볼 것이다.

수요일에는 나의 좋은 친구이며 동료인 데이비드 스피겔과 스탠퍼드 교수 클럽에서 만났다. 매릴린이 앓고 있었던 적어도 1년 동안 나는 여기에 오지 않았기 때문에 이곳이 얼마나 기분 좋은 곳인가를 잊어버리고 있었다. 45년 전에 데이비드가 정신과 콘퍼런스에서 이야기하는 것을 듣고 그의 예리한 마음과 그의 광범위한 지식이 너무나 인상 깊어서 나는 스탠퍼드 정신과의 교수가 되는 것을 서둘렀다. 우리는 이 여러 해 동안 대단히 가까운 친구로 지내고 있다.

목요일에는 대니얼 메이슨과 이 클럽에서 또 식사를 했다. 그는 우리 과의 젊은 교수이며 훌륭한 소설가이다. 실수로 나는 한 시간 일찍 도착했기에 가까이에 있는 서점으로 걸어갔다. 신간서적들을 둘러보면서 굉장한 기쁨을 경험했다. 나는 마치 립 밴 윙클이 깨어난 것 같은 느낌이

죽음과 삶 : 얄롬 박사 부부의 마지막 일상

었다. 그날 저녁 우리의 오래된 친구 메리 펠스티너가 저녁 식사를 하러 우리 집에 왔다. 우리는 골든 스테이트 워리어스 농구 게임을 보았다.

금요일에는 다른 친구와 점심 식사를 했다.

토요일에는 스탠퍼드 체육관에서 나의 트레이너와 첫 시간을 가졌다. 저녁에는 딸 이브가 와서 시간을 보냈다.

일요일에는 아들 레이드가 와서 나와 같이 체스 게임을 몇 판 했다.

여기까지가 내가 가장 활발하게 보냈던 지난 주간의 일이다. 매릴린이 내 마음에 많이 머물러 있지 않았음을 알고 있다. 이 글을 쓰면서 지난 며칠간 매릴린의 사진을 보지 않았음을 인식하고는 금방 글쓰기를 멈추었다. 매릴린의 사진을 보려고 내 사무실에서 30여 미터 떨어진 집으로 걸어갔다. 사진은 여전히 벽을 향한 채 거실에 놓여있었다. 나는 사진을 돌려놓았다. 나는 그녀의 아름다움에 비틀거렸다. 천 명의 여자들로 꽉 찬 방에 들어가서 오직 매릴린을 선택하는 나를 상상했다.

어쨌거나 이번 주는 거창했다. 나는 그렇게 괴롭지 않았고 매릴린을 그렇게 자주 생각하지 않았다. 그리고 가장 중요한 것은, 매릴린이 내가 그녀를 자주 생각하지 않는다는 것을 알고 있을 것이라고 믿지 않게 되었다는 것이다.

나는 매릴린이 죽은 지 20일밖에 안 되던 날에 쓴 노트를 본다.

금요일에, 배우자를 잃은 사람들을 돌보는 호스피스 사회복지사가 나를 방문할 것이다. 내가 아직 이용하지 않은, 나에게 도움이 될 수도 있는 어떤 특정한 의식이 있는가? 예를 들면 조앤 디디온의 책 *A Year of Living Magically*에서 말하는 것처럼 그녀의 옷을 버린다든지 하는 의식 같은 것. 나는 이런 일들을 하나도 안 했다. 나는 딸과 며느리들에게 이 일을 맡길 것이고 지금 어떤 일들을 처리했는지도 모른다. 나는 그저 이 모든 일을 아는 것으로부터 나를 제외시키고 있다. 어쩌면 죽은 매릴린에 관한 모든 일을 피하는 대신 그녀의 옷과 책 그리고 장신구를 처리하는 일에 내가 참여해야 했었는지도 모르겠다. 자꾸자꾸 나는 거실에 들어가서 매릴린의 사진을 본다. 피할 수 없이 눈에 눈물이 차고 나의 뺨으로 흘러내린다. 나의 가슴을 꿰뚫는 통증을 느낀다. 아직 아무것도 달라진 것이 없다. 아무 생각 없이 격렬한 슬픔에 빠진다. 왜 나는 나 자신을 계속 괴롭혀야 하는가. 굉장히 이상한 것은 이모든 것의 비현실성이다. 매릴린은 계속해서 내 마음속에 맴돌고 있다. 나는 그녀가 정말로 죽었다는 사실을 확실히 이해할 수가 없다. 그녀는 더 이상 존재하지 않는다. 이런 생각들이 나를 계속해서 비틀거리게 한다.

매릴린이 죽은 지 88일이 지난 지금 이 글을 읽으면서, 그녀의 사진을 보면서 나는 그녀의 아름다움으로 내가 극복이 되었다고 느낀다. 나는 그녀를 품에 안고 싶다. 그녀의 머리를 나의 가슴에 끌어안고 싶다. 그녀에게 키스하고 싶다. 그러나 눈물은 흐르지 않고, 꿰뚫는 아픔도 없다. 고통의 괴로움도 없다. 그렇다, 나는 그녀를 다시는 볼 수 없다는 것을 알고 있다. 그렇다, 죽음이 나를 기다리고 있음도 안다. 죽음은 모든 살아있는 피조물을 기다리고 있다. 그러나 나의 죽음은 매릴린이 죽은 이후에 아직 내 마음에 들어오지 않았다. 이런 생각들이 무겁게 따라오고 있음에도 불구하고, 나는 아직 두려움을 극복하지는 못했다. 이것이 삶과 의식의 본질이다. 나는 내가 여태까지 살아왔던 삶에 대하여 고맙게 여긴다.

CHAPTER 31

우유부단

우유부단은 다른 홀아비들과 내가 같이 느끼는 공통점이다. 나는 결정 내리는 일을 열심히 피하려 한다. 나는 팔로알토에서 거의 60년 넘게 살고 있다. 또한 지난 30년 동안 샌프란시스코에 작은 아파트를 가지고 있었고 매주 며칠간은 거기서 지내면서 목요일과 금요일에 환자들을 만나곤 했다. 매릴린은 금요일 늦게 와서 주말을 나와 함께 샌프란시스코에서 지냈다. 그러나 매릴린이 아프고 나서는 한 시간이나 걸리는 샌프란시스코로 가지 않았기 때문에 가끔 우리 아이들 중 누군가가 사용할 때 외에는 이 아파트는 비어있었다.

샌프란시스코에 있는 사무실과 아파트를 계속 가지고 있어야 하나? 가끔 내 마음속으로 이 질문을 한다. 지금까지도, 매릴린이 죽은 지 3개월이 지난 지금도 나는 팔로알토를 떠나지 않고, 샌프란시스코에 가는 것을 주저한다(그 일로 인하여, 아무 데에도 안 간다). 어째서인지 이런 여행은 내가 감당할 수 있는 일이 아닌 것 같다. 더 이상 내가 고속도로를 운전하는 것이 안전하지 않다고 느낀다. 대중교통으로도 쉽게 갈 수 있지만, 아파트는 굉장히 큰 언덕의 꼭대기에 있다. 나의 균형이 안 잡힌 불안정한 다리로 그 언덕을 오르내리는 것이 가능할지 의문이다. 만일 균형 문제가 없다고 해도 샌프란시스코에 가는 것에 대해서 내가 어떻게 느끼는지를 생각해 본다. 만일 걷는 데에 문제가 없다고 해도, 나는 여전히 결정을 미룰 것이라고 짐작한다. 이건 나답지 않은 일이다. 나는 나 자신을 잘 모르겠다. 나는 언제나 모든 일에 의욕적이었다.

나는 아파트의 높은 유지비와 세금을 염려한다. 그러나 아파트가 갖는 가치를 깊이 생각하면 그 비용은 아무것도 아니라고 마음속으로 생각한다. 많은 다른 경우와 마찬가지로 ― 나는 이런 생각을 쫓아낸다 ― 나는 거의 모든 결정을 내리기를 피한다.

자동차의 경우에도 마찬가지다. 나는 차고에 두 대의 차를 가지고 있다. 둘 다 5년이 되었다. 아내의 재규어와 나의 렉서스 컨버터블. 별로 쓰지도 않는 차 두 대를 가지고 세금과 보험료를 지불하는 것은 어리석은 일이다. 야간 운전에 자신감을 잃은 뒤로 나는 오직 낮에 동네 친구를 방문할 때나 쇼핑을 갈 때만 차를 쓴다. 어쩌면 차 두 대를 다 팔아서 좀 더 안전한 장치가 있는, 3년 전의 심각한 사고 같은 것을 방지해 줄 수 있는 사각지대 모니터가 있는 새 차 한 대를 사는 것이 나을지도 모른다. 언젠가 두 명의 옛 친구들과 점심을 같이 했다. 우리는 거의 30년 가까운 세월을 같이 게임을 하며 지냈다. 그 둘 중의 한 친구는 12개의 자동차 대리점을 소유하고 있다. 나는 그에게 내 차들을 점검하고 새 차를 한 대 추천하라고 부탁했다. 나는 그가 나를 위해 결정을 내려주기를

죽음과 삶 : 얄롬 박사 부부의 마지막 일상

희망하고 있다.

1년 전에 매릴린이 처음 아프기 시작한 이래로 나는 스탠퍼드 서점의 독서모임 이외에는 연극이나 음악회나 영화 같은 것을 보러 다니지 않았다. 언제나 나는 극장에 가는 것을 좋아했다. 최근에 가까운 동네에서 공연되는 재미있는 연극에 대해서 들었기 때문에 딸을 초대해서 함께 가려고 나 자신을 밀어붙였다. 그러나 그 시간이 되자 나의 결정을 미루는 게으름이 도졌고, 그 연극은 막을 내렸다. 이렇게 내가 끝까지 미루는 다른 예들이 수없이 많다.

나는 스탠퍼드의 평생교육 코스를 알리는 이메일을 받았다. 나에게 굉장한 흥미를 주는 두 개의 코스가 있었다. "삶의 의미 : 키르케고르, 니체와 그 이외의 철학자들" 그리고 "미국 문학의 거장들"이었다. 후자는 내 친구 마이클 크래스니가 가르치는 강의였다. 두 코스 모두 훌륭해 보였다. 나는 밤에 어떻게 거기에 갈 수 있을 것인가 걱정이다. 만약 자동차로 연결될 수 없는 건물이나 밤에 오래 걸어야 하는 거리에 있어서 내가 참여하는 것이 불가능하다면 어떻게 할 것인가? 나는 좀 알아봐야겠다고 생각한다. 그러나 역시 나는 그 결정을 미루고 그 두 개의 코스를 놓치고 말 가능성이 높다.

나는 마치 누군가가 나를 구원해 줄 것을 기다리고 있는 것 같다. 나는 무력한 아이처럼 느낀다. 어쩌면 나는 마술적 ― 나의 무력함은 매릴린을 돌아오게 할 수 있을 것이라는 마술 ― 으로 생각하는 것 같다. 나는 절대로 자살충동에 사로잡히지는 않을 것이다. 전에는 절대 그렇지 않았지만 지금 나는 자살하려는 개인들의 생각을 이해하고 동정하고 있다고 믿는다.

갑자기 나는 어떤 늙은이가 혼자 외로이 앉아서 눈부시게 빛나는 황혼을 바라보고 있는 모습을 상상한다. 그는 그를 둘러싸고 있는 주위의 아름다움 속으로 흡수되고 변화된다. 오, 나는 그를 부러워한다. 나는 내가 그 사람처럼 되기를 바란다.

죽음과 삶 : 얄롬 박사 부부의 마지막 일상

CHAPTER 32

내가 쓴 책을 읽으면서

나는 다시 한번 어두운 기분을 느끼기 시작했다. 전에 *The Schopenhauer Cure*를 읽는 것이 도움이 되었기 때문에 이번에는 나의 책 중 또 다른 한 권을 읽기로 결정했다. 책장을 둘러보면서 이상하게 아주 낯설게 느껴지는 책을 발견했다. 그 책은 *Creatures of a Day*[12]로, 심리치료 이야기들을 모은 것인데 5년 전에 출판된 최신작이었다. 전과 똑같은 독서 방법으로, 매일 밤 잠들기 전에 딱 한 챕터만을 읽기로 했다. 전과 마찬가지로 내가 쓴 책을 읽는 것은 상당한 약효가 있었다. 그래서 가능한 한 책 읽는 시간을 오래 끌기로 했다. 소개의 말, 서문, 그리고 10개의 이야기가 있는 이 책을 앞으로 2주간 읽으면서 불안과 우울증으

---

12 『삶과 죽음 사이에 서서』, 이혜성 역, 시그마프레스, 2015.

로부터 벗어나기를 기대한다.

맨 앞 장과 뒤표지에 있는 추천의 글은 내가 존경하는 저명한 사람들이 썼는데 나를 기쁘게 했다. 이 책이 나의 가장 좋은 작품에 포함된다고 생각해 보지 않았으나 이분들의 찬사는 내가 받아본 그 어떤 글보다도 훌륭했다. 세 번째의 이야기 '아라베스크'에서 화려했던 러시아 발레리나 나타샤의 이야기를 읽으면서 나는 금방 그녀를 기억할 수 없어서 당황했다. 처음 읽으면서는 러시아의 화려했던 발레리나이며 매릴린의 가까운 친구였던 소니아의 이야기를 소설로 꾸민 것인가 했다. 그러나 이야기가 전개되면서 나타샤는 진짜로 러시아의 발레리나였고 내가 단지 세 번밖에 만나지 않았지만 그녀의 잃어버린 사랑을 회복시켜 주기 위해 애썼던 기억이 명백해졌다.

이야기의 끝부분에 있는 문장이 특히 나를 감동시켰다. 우리의 만남이 끝나갈 즈음에 나타샤에게 나에 대해 질문할 것이 없느냐고 물었다.

그녀는 대담한 태도로 물었다. "선생님은 80세가 되셔서 인생의 종말이 점점 더 가까워지고 있다는 느낌에 대해 어떻게 대처하시는지요?"

나는 대답했다. "쇼펜하우어의 관찰이 내 마음에 떠오르네요. 노후에 어두움이 가까워지면 우리는 하늘에 있는 경이로운 별빛을 인식하게 되는데, 그 별빛은 햇볕 때문에 보이지 않았던 것이지요."

그다음 페이지를 읽는다. "나는 그 섬세한 의식이 주는 즐거움을 귀하게 여깁니다. 그리고 이 즐거움을 내가 거의 모든 일생 동안 알고 지낸 나의 아내와 함께 나눌 수 있어서 행복합니다." 이 문장들을 지금 읽으면서 다시 한번 지금의 내 과제는 목격자인 매릴린 없이 나 자신만이 가지는 순수한 인식을 소중하게 여기는 것임을 깨닫게 된다.

나타샤와의 만남을 더욱 생생히 기억하면서도 나는 나타샤의 얼굴을 마음에 떠올리려고 애를 썼다. 그러나 그녀의 얼굴은 나의 기억에서 사라졌다. 한 사람이 정말로 죽는 것은 살아있는 사람 그 누구도 그의 얼굴을 기억하지 못할 때라는 생각이 몇 년 동안 내 마음에 자리잡고 있었다. 매릴린과 나의 경우를 생각해 본다면, 우리 어린 손주들이 살아있는 한 우리는 계속 존재한다는 의미가 된다. 어쩌면 이것이 내가 오래전에 알고 있던 환자의 얼굴을 더 이상 기억하지 못하게 되었을 때 슬퍼하는 이유 중 하나일 것이다. 마치 내가 어떤 사람의 손을 잡고 있다가 그가 망각의 세계로 들어가도록 그 손을 놓아주는 것과 같다.

다른 이야기, '땡큐 몰리'는 오랫동안 나의 개인비서였던 몰리의 장례식에서 시작된다. 나는 환자 중의 하나였던 앨빈을 만났다. 나는 그를 1년 동안 치료했다. 앨빈도 역시 몰리를 조수로 채용했었다는 것을 후에 알게 되었다. 몰리는 나를 위해서 거의 10년을 일했기 때문에 그녀의 얼굴은 나의 마음에 생생히 기억된다. 그러나 앨빈의 얼굴은 떠오르지 않는다. 10개의 다른 이야기에서도 마찬가지였다. 일어났던 사건은 굉장히 낯익은데도 그 얼굴들은 생각나지 않는다. 내가 이야기를 다 읽기도 전에 그 이야기 각각의 대단원은 떠오르는데도 그 얼굴들은 생각나지 않는다.

그리고 '땡큐 몰리'에서 앨빈이 처음으로 죽음을 대면했을 때의 문장들을 읽으면서 충격을 받았다. 앨빈이 7학년 때 그의 반 친구 중의 하나가 선천성 색소 결핍증 환자(albino)였다.

그 친구는 "큰 귀, 솜털 같은 하얀 머리카락이 꼿꼿하게 서있고, 밝은 갈색 눈이 호기심으로 가득했다." 그는 학교를 며칠간 결석했는데, 어느 날 아침에 선생님은 교실에서 그 친구가 소아마비로 죽었다고 했다. 나의 작품 속 인물 앨빈에게 나 자신의 과거를 부여했던 것이다. 7학년 때 선천성 색소 결핍증 환자였던 내 친구 L. E. 파월을 생생하게 기억한다. 그는 내가 아는 사람 중에서 처음으로 죽은 사람이었다. 75년이 흐른 지금에도 특별히 그의 모습을 나의 마음의 눈으로 볼 수 있고, (나는 그를 잘 알지 못했는데도 불구하고) 아직도 그의 이름을 기억하고 있다. 그가 자기 어머니가 만들어 준 오이 샌드위치를 먹던 것도 기억한다. 그 전에도 그 이후에도 나는 오이 샌드위치라는 것을 들어본 적이 없다. 나의 7학년 때의 반 친구들을 하나도 기억하지 못한다. 확실히 L. E. 파월에 대한 기억은 죽음이라는 개념과 마주친 나의 초기의 고독한 투쟁에서 비롯된 것일 테다.

일곱 번째의 이야기는 "과거가 더 좋았을 것이란 소망을 버려야 해요"라는 외우기 쉬운 제목이다. 물론 그것은 내가 처음으로 쓴 표현은 아니다. 그 표현은 오랜 시간 동안 나의 마음에 맴돌았다. 치료 과정에 대하여 이렇게 심오하고 적절한 뜻을 가진 짧은 문장을 본 적이 없다. 이 이야기를 다시 읽으면서 굉장한 감동을 받았다. 오랜 시간 동안 자신의 작품과 훌륭한 재능을 묻어왔던 매우 재능 있는 한 여류 작가의 이야기이다.

나는 '불치병을 내버려 두세요 : 엘리에게 보내는 경의'라는 여덟 번째 이야기를 거의 잊어버리고 있었다. 이 글을 다시 읽는 것은 굉장한 일이었다. 엘리는 전이성 암 환자였다. 첫 세션에서 그녀는 깊은 숨을 쉬고 나서 "제가 죽을 때까지 선생님이 저를 기꺼이 만나주실 수 있으신가요?"라고 물었다. 엘리의 이야기는 내가 죽음의 공포에 정신이 팔려 있던 몇 년 동안을 생각나게 했다. 뒤돌아보면 내 자신의 테라피 과정에서 죽음의 두려움에 대해서는 거의 다루지 않았다는 사실에 충격을 받는다. 죽음에 대한 주제는 절대로, 단 한 번도, 나의 600시간에 걸친 분석에서도 다루어지지 않았다. 80세였던 나의 분석가 올리브 스미스는 그녀 스스로 이 주제를 피해왔던 것 같다. 20년 후에 나는 죽음에 대한 불안을 심하게 경험하기 시작했고 전이성 암 환자 그룹과 일하기 시작하면서 환자들을 죽음 불안에서 보호하고 도와주었다. 그 당시에 나는 롤로 메이와 치료를 시작했고 나 자신의 죽음에 대한 불안에 초점을 맞추었다. 그러나 롤로가 항상 나에게 더 깊이 들어가라고 압력을 가했음에도 불구하고 전혀 성공하지 못했다. 몇 년 후 그와 내가 친한 친구가 된 이후에 롤로 메이는 내가 치료 시간에 그에게 있는 죽음의 불안에 대해서 너무 많이 떠올려 주었다고 말했다.

엘리의 암은 공격적이었다. 나는 그녀가 죽음을 부정하지 않는 무기를 이용하면서 죽음에 대처하는 것이 놀라웠다. 그녀는 이렇게 말했다.

인생은 일시적이다 — 항상 모든 사람에게 그렇다.
내가 할 일은 죽을 때까지 사는 것이다.
나의 일은 전체적으로 그리고 완전히, 그리하여 안정적인 중심으
　　로부터 내가 힘과 너그러움을 가지고 뻗어나갈 수 있기 위해서
　　나의 육체를 평화롭게 하는 것이고 육체를 사랑하는 것이다.
어쩌면 나는 나의 친구들과 형제들을 위한 죽음의 선구자가 될
　　수도 있다.
나는 나의 아이들에게 모델이 되기로 결정했다 — 어떻게 죽을 것
　　인가에 대한 모델이.

뒤돌아보면 나는 그녀의 용기와 그녀의 말의 위력이 나의 숨을 막히게 하는 것을 알게 된다. 나는 그녀가 죽을 때 그녀와 같이 있지 못했다.

그때 하와이에서 석 달 동안 안식을 취하면서 책을 쓰고 있었기 때문이었다. 나는 아주 위대한 영혼을 가진 한 여성과 깊은 만남을 가질 수 있었던 특별한 기회를 놓친 것이라고 느낀다. 지금 슬픔의 한가운데에서, 나는 나 자신의 죽음을 더 가까이 느끼고 엘리의 말이 굉장히 적절하다는 것을 느낀다. 아, 나의 마음속에 있는 그녀의 얼굴을 다시 한번 볼 수 있다면 얼마나 좋을까.

CHAPTER 33

슬픔 치료에 대한
일곱 개의 고급 강의

친구들은 내가 항상 좋은 소설을 탐색하고 있다는 사실을 알고 있다. 최근에 나는 재미있는 제안들을 많이 받았지만, 내가 쓴 책을 읽는 것을 통한 치료적 효과의 즐거움을 계속 얻기 위해서 20년 전에 쓴 후로 한 번도 열어보지 않은 이야기 책 *Momma and the Meaning of Life*[13]를 꺼내들었다. 책의 목차를 훑어보면서 나는 놀랐고, 정말로 충격을 받았다. 네 번째 이야기 '일곱 가지 슬픔 치료 강의'! 아, 88세 된 노인의 삶의 고통! 어찌하여 나는 현재의 내가 겪고 있는 이 슬픔에 적절한 이 이야기를 잊고 있었단 말인가? 이 책에서 가장 긴 이 이야기를 읽기 시

---

13 『폴라와의 여행 : 삶과 죽음, 그 실존적 고뇌에 관한 심리치료 이야기』, 이혜성 역, 시그마프레스, 2006.

작하자 곧 처음 몇 문장이 내 기억을 건드렸고 전체 이야기가 나의 마음 속으로 밀려 들어왔다.

이 이야기는 나의 가까운 친구이며 같은 과의 동료교수가 나에게 아이린을 치료해 달라고 부탁하면서 시작되었다. 아이린은 외과의사이면서 스탠퍼드 교수인데 그녀의 남편은 불치의 악성 뇌종양을 앓고 있었다. 내 친구에게 정말로 도움을 주고 싶었으나 그 친구의 친구를 환자로 치료한다는 것은 어딘가 곤란할 것 같은 느낌이 들었다. 경험 많은 치료자들이 모두 피하고 싶어하는 복잡한 관계에 휘말리게 될 것이기 때문이다. 내 마음속에 경고의 종이 울리는 것이 들렸다. 그러나 내 친구를 도와주고 싶은 마음에서 나는 그 볼륨을 줄였다. 게다가 그 친구의 요구는 비합리적인 것이 아니었다. 바로 그 당시에 나는 집단치료의 효과에 대한 연구에 깊이 관여하고 있었다. 그 집단은 배우자를 잃은 80명의 사람들로 구성되었고 내 친구와 나는 둘 다 배우자 사별에 대해서 나보다 더 많이 아는 의사는 거의 없다는 사실을 확신하고 있었다. 그리고 또 하나의 설득력 있는 점이 있었다. 아이린은 내 친구에게 내가 그녀를 치료할 수 있는 단 하나의 머리 좋은 의사라고 했다는 것이다. 나의 허영심의 소켓에 꽂힌 완벽한 플러그였다.

제일 첫 번째 세션에서 아이린은 우리의 만남 전날 밤에 그녀가 꾼 놀라운 꿈 이야기를 시작하면서 곧바로 깊은 물속으로 뛰어들었다. "저의 코스를 위한 준비는 두 개의 각기 다른 교과서였어요. 고대와 현대 교과서. 각 교과서는 동일한 이름을 가졌는데, 그 세미나 준비를 못 했어요. 왜냐하면 그 두 교과서를 읽지 못했거든요. 특히 저는 첫 번째 고대 교과서를 읽지 못했어요. 첫 번째 고대 편을 읽어야 두 번째를 준비할 수 있는 거였어요."

"그 교과서의 이름을 기억하세요?" 내가 물었다.

"물론입니다." 그녀가 즉각적으로 대답했다. "분명하게 기억합니다. 각 교과서는 '순수의 죽음'이라는 제목이었어요."

이 꿈이 신으로부터의 선물인 '지적인 암브로시아(신들이 먹는 음식)'로서 나를 일깨워 주었다. 지적인 방수화를 신은 백일몽이 실현된 것이다. 나는 질문하면서 탐색을 시작했다. "당신은 첫 번째 교과서는 두 번째를 위해서 준비해야 하는 것이라고 했어요. 혹시 그 교과서의 의미에 대해서 뭐라도 짐작이 가는 것이 있나요?"

"짐작 이상이지요! 나는 그것이 정확히 무엇을 의미하는지 알아요."

나는 그녀가 계속하기를 기다렸다. 그러나 그녀는 침묵했다. 나는 그녀를 유도했다.

"그래서 그 교과서의 의미는…?"

"20세에 죽은 나의 오빠의 죽음이 고대 교과서이고 곧 죽게 될 내 남편의 죽음이 현대 교과서이지요."

우리는 이 '순수의 죽음'이라는 꿈과 그리고 다른 사람들이 그녀에게 개입하지 못하게 함으로써 상처받는 것을 피하려는 그녀의 뒤이은 결정에 대한 문제로 여러 번 되돌아갔다. 그녀가 어렸을 적에 그녀는 바로 그 이유로 인하여 사람들과 친밀한 관계를 맺지 않기로 결정했었다. 그러나 결과적으로 그녀 자신이 4학년 때부터 알아온 한 남자를 사랑하게 되었다. 그녀는 그와 결혼했고, 지금 그는 죽어가고 있다. 첫 번째 세션에서 나는 그녀의 통명스러움과 얼음 같은 태도를 통해서 나의 개입을 허용하지 않겠다는 그녀의 의도를 읽을 수 있었다.

그녀의 남편이 죽은 후, 우리의 첫 번째 세션 몇 주 후에 아이린은 또 다른 강렬한 꿈을 꾸었다. 가장 생생하고 괴상한 꿈, 다른 환자에게서 한 번도 들어본 적이 없는 꿈이었다. "나는 선생님 사무실 바로 이 의자에 앉아있었어요. 그런데 방 가운데에 벽이 있어서 선생님을 볼 수가 없어요…. 그 벽을 검사했더니 줄무늬가 있는 붉은 천 조각이 보이고 그다음에는 손, 발, 그리고 무릎이 보였는데 갑자기 저는 그게 뭔지 알았어요. 그것은 사람의 몸이 겹겹이 쌓여있는 벽이었어요."

"줄무늬가 있는 붉은 천, 우리 사이에 있는 사람 몸이 겹겹이 쌓인 벽, 그런데 그 사람의 몸이라는 부분… 그걸 어떻게 해석하세요, 아이린?" 내가 물었다.

"신비할 게 없어요… 제 남편은 붉은 줄무늬가 있는 파자마를 입고 있었어요… 그리고 지금 여기에서 선생님은 저를 볼 수가 없어요. 모두 죽은 시체들 때문이지요. 모든 죽음이요. 선생님은 상상도 못 해요. 나쁜 일을 겪으신 적이 없으니까요."

후의 세션에서 아이린은 나의 삶은 현실 같지 않다는 말을 덧붙였다. "따뜻하고, 아늑하고, 항상 가족들에게 둘러싸여 있고… 상실이라는 것에 대해서 진짜로 무얼 알고 계세요? 선생님은 상실이란 걸 조금이라도 더 잘 다룰 수 있다고 생각하세요? 만약 선생님의 아내나 아이들 중 하나가 지금 당장 죽는다고 상상해 보세요. 그러면 어떻게 하시겠어요? 선생님이 입고 있는 핑크빛 줄무늬 셔츠도 나는 싫어요. 나는 그 셔츠가 하고 있는 말이 싫어요."

"뭐라고 말하는데요?"

"'나는 내 문제를 다 해결했어. 네 문제가 뭔지 말해봐.'라고 말하고 있어요."

아이린은 배우자를 잃은 그녀의 모든 지인들에 대해서 이야기했다. "그들은 모두 그 슬픔에서 벗어날 수가 없다는 것을 알아요… 슬픔을 진정으로 알고 있는 조용한 사람들이 있지요… 모든 살아남은 사람들… 배우자를 잃은 사람들… 선생님은 저에게 남편과 멀어지라고 말하고 있어요… 너의 삶으로 돌아오라고요… 그건 모두 잘못된 거예요… 그것은 선생님처럼 아무도 잃어버려 본 적이 없는 잘난 체하는 사람들이 저지르는 잘못이에요…"

이런 말이 몇 주 동안 계속해서 이어졌다. 마침내 그녀는 많은 나의 단추들을 눌렀고, 나는 참을성을 잃었다… "그래서 배우자를 잃어본 사람만이 배우자를 잃은 사람을 도와줄 수 있다는 겁니까?"

"누군가 그런 슬픔을 겪어본 사람들이죠." 아이린이 조용히 대답했다.

"그런 말은 내가 이 분야에 들어섰을 때부터 들어왔어요." 나는 그녀를 쏘아붙였다. "중독자들만이 중독자를 치료할 수 있다. 맞아요? 거식증 환자를 치료하기 위해서는 음식을 거부하는 사람이어야 하나요? 우울증을 치료하기 위해서는 우울해져야 합니까? 정신분열증 환자를 치료하기 위해서는 정신분열증적 사람이 되어야 하고요?"

후에 나는 그녀에게 과부나 홀아비들이 죽은 배우자들에게서 어떻게 서서히 벗어나게 되는가에 대한 나의 연구 결과에 대해서 말해주었다. 그 연구 결과는 배우자와 훌륭한 결혼생활을 했던 사람들이 결혼생활을 만족스럽게 하지 못했던 사람들보다 그 과정을 좀 더 쉽게 거친다는 것이었다. 결혼생활이 덜 만족스러웠던 사람들은 그들의 슬픔 속에서 몇 년을 더 낭비한다는 것이다.

나의 이야기를 듣고 완전히 냉정해진 아이린이 조용히 대답했다. "배우자를 잃은 우리 같은 사람들은 당신네들 연구자들이 원하는 답을 주어야 한다는 것을 알았습니다."

그 이후로도 아이린과의 치료는 꽤 여러 달 계속되었다. 우리는 씨름

을 했고, 싸우면서도 만났다. 아이린은 서서히 좋아져서 치료한 지 3년
이 되는 해 초에 남자를 만났고 그를 사랑하게 되어서 마침내는 결혼까
지 했다.

110일 후

CHAPTER 34

나의 교육은 계속된다

토요일 이른 아침, 나는 목에 심각한 통증을 느끼면서 잠에서 깨어 났다. 뻣뻣해진 목을 가누며 침대에서 나왔는데, 전에 한 번도 경험해 보지 못한 고통이었다. 그 고통은 목 보호대, 통증 완화제, 근육 이완제, 온찜질과 냉찜질 등을 하는데도 불구하고 그 주일 내내 계속되었다. 내 또래는 모두 다 신체적인 문제들을 가지고 있게 마련이지만, 난생 처음 느끼는 이 고통은 끈질기고 짜증스러웠다.

월요일, 나의 균형 문제를 다루어오는 신경과 의사와의 오래전 예약을 지키려고 그를 만났다. 그는 내가 균형을 잘 잡지 못하는 원인은 뇌의 작은 혈전 때문일 것이라고 하면서도 몇 가지 X-ray로는 분명한 증거를 찾아내지 못했다. 신경과 의사는 나의 균형 문제와 더불어 나의 기억력 문제에도 초점을 맞추어서 나에게 15분간의 구두 및 필기 시험을 치르게 했다. 나는 내가 잘했다고 생각했다. 그가 다음과 같은 질문을 하기 전까지는. 그 질문은 "자, 제가 기억하라고 했던 다섯 가지 항목을 외워보십시오."였다. 나는 다섯 가지 항목을 모두 잊어버렸을 뿐 아니라 그가 다섯 가지를 기억하라고 했던 것조차도 잊어버리고 있었다.

그는 나의 수행 결과에 대해서 염려하는 것 같았다. 세 달 후에 더욱 철저한 4시간짜리 시험을 신경심리학 클리닉에서 받으라는 예약까지 해주었다. 심각한 치매에 걸리는 것 이상으로 내가 더 두려워하는 것은 없다. 지금 나는 혼자 살고 있기 때문에 치매에 대한 두려움이 더욱 심각하다. 치료가 가능하지도 않은 테스트를 받는다는 일이 불안했다.

신경과 의사는 또 내가 계속해서 운전을 하는 것에 대해서 염려했다. 그가 이런 말을 하는 것이 싫었지만, 어떤 면에서는 나도 그의 말에 동의한다. 나의 운전의 한계에 대해서 알고 있다. 나는 쉽게 혼란스러워지고, 가끔 운전하는 것이 편하지 않고, 더 이상 고속도로 운전이나 야간 운전을 하지 않는다. 내 차와 매릴린의 차를 다 팔아버리고 더 안전한 새 차를 살까 하는 생각도 해보았다. 그러나 이번 의사와의 만남으로 나의 마음이 변했다. 내가 더 오래 운전을 하지 않게 될 것이라는 말에 설득이 되어서 새 차를 사는 생각은 아주 버렸다. 그 대신에 매릴린의 차를 팔기로 했다. 그 차는 매릴린이 지난 6년 동안 몹시 사랑하던 차였다. 자동차 업체를 운영하는 내 친구에게 전화를 했더니 바로 그날 늦게 업체 직원이 와서 매릴린의 차를 가지고 갔다.

다음 날 나는 목에다 온찜질과 냉찜질을 번갈아 하느라고 불편한 목 보호대를 썼다 벗었다 했다. 나는 신경과 의사가 치매에 가까워지고 있다고 염려하던 것을 계속 생각했다. 그런데 더 기분 나쁜 일이 생겼다. 밖으로 나갔을 때 우리 차고의 절반이 비어있는 것을 보았다. 매릴린의 차가 없었다. 이 사실이 슬픔을 몰아왔고 지난 몇 주 동안보다 더욱 간절하게 매릴린을 생각했다. 매릴린의 차를 판 것을 몹시 후회했다. 매릴린의 차와 헤어진 것이 나의 슬픈 상처를 다시 찢어놓았다.

이 불쾌한 혼돈 ─ 내 몸은 분명한 고통 속에 있고, 균형을 못 잡고, 목의 통증으로 인한 불면증, 사라져 가는 기억력, 사라진 매릴린의 차 ─ 이 나를 절망으로 몰아간다. 이틀 동안 내가 한 번도 겪어보지 못한 가장 깊은 절망에 빠져서 지냈다. 바위의 밑바닥에서 몇 시간 동안 멍하게, 아무것도 할 수 없는 상태에서 심지어 슬퍼하지도 못하면서 지냈다.

나는 아무 일도 안하면서 그냥 앉아있었다. 나 자신을 의식하지도 못하면서 몇 시간을 멍하니 있었다. 한 친구가 스탠퍼드 정신과 교수 만찬 모임에 나를 데려가기로 약속을 했는데, 마지막 순간에 전화로 그 약속을 취소하고 말았다. 책상으로 가서 글을 써보려고 노력했다. 그러나 아무 생각도 떠오르지 않아서 글쓰기도 집어치웠다. 식욕은 형편없었고, 식사를 건너뛰었다. 지난 며칠 동안 나는 2킬로그램이 넘게 빠졌다. 지금 나는 전에 성적인 강박이 일어났던 것에 대하여 고마움을 느낀다. 아무것도 느끼지 않는 것보다는 무엇인가를 느끼는 것이 훨씬 낫다. 아무것도 느끼지 않는 것은 요즈음의 나의 마음 상태를 나타내 주는 훌륭한 표현이다. 다행히 막내아들 벤의 방문, 그의 에너지와 자상함이 나를 살아나게 해주었다.

며칠이 지나고 몇 번의 마사지를 받고 나서 목 부위의 통증은 가라앉았다. 이번 주말에 나는 다시 생각을 할 수 있게 되었고, 이 책을 쓰는 일을 계속했다.

매릴린이 죽고 나서의 몇 주를 되돌아보면서, 나는 내가 놀라울 정도로 대학원 졸업 이후의 연수교육을 잘 받게 되었다는 것을 깨달았다. 이 연수교육을 통해 치료자들이 빈번하게 도전받는 세 가지의 중요한 상황을 경험했다.

첫째로, 내가 도저히 멈추게 할 수 없는 강력한 강박을 경험했다. 반복되는 천안문광장 학살에 대한 생각, 그리고 여성의 유방과 성적인 교합에 대한 생각이다. 이 집착은 지금은 사라졌지만 나는 그 생각들을 없애버리기 위한 노력이 무력했다는 경험을 절대로 잊을 수 없을 것이다.

그다음으로 깊고 충격적인 슬픔, 더 이상 혹독하지는 않지만 그 슬픔은 여전히 존재하고 매릴린의 사진을 볼 때마다 쉽게 발동이 걸린다. 나는 그녀를 생각할 때마다 운다. 나는 이 글을 매릴린의 생일인 3월 10일에 쓴다. 그녀가 죽은 지 110일째 되는 날이다.

그리고 마지막으로, 나는 우울증의 강력한 낚시에 걸렸었다. 나는 무력감, 죽음과 같은 무감각, 무능하고 희망이 없는 느낌의 경험을 결코 잊을 수 없을 것이다.

지금 나는 나의 환자 아이린을 생각한다. 좀 다른 렌즈로 생각한다. 마치 어제의 일인 것처럼, 나는 그녀와의 만남을 많이 기억한다. 특별히 나의 포근하고, 아늑하고, 운이 좋은 삶에 대해서, 그녀가 겪은 많은 상실의 황폐함을 완전히 파악하지 못하도록 나를 보호해 준 그 삶에 대해서 그녀가 말했던 것을 기억한다. 지금 나는 그녀의 말을 더 심각하게 받아들인다.

"아이린, 나는 당신이 옳았다는 것을 알아요. 당신은 나에게 '포근하고 아늑한' 사람이라고 했지요. 당신이 맞았어요. 만약 지금 내가 당신을 볼 수 있다면, 매릴린이 죽고 난 후의 삶을 살아낸 후의 나는, 당신과 내가 함께하는 치료는 달랐을 것이라고 생각하고, 더 좋았으리라 믿어요. 내가 어떻게 행동하고 말할지를 구체적으로 이야기할 수는 없지만, 나는 당신을 그때와는 다르게 이해할 것입니다. 당신에게 더 진지하고 도움이 되는 방향으로 이해할 것입니다."

CHAPTER 35

사랑하는 매릴린에게

나의 사랑하는 매릴린,

당신에게 편지를 쓰는 것은 모든 규칙을 어기는 것임을 알고 있어요. 그러나 지금 이 책의 마지막 페이지에 왔기 때문에 마지막으로 당신과 이야기하고 싶은 마음을 어찌할 수가 없었어요. 당신은 너무나 현명해서 이 책을 같이 쓰자고 나를 초대했지요… 아니, 아니, 그 말은 옳지 않아요. 당신은 나를 초대하기보다는 내가 이미 쓰기 시작한 책을 밀어놓고 이 책을 당신과 함께 쓰자고 고집했지요. 나는 당신의 고집에 대해서 영원히 감사할 것입니다. 이 책을 쓰는 일이 나를 살아갈 수 있게 해주었어요. 당신이 죽은 지 125일이 지난 지금까지요.

물론 당신은 우리가 번갈아 가면서 각 장을 쓰기로 했던 것을 기억하겠지요. 추수감사절이 되기 2주 전에 당신은 너무나 아파서 이 책을 계속 쓸 수 없으니 나의 책으로 마쳐야 할 것이라고 말했지요. 나는 지난 4개월 동안 이 책을 혼자 쓰고 있어요. 사실은 글 쓰는 일 이외에는 아무 일도 안 하고 이제 마지막에 왔어요. 몇 주 동안 이 마지막 장을 위해서 빙빙 돌고 있어요. 그리고 지금 마지막으로 당신께 가닿지 않고는 이 책을 끝마칠 수 없다는 것을 알아요.

내가 무엇을 얼마나 썼는지, 그리고 무엇을 쓰려고 했는지 당신은 이미 알고 있지요? 확신하건대 나의 성숙, 나의 과학적이고 이성적인 마음은 "제로, 아무것도 아님, 없음"이라고 말하고 있지요. 그러나 나의 어린애 같은 마음, 나의 부드러운, 울고 있는, 비틀거리는, 감정적인 마음은 당신에게서 이런 말을 듣고 싶어요. "모든 것을 다 알아요, 내 사랑 어브. 나는 당신 편에 있어요. 당신 가는 곳 매 순간마다 당신과 동행하고 있어요."

매릴린, 내가 당신께 첫 번째로 해야 하는 일은 나의 괴로운 몇 가지 죄책감에 대해 고하고 껍질을 벗어버리는 것입니다. 나를 용서해 주세요. 제발, 나를 용서해 주세요. 내가 당신 사진을 더 자주 보지 못한 것을 용서해 주세요. 나는 당신 사진을 선룸(일광욕실)에 놓았는데, 그러나… 부끄럽게도… 계속해서 그 사진을 벽을 향해 놓고 있었어요! 잠시 동안은 그 사진을 밖으로 향하게 놓고 방에 들어갈 때마다 당신의 아름다운 눈을 볼 수 있도록 했지요. 그러나 당신의 사진을 볼 때마다 예외 없이 슬픔이 나의 심장을 뚫었고 나는 울었어요. 지금 넉 달이 지난 뒤에 이제야 편해지기 시작했어요. 지금도 매일 몇 분 동안 나는 당신 사진을 돌려놓고 당신 눈을 바라보지요. 고통은 적어졌지만 지금 다시 한 번, 따뜻한 사랑이 나에게 흘러넘치지요. 나는 방금 찾은 당신의 다른 사진을 보고 있어요. 당신이 나를 포옹하고 있는 사진이에요. 나는 눈을 감고 축복 속에서 무아지경에 빠졌어요.

나에게는 또 다른 고백할 일이 있어요. 나는 아직 당신의 묘지에 가보지를 않았어요! 나는 아직도 묘지에 갈 그 용기를 내지 못하고 있어요. 묘지에 간다는 생각을 하는 것만으로도 너무나 큰 고통을 느낍니다. 그러나 아이들은 모두 팔로알토에 올 때마다 당신의 묘지를 찾아갑니다.

당신이 우리의 책을 마지막으로 본 이래 나는 100페이지를 더 썼고 지금 마지막 단락을 쓰고 있지요. 당신이 쓴 단 하나의 단어라도 고치거나 없애는 것은 불가능하다고 생각해서 편집자 케이트에게 당신이 써놓은 챕터의 편집을 맡겼어요. 결국에는 당신의 마지막 주(週)와 날(日)들과 심지어 내가 당신 옆에서 당신의 손을 잡고 당신이 마지막 숨을 거두던 순간까지도 묘사했지요. 그리고 당신의 장례식과 그 이후에 내게 일어났던 모든 일에 대해서도 썼지요.

나는 고통의 깊은 구렁을 지나왔어요. 그러나 청소년 때부터의 당신에 대한 나의 깊은 사랑이 아니었으면 내가 어떻게 지나왔겠어요? 지금도 나는, 내가 당신과 함께 일생을 살아왔다는 것이 얼마나 큰 축복이었던가를 생각합니다. 어떻게 그런 일이 일어났는지 이해할 수가 없어요. 루스벨트 고등학교에서 가장 머리가 좋고, 가장 아름답고, 가장 인기 있는 여학생이 어떻게 자기의 일생을 나와 같은 남자와 함께 보내기로 선택을 했을까? 나로 말할 것 같으면, 반에서는 괴짜, 체스 팀에서는 스타, 학교에서는 사교성이 부족한 아이였는데! 당신은 프랑스와 불어를 사랑했지요. 그러나 나는 아직까지도, 당신이 가끔 말했던 대로, 불어 단어를 제대로 발음하지 못하고, 내 방식대로 하고 있지요. 당신은 음악을 사랑하고, 매우 아름답고 우아한 댄서였지요. 그런 반면에 나는 굉장한 음치이기 때문에 초등학교 선생님은 날더러 합창연습 시간에는 노래

하지 말라고까지 했지요. 그리고 당신이 잘 아는 대로 내가 춤을 출 때는 아주 꼴사나웠지요. 그러나 당신은 언제나 나에게 당신이 날 사랑한다고 말하면서 나에게서 대단한 잠재력을 보았다고 했지요. 내가 어떻게, 감히 당신에게 충분히 감사를 드릴 수 있을까요? 이 글을 쓰는데 눈물이 나의 뺨으로 쏟아져 흘러내립니다.

당신 없이 지낸 지난 넉 달 동안은 내 생애에서 가장 힘들었습니다. 아이들과 친구들로부터 걸려오는 수없이 많은 전화와 방문에도 불구하고 나는 무감각했고 우울했고 대단히 외롭게 느꼈습니다. 지난 3주 전, 내가 당신의 차를 팔 때까지 나는 서서히 회복되고 있었지요. 다음 날 아침, 차고의 빈 공간을 보고 충격을 받고 절망했지요. 나는 우수한 치료자와 연락을 했고 그녀를 매주 만나고 있어요. 그녀는 나를 많이 도와주고 나는 당분간 그녀의 치료를 받을 겁니다.

그리고 한 달 전쯤에 코로나바이러스 유행병이 확산되었고 전 세계를 위험에 빠뜨리고 있어요. 이것은 그 어디에서도, 그 누구도 경험해 보지 못한 현상입니다. 바로 이 순간에도 미국과 프랑스를 포함해서 거의 모든 유럽 국가들은 24시간 출입이 통제된 상태입니다. 기이한 상황입니다. 모든 뉴요커, 파리지앵, 샌프란시스코 사람, 독일 사람, 이탈리아 사람, 스페인 사람 등 대부분의 서방 국가 사람들은 집에 갇혀있어야 합니다. 모든 기업들은 식료품점과 약국을 제외하고는 문을 닫으라는 명령을 받았습니다. 그 거대한 스탠퍼드 쇼핑센터가 문을 닫은 것을 상상할 수 있어요? 파리의 샹젤리제와 뉴욕의 브로드웨이가 텅 비었고 멈추었다는 것을? 이런 일이 바로 이 순간에 일어났고 더욱 퍼져나가고 있어요. 오늘 아침 〈뉴욕 타임스〉의 헤드라인은 "인도, 첫날 : 세계의 가장 거대한 폐쇄 시작 — 약 13억 인도 사람들은 집에 있으라는 명령을 받았다."였지요.

당신이 만약 이 사실을 경험했다면 당신은 나와 우리 아이들 때문에 걱정하느라고 체중이 줄었겠지요. 매일매일의 사건들을 보면 우리 세계는 지금 몰락하고 있는 것 같아요. 나는 당신이 이런 일을 당하지 않음에 감사합니다. 당신은 니체의 충고를 따라 적절한 때에 죽었어요!

3주 전에, 유행병이 시작된 바로 그때에 우리 딸이 우리 집에 와서 이 기간 동안을 나와 같이 지내기로 결정했어요. 당신이 아는 대로 이브는 지금 카이저에서 은퇴할 시기에 있어요. 아이들이 은퇴할 나이가 되면 정말로 늙은 거지요. 이브의 산부인과에서는 지난주에 의사가 모든 일들을 온라인으로 할 수 있도록 했어요. 이브는 신이 보낸 선물이에요. 이브가 나를 잘 보살펴 주어서 나의 불안과 우울은 사라졌어요. 이브가 나의 삶을 구해주었다고 생각해요. 이브는 코로나 때문에 우리가 완전히 고립되고 서로 신체적 접촉이 없도록 주의하고 있어요. 공원을 산책할 때나 길에서 사람들과 지나칠 때, 우리는 마스크를 쓰고, 다른 사람도 그렇게 하고 있지요. 우리는 사람들과 2미터의 거리를 의무적으로 두고 있어야 해요. 어제는 이번 달에 처음으로 스탠퍼드까지 운전하고 가서 인문학센터에서 오벌관까지 걸었지요. 몇 명의 다른 사람들이 마스크를 쓰고 서로 거리를 지키면서 걷는 것 이외에는 완전히 버려진 듯했어요. 모든 것이 비었어요. 서점도, 학생회관도, 교수 클럽도, 도서관들도 모두요. 학생들은 하나도 보이지 않았어요. 대학교는 완전히 폐쇄되었어요.

지난 3주 동안 이브나 나 이외에는 아무도 우리 집에 오지 않았어요. 말 그대로 아무도, 우리 집 도우미 글로리아까지도 오지 않았어요. 나는 글로리아가 코로나가 물러나고 집에 안전하게 올 수 있게 될 때까지 임금을 계속 지불할 생각이지요. 정원사도 마찬가지고요. 정부에서 정원사들에게 일하러 가지 말고 집에 있으라는 명령을 내렸지요. 내 나이의 노인들은 특히 감염되기 쉽고 이 바이러스 때문에 죽을 수도 있지만, 당신이 떠난 후 처음으로 나는 당신에게 이렇게 말할 수 있어요. "나 때문에 염려하지 말아요. 나는 다시 한번 삶에 참여하기 시작했어요." 당신은 거기에, 나와 같이, 언제나 있어요.

매릴린, 나는 아주 여러 번 기억해 내려고 노력했으나 쓸데없었어요. 우리가 만났던 사람들, 우리의 여행, 우리가 보았던 연극들, 우리가 식사했던 식당들 — 그러나 이런 모든 것들은 나의 기억에서 사라졌어요. 나는 세상에서 가장 귀한 사람인 당신을 잃었을 뿐 아니라, 상당히 많은 나의 과거도 당신과 함께 잃었어요. 나를 떠날 때 당신이 나의 많은 과거를 가져갈 것 같다고 한 나의 예언은 적중했어요. 예를 들면, 며칠 전에, 몇 년 전 당신과 함께 외딴 곳으로 여행을 갈 때 내가 *The Meditations of Marcus Aurelius*만 가지고 가면서 여행 중에 그 책을 다 읽겠다고 다른 책은 하나도 안 가지고 갔었던 걸 기억했어요. 내가 그 책을 얼마나 열심히 읽고 또 읽으면서 모든 단어 하나하나까지도 즐겼는지를 기억하지요? 그런데 며칠 전에 우리가 여행 갔었던 그곳이 어디였는지 생각이 안 나는 거예요. 섬이었던가? 멕시코? 어디지? 물론 그것은 중요하지 않지요. 그렇지만 그런 놀라운 기억이 영원히 사라졌다는 것을 생각하면 안타깝지요. 내가 당신에게 읽어주었던 구절들 기억하지요? 당신이 죽으면 당신이 나의 많은 부분을 가져갈 것이라고 했던 말 기억하지요? 내가 했던 그 말이 정말로 벌어지고 있네요.

또 다른 일도 있었어요. 어느 날 밤에 나는 내 책 *Momma and the Meaning of Life*에 나오는 '헝가리 고양이의 저주'를 다시 읽고 있었어요. 그 이야기에 나오는 주인공은 위협적으로 말하는 헝가리 고양이, 아홉 번째의 마지막 삶에 종말이 다가오자 겁에 질렸던 그 고양이임을 기억하지요? 그것은 내가 썼던 가장 신비스럽고 괴상한 이야기인데, 그 이야기가 내 일생의 기억 어디에서 나온 것인지 생각할 수가 없는 거예요. 무엇이 영감을 주었지?

그 이야기는 내 헝가리 친구 밥 버거와 관계가 있나? 무엇이 나에게 이 이상한 이야기를 쓰도록 영감을 주었는지 당신에게 물어보는 상상을 했지요. 어쨌든, 어느 누가 말하는 헝가리 고양이에 대해서 글을 쓰는 치료자를 이야기로 쓰겠어요? 그러나 당신은 정확하게 그 이야기의 근원을 기억할 것이라고 확신해요. 여러 번, 나는 나의 기억을 탐색해 보지만 헛일이에요. 나는 세상에서 가장 귀한 사람인 당신을 잃었을 뿐만 아니라 내 세계의 아주 많은 부분이 당신과 함께 사라져 버렸어요.

나의 삶에 끝이 다가오고 있다는 것을 확실히 느껴요. 그러나 아직, 이상스럽게도, 죽음에 대한 불안은 거의 경험하지 못해요. 나는 마음의 평화를 광적으로 느껴요. 죽음에 대해서 생각할 때마다, '매릴린을 만난다.'는 생각이 나를 위로하지요. 아마도 상당한 위안을 제공하는 이 생각에 대해서 의문을 가지지 않아야 하겠지만, 나는 회의론으로부터 도망할 수가 없어요. 무엇보다도 '매릴린을 만난다.'는 것이 진정으로 의미하는 것은 도대체 무엇인가요?

내가 전에 당신과 같이 한 관(棺)에서 당신 옆에 나란히 묻히고 싶다는 소원을 말했던 것을 기억하지요? 당신은 몇 년 동안 미국의 공동묘지에 대한 책을 쓰면서 두 사람을 위한 관에 대해서는 들어본 적이 없다고 말했지요. 그건 나에게 문제가 안 됩니다. 나는 당신과 내가 하나의 관 속에 들어간다는 생각만으로도 위안을 받는다고 당신에게 이야기했지요. 나의 몸이 당신의 뼈 옆에 놓이고 나의 해골이 당신의 해골 옆에 놓이는 것. 그래, 그래요. 물론 이성적인 생각으로는 당신과 내가 거기에 없다는 것을 알지요. 남아있는 것은 무감정, 영혼 없음, 썩어가는 살과 뼈뿐이니까요. 그러나 현실이 아닌 그 생각이 위안을 줍니다. 열렬한 물질주의자인 나는 만약 내가 당신과 함께 같은 관 안에 들어갈 수만 있다면, 그래서 우리가 언제나 함께 있을 수 있다면 나의 이성을 버리고 완전히 환상적인 생각 속에 부끄러움 없이 녹여들 것입니다.

물론 이것은 비현실적인 것이지요. 나는 당신을 절대로 만날 수 없어요. 당신과 나는 더 이상 존재하지 않을 테니까요. 이것은 동화예요! 나는 13살 이래로 죽음 후의 삶에 대해서, 종교적이거나 정신적인 관점을 심각하게 받아들인 적이 없어요. 그럼에도 불구하고, 독실한 회의주의자이자 과학자인 내가 나의 죽은 아내와 만난다는 사실에 위로를 받지요. 이것은 지속성과 인간들이 지니는 망각이라는 두려움을 향해 우리가 품고 있는 놀랍도록 강력한 증거입니다. 나는 마술적인 생각의 힘과 위로에 대해 새로운 존경심을 가지게 됩니다.

내가 이 마지막 문장을 쓰는 동안 아주 뜻밖의 일이 일어났습니다. 나의 책 *Becoming Myself*[14]를 읽은 독자가 보내온 이메일을 받았습니다.

그러나 왜, 얄롬 박사님, 죽음에 대해서 그렇게 두려워하나요? 육체는 죽지만, 그러나 의식은 강과 같아요. 시간을 타고 흘러서… 죽음이 올 때, 그때는 이 세계에게, 인간의 육체에게, 가족에게 작별을 고할 시간입니다… 그러나 그것이 끝은 아닙니다.

---

14 『비커밍 마이셀프』, 이혜성 역, 시그마프레스, 2018.

"그것이 끝은 아닙니다." 우리 인간은 역사가 기록되기 시작한 이래로 이 생각에 얼마나 많이, 얼마나 팽팽하게, 에워싸이고 매달려 왔는지 우리 각자는 죽음을 두려워하고, 죽음에 대면하는 방법을 찾아야 했어요. 매릴린, 나는 당신이 자주 말하던 "자신의 삶에 대한 후회가 없는 87세의 여성이 죽는다는 것은 비극이 아니다."를 명백히 기억하고 있어요. 그 의미 ─ 삶을 더욱 충만하게 살수록 당신의 죽음은 덜 비극적이다 ─ 가 대단한 진실로 들립니다.

우리가 좋아하는 작가들이 이 관점의 챔피언이지요. 생을 사랑하는 카잔차키스의 조르바가 주장했지요. "타버린 성 외에는 죽음에게 아무것도 남기지 말아라." 그리고 당신이 나에게 읽어준 사르트르의 자서전에 있는 그의 문장을 기억하지요. "나는 조용히 종말을 향해 가고 있었다. 확실한 것은 나의 마지막 박동은 내 작품의 마지막 페이지에 새겨질 것이고 죽음은 오직 죽은 사람만을 가져갈 것이다."

나는 나를 알고 있는 사람이나 나의 책을 읽은 사람의 마음에 지극히 가볍게 존재할 것임을 알고 있어요. 그러나 한 세대 또는 두 세대가 지나면 나를 살과 피가 흐르는 인간으로 알고 있던 사람들도 사라진다는 것도 알고 있어요.

나는 나보코프의 자서전, *Speak, Memory*의 잊을 수 없는 첫 문장 "요람은 혼돈 위에서 흔들린다. 인간의 존재는 두 개의 영원한 암흑 사이의 갈라진 틈에서 가늘게 비치는 한 줄기 빛에 불과할 뿐이라는 것이 우리의 상식이다."라는 말로 우리의 책을 끝내려고 합니다. 그 이미지는 충격적이면서도 마음을 평온하게 해줍니다. 나는 이제 의자에 기대어, 눈을 감고, 편안하게 쉬려 합니다.

죽음과 삶 : 얄롬 박사 부부의 마지막 일상